I libri di Viella

514

La Livornina

Alle origini di Livorno, città cosmopolita in età moderna

a cura di Lucia Felici

viella

Prima edizione: ottobre 2024
ISBN 979-12-5469-725-2

Questo volume è stato pubblicato con i fondi del PRIN 207 *Il sacrificio nell'Europa dei conflitti religiosi e nel mondo moderno: comparazioni, interpretazioni, legittimazioni*, diretto da Vincenzo Lavenia, erogati dal Dipartimento di Storia, Arecheologia, Geografia, Arte e Spettacolo (SAGAS) dell'Università degli Studi di Firenze.
Si ringrazia per il sostegno la Fondazione Livorno.

LA LIVORNINA :
alle origini di Livorno, città cosmopolita in età moderna / a cura di Lucia Felici. - Roma : Viella, 2024. - 239 p., [14] carte di tav. : ill. ; 21 cm. (I libri di Viella ; 514)
Con il testo delle leggi.
Indice dei nomi: p. [231]-239.
ISBN 979-12-5469-725-2
1. Immigrazione [e] Tolleranza religiosa - Effetti [delle] Leggi livornine - Livorno - Sec. 16.-18. I. Felici, Lucia
945.561008691 (DDC WebDewey) Scheda bibliografica: Biblioteca Fondazione Bruno Kessler

viella
libreria editrice
via delle Alpi, 32
I-00198 ROMA
tel. 06 84 17 758
fax 06 85 35 39 60
www.viella.it

Indice

Lucia Felici

Introduzione

Livorno, città delle nazioni e luogo di incontro di popoli e culture nello scenario mondiale degli scambi, commerciali e culturali, dell'età moderna. Questa l'immagine della città labronica delineata da alcuni importanti libri editi recentemente, ad attestazione della sua importanza storica.[1] All'origine di questa affermazione vi fu la legge Livornina, nota anche come Livornine per le diverse redazioni che furono realizzate.[2] La Livornina venne emanata sotto forma di privilegio sovrano dal granduca Ferdinando I de' Medici nel 1591 e nel 1593 per rendere la città un porto franco, aperto a commercianti di ogni fede e paese, con garanzia di libertà religiosa. I «mercanti di qualsivoglia nazione, Levantini, Ponentini, Spagnoli, Portoghesi, Greci, Todeschi et Italiani, Hebrei, Turchi, Mori, Armeni, Persiani

1. Paolo Castignoli, *Studi di storia. Livorno dagli archivi alla città*, Livorno, Belforte, 2001; *Livorno 1606/1806. Luogo di incontro tra popoli e culture*, a cura di Adriano Prosperi, Torino, Allemandi, 2009; *La città delle nazioni: Livorno e i limiti del cosmopolitismo (1566-1834)*, a cura di Andrea Addobbati, Marcella Aglietti, Lucia Frattarelli Fischer, Pisa, Pisa University Press, 2016; Francesca Trivellato, *Il commercio interculturale. La diaspora sefardita, Livorno e i traffici globali in età moderna*, Roma, Viella, 2016; Corey Tazzara, *The Free Port of Livorno and the Transformation of the Mediterranean World*, New York, Oxford University Press, 2017; Lucia Frattarelli Fischer, *L'Arcano del mare. Un porto nella prima età globale: Livorno*, Pisa, Pacini, 2018; Brian Brege, *Tuscany in the Age of Empire*, Cambridge (MA), Harvard University Press, 2021. Per la bibliografia completa, anche su questo quadro introduttivo, si rinvia ai saggi del presente volume.

2. Sulle diverse redazioni edite vedi oltre, pp. 197 s. e il saggio di Lucia Frattarelli Fischer nel presente volume. Le diverse versioni della legge ferdinandea sono pubblicate a pp. 195-229. La legge, nelle sue diverse stesure, verrà comunque citata indifferentemente come Livornina o Livornine in linea con l'uso dei due termini nel corso del tempo.

et altri» furono invitati a insediarsi nella città (come pure a Pisa)[3] e a renderla prospera con le proprie competenze, reti commerciali, denari, sotto la protezione granducale e con accusa di lesa maestà in caso di violazione dell'editto. L'iniziativa fu rivolta principalmente agli ebrei, legittimati dal salvacondotto reale a vivere secondo la loro fede, con propri riti, luoghi di culto e di sepoltura, al riparo dall'Inquisizione romana e dalle restrizioni dei ghetti, con organismi di governo e leggi autonomi. Nel corso del tempo il privilegio fu però esteso anche agli acattolici, ossia ai protestanti inglesi, olandesi, tedeschi e francesi, agli armeni e ai greci ortodossi, sebbene con modalità diversificate. Nell'emanare le leggi, Ferdinando mirò preminentemente all'interesse economico e politico di affermazione dello Stato mediceo nel quadro delle potenze europee e delle rotte commerciali, in linea con il suo pragmatismo e con il suo progetto statuale. Il modello della potente Repubblica olandese dimostrava le straordinarie possibilità di sviluppo connesse con l'instaurazione della libertà religiosa, soprattutto per gli ebrei, ricchi di mezzi, di perizia professionale e di legami internazionali. Ma il granduca legittimò *de iure* la convivenza pluriconfessionale nella città labronica. Si inaugurò così un peculiare capitolo della storia della tolleranza nell'Europa della Controriforma e la straordinaria fortuna di Livorno come centro aperto al pluralismo culturale e religioso, attivo nei traffici mondiali e in quel "commercio interculturale" assai influente sulla storia globale.[4]

Grazie alle Livornine, nacque Livorno.[5] Il modestissimo e insalubre borgo di circa 500 persone si trasformò nel volgere di poco tempo in una grande città fortificata, munita di abitazioni, di servizi, di magazzini, di botteghe, di una darsena, di un nuovo quartiere mercantile edificato su canali – la "Venezia nuova" –, atti ad agevolare gli insediamenti e le attività manifatturiere, marittime, commerciali. Che prosperarono, subito e per due secoli a venire. Mentre si impiantavano manifatture, la città si apriva

3. Sebbene la Livornina riguardasse entrambe le città, di essa si avvantaggiò principalmente Livorno a causa dell'insabbiamento del porto pisano. Pisa conobbe comunque un suo sviluppo: vedi Rita Mazzei, *Pisa Medicea: L'economia cittadina da Ferdinando I a Cosimo III*, Firenze, Olschki, 1991; Lucia Fratterelli Fischer, *Vivere fuori dal ghetto: ebrei a Pisa e Livorno, secoli XVI-XVIII*, Torino, Zamorani, 2008.

4. Trivellato, *Il commercio interculturale*; sui limiti del cosmopolitismo livornese vedi *La città delle nazioni.*

5. Già Cosimo I e Francesco I dettero impulso a Livorno, ma fu Ferdinando I a determinarne il pieno sviluppo.

al Mediterraneo, al Nord Europa, alle Indie orientali e occidentali, all'Africa, divenendo luogo di scambio di uomini, beni, idee provenienti da tutto il mondo e di promozione culturale. Il grande collezionismo mediceo fu mirabile espressione di questo arricchimento. Anche l'intero granducato se ne avvantaggiò, divenendo uno Stato più autonomo e forte nello scenario italiano ed europeo, in particolare rispetto alla Spagna, potenza allora dominante. Il rafforzamento dell'Ordine militare dei cavalieri di Santo Stefano pose la Toscana in primo piano nella lotta contro il Turco, potenziando nel contempo il Bagno degli schiavi costruito nella città labronica per ospitare i *captivi* (in maggioranza musulmani) e il fiorente mercato schiavile cittadino. Artefici della prosperità di Livorno furono gli ebrei sefarditi e i forestieri di varia provenienza e dalle diverse religioni, che si insediarono a migliaia in seguito ai bandi popolazionistici e alla propaganda internazionale della Livornina ad opera di Ferdinando I, arricchendola con le proprie merci, cerimonie, professioni, beni, vesti, lingue, libri, conoscenze: una "fiera" multiculturale e una vera Babele, agli occhi di un osservatore settecentesco.[6] Per gli ebrei, fu una piccola Gerusalemme,[7] sede di una comunità molto popolosa e prospera, con uno *status* privilegiato, e un fondamentale centro culturale nel Mediterraneo. Per tutti, un luogo di opportunità di crescita economica grazie alle agevolazioni granducali: di ascesa sociale, in assenza di preesistenti gerarchie cetuali, e di scambi e di intrecci culturali e comunitari, attraverso matrimoni, accordi commerciali, rapporti quotidiani di coabitazione. La folta comunità inglese celebrò Livorno come «una piccola epitome dell'Inghilterra»,[8] omaggiandola con l'identificazione con la loro patria libera e potente, a cui la legarono con i loro traffici. Il loro tributo, come degli altri forestieri, fu comunque il concreto investimento nello sviluppo economico, architettonico, editoriale e culturale in genere della città. Un investimento significativo e di lunga durata, destinato a mutare il paesaggio urbano e il ruolo di Livorno nel panorama mondiale.

Certo, la realtà cittadina fu complessa. Non mancarono tensioni, ed anche forti, nella popolazione poiché «l'astensione dalla violenza verso il

6. Charles de Brosses, *Lettres familères écrites d'Italie en 1739 et 1740*, Brussels, Edition Complexe, 1995, p. 125.

7. Asher Salah, *Rabbini e letterati nella Livorno del secolo dei Lumi*, in *Livorno 1606-1806*, pp. 187-210

8. Stefano Villani, «*Una piccola epitome di Inghilterra*». *La comunità inglese di Livorno negli anni di Ferdinando II: questioni religiose e politiche*, in «Cromohs», 8 (2003), pp. 1-23, http://www.cromohs.unifi.it/8_villani.html.

diverso era tutt'altro che un convincimento intimo e condiviso»: e talvolta non ci astenne.[9] Costanti furono le mediazioni, i compromessi, la dialettica per salvaguardare la convivenza pacifica e il buon governo. Peraltro, la stessa Livornina fu un privilegio sovrano, non un editto di tolleranza. Fu legata a contingenze mercantilistiche, fu variabile nella prassi attuativa in rapporto all'interpretazione dei sovrani, ebbe una determinata validità spazio-temporale e previde precise regole e limiti, connesse con l'ottica corporativa che la informava. La presenza degli stranieri fu regolamentata a livello legislativo, mediante l'istituzione delle "nazioni", organismi capeggiati da un console destinati al controllo dei connazionali residenti. Solo la nazione ebraica fruì di diritti normati, quali l'autonomia giurisdizionale, giudiziaria e leggi specifiche (anche per l'impianto di istituti scolastici e assistenziali), mentre per gli altri forestieri il godimento dei benefici della Livornina fu a discrezione del principe – cosa che generò pressioni, tensioni giurisdizionali, contrattazioni. Tuttavia, Ferdinando I garantì con la forza della legge ai non cattolici uno *status* giuridico, una libertà e una legittimazione inediti al tempo, coinvolgendoli nello sviluppo dell'economia della città e del bene pubblico del paese – l'auspicio espresso nella legge era che potesse "resultare utile a tutta Italia, a nostri sudditi e massime a poveri". Il granduca offrì così un modello innovativo di Stato sovrano, superiore alle diversità religiose e unito nel segno del "bene comune" della società e del governo della *res publica.* Significativamente, il porto franco creato con le Livornine conobbe modelli analoghi nei grandi scali di Bordeaux, Amsterdam, Amburgo, Londra, Trieste, ed esse godettero di una larga circolazione europea. Furono riconfermate da tutti i granduchi medicei, poi dai sovrani d'Asburgo-Lorena, Francesco Stefano, Pietro Leopoldo e Ferdinando III. A decretarne la fine fu la definitiva emancipazione degli ebrei con l'unità d'Italia, dopo un lungo e controverso processo di affermazione dell'uguaglianza giuridica, scandito dalle leggi napoleoniche, dallo Statuto del 1848, da dibattiti interni alla comunità – combattuta tra patriottismo, desiderio di parificazione e timore per la perdita di privilegi e interessi economici –, da avanzamenti nella sfera statuale (come la partecipazione alla guardia

9. Andrea Addobbati, *La Livornina del 2014*, in *La città delle nazioni*, p. 13; vedi ad esempio Tamar Herzig, *Slavery and Interethnic Sexual Violence: A Multiple Perpetrator Rape in Seventeenth-Century Livorno*, in «The American Historical Review», 127 (2022), pp. 194-222.

civica e l'accesso alla laurea in diritto civile), da riflessioni sull'identità comunitaria e sul ruolo pubblico della nazione israelitica.[10]

L'importanza delle Livornine e la sua lunga e significativa storia ha suggerito l'idea di offrire, a un pubblico di specialisti e non, l'edizione integrale dei testi delle leggi del 1591 e del 1593, corredate anche dal privilegio del 1595, che ne fu ideale continuazione, ma restò inapplicato. Le edizioni curate in passato, pur molto pregevoli, sono infatti incomplete o di ridotta divulgazione.[11] I documenti legislativi sono corredati da saggi di specialisti del tema destinati a ricostruire la figura del loro artefice, Ferdinando I, la loro genesi, i cambiamenti che si verificarono nei confronti di alcune "nazioni" nel corso del tempo, gli attori e le dinamiche delle relazioni di Livorno con grandi potenze commerciali quali la Repubblica olandese e l'Inghilterra. Intento di questo libro è difatti sia illuminare il contesto storico e concettuale in cui nacquero le Livornine, alla luce della recente storiografia, sia metterne in evidenza il valore e gli sviluppi nel lungo periodo. La decisione di pubblicare i testi completi – cosa che può forse apparire ridondante – risponde proprio all'esigenza di mostrarne la novità e la valenza, specifica e generale. Attraverso la lettura dei documenti legislativi è possibile cogliere appieno, e dal vivo, le motivazioni e le finalità all'origine della loro emanazione, il loro contenuto, come pure i mutamenti che rapidamente subirono. Tali modifiche furono determinate principalmente dagli interventi di rappresentanti della nazione ebrea, ai quali si dovette peraltro la prima articolazione del testo originale del 1591, per accrescere i loro privilegi. Risultano storicamente interessanti per comprendere il lavorio relazionale tra il sovrano, i suoi legali e la comunità ebraica nel mutare del quadro storico coevo, ma anche per valutare gli esiti finali cui si giunse.

Il volume si apre con un profilo di Ferdinando I, a mia cura, mirante a illustrarne la personalità e il progetto di rafforzamento, affermazione, autonomia del granducato. La narrazione inizia dall'esperienza del Medici come cardinale nel "gran teatro del mondo" romano, determinante per la sua visione culturale e politica come pure per la comprensione delle dina-

10. Carlotta Ferrara degli Uberti, *La "Nazione ebrea" di Livorno dai privilegi all'emancipazione (1814-1860)*, con presentazione di Michele Luzzati, Firenze, Le Monnier, 2007; Frattarelli Fischer, *Vivere fuori dal ghetto*.

11. *Le Livornine del 1591 e del 1593*, a cura di Lucia Fratterelli Fischer, Paolo Castignoli, Livorno, Belforte, 1987; Renzo Toaff, *La nazione ebrea a Livorno e a Pisa (1591-1700)*, Firenze, Olschki, 1990.

miche di potere nel quadro italiano ed europeo. Si analizza poi l'azione politica interna ed estera di Ferdinando, evidenziando la lungimiranza, il duttile pragmatismo, la determinazione con cui la perseguì (soprattutto verso la Spagna e la Santa Sede) allo scopo di realizzare il proprio disegno, che trovò la massima espressione nell'emanazione delle Livornine. Alle leggi ferdinandee dedica il suo saggio Lucia Fratterelli Fischer. L'analisi puntuale dei testi si unisce alla ricostruzione delle figure del mondo ebraico che contribuirono alla loro genesi, formulazione e ridefinizione, quali Maggino di Gabriello e Mathadia Menachem. L'evoluzione delle leggi fu correlata ai coevi mutamenti del corso storico, in particolare per la situazione degli ebrei della Lombardia. Se ne valutano altresì con attenzione gli effetti per la comunità ebraica di Livorno, per la città e per la storia generale. Massimo Bomboni e Stefano Villani ampliano lo sguardo ai rapporti stabilitisi, grazie alla Livornina, tra la città labronica, la Repubblica olandese e l'Inghilterra. Per instaurare relazioni commerciali e diplomatiche con gli olandesi, e inserire così la Toscana nel grande commercio internazionale, il granduca si avvalse di agenti, innanzitutto dei Lus di Amsterdam, ebrei dalle identità plurime. Nel suo saggio, Bomboni delinea un quadro inedito della trama che essi tesserono a vantaggio del sovrano, fornendogli informazioni, contatti, merci di varia natura e pregio provenienti da tutto il mondo – *in primis* il grano, necessario per rendere Livorno il principale centro granario della penisola –, ma anche un galeone, la *Livorna*, per inaugurare la rotta transatlantica. Villani indaga la circolazione e gli effetti del testo della Livornina (del 1593) in Inghilterra. Esiti importanti e di lungo periodo. La legge, arrivata nel paese per vie ancora oscure, fu infatti all'origine dell'insediamento della grande comunità inglese nella città labronica e venne sempre richiamata per allargare le maglie dei privilegi granducali, in particolare relativamente alla concessione di un luogo di culto e di sepoltura – diventando così la leva per l'estensione della tolleranza ai protestanti. Il testo legislativo fu, d'altra parte, evocato dal famoso rabbino di Amsterdam Menasseh ben Israel per favorire la riammissione degli ebrei in Inghilterra a metà Seicento e poi, nel corso dei dibattiti del secolo successivo sul *Jewish Bill*, per la loro naturalizzazione. Le vicende della Livornina nel Sei-Settecento sono analizzate da Lorenzo Benedetti e da Daniele Edigati. Le riforme politiche, istituzionali, economiche attuate durante la Reggenza di Francesco Stefano di Lorena (1737-1765) e continuate da Pietro Leopoldo, ispirate dal giurisdizionalismo relativamente all'ambito confessionale, investirono pure la legge ferdinandea, rendendo stabile e ufficiale l'ampliamento dei privilegi a favore degli acattolici. Si chiuse così l'età della "tolleranza nicodemitica" e della mutevolezza dei diritti sino ad allora vissuta dalle "nazioni" dei forestieri. Benedetti esplora i passaggi e i dibattiti che portarono a questa nuova fase, analizzando gli effetti della lettura estensiva della legge per i greci ortodossi e i protestanti. La legge ferdinandea resse anche agli attacchi sferrati nel corso del tempo per conflitti giurisdizionali o a seguito della legislazione assolutista leopoldina, in virtù della straordinaria e peculiare forza normativa che le derivava dalla sua finalità di sviluppo dello Stato e dal suo potere legittimante la stessa sovranità. Tale capacità di resistenza emerge dal saggio di Edigati che si addentra, con un'ottica storico-giuridica, nell'applicazione pratica e nei risvolti giurisprudenziali dei privilegi concessi agli ebrei dalle Livornine attraverso lo studio puntuale di significative cause legali. Né i contrasti con il diritto canonico né i continui tentativi messi in atto dai giusdicenti dello Stato né le uniformanti leggi leopoldine valsero infatti a restringere il diritto di foro della giurisdizione ebraica.

La Livornina continuò fino all'Ottocento inoltrato ad essere garanzia di sviluppo e di libertà. E resta come modello anche nei tempi attuali, a dimostrazione dell'importanza dell'inclusione dei forestieri che migrano nel mondo per la crescita culturale, economica e politica delle società.

Lucia Felici

Ferdinando I de' Medici, un sovrano "globale"

Ferdinando I de' Medici forse era ipovedente, ma ebbe una visione politica ed economica lungimirante. Durante il suo regno (1587-1609) attuò infatti un progetto di rafforzamento del potere principesco e dello Stato determinante per lo sviluppo del moderno granducato di Toscana nello scenario europeo.[1] Con Ferdinando giunse all'apice la politica di consolidamento della monarchia regionale inaugurata dagli anni Sessanta da Cosimo I e la partecipazione attiva della Toscana all'economia globale del mondo, alla «First Global Age». Il granducato, definitivamente legittimato nel 1575, entrò così a pieno titolo tra gli Stati sovrani.[2] Miglioramenti furono apportati nell'assetto politico e istituzionale interno, nell'agricoltura e nelle infrastrutture; notevoli innovazioni riguardarono invece la politica estera ed economica. La Toscana fu infatti saldamente inserita nelle rotte commerciali internazionali, con un'azione relazionale

1. In assenza di una moderna biografia di Ferdinando, per un profilo vedi Elena Fasano Guarini, *Ferdinando I de' Medici, Granduca di Toscana*, in *Dizionario biografico degli Italiani*, Roma, Istituto dell'Enciclopedia Italiana, 1960-2020, vol. 46, 1996, *s.v.* Resta utile Riguccio Galluzzi, *Istoria del Granducato di Toscana sotto il governo di Casa Medici*, Firenze, per Gaetano Cambiagi stampatore granducale, 1781, vol. V, pp. 5-195. Sulla sua opera vedi *ibidem*; Furio Diaz, *Il Granducato di Toscana. I Medici*, in *Storia d'Italia*, diretta da Giuseppe Galasso, XIII/1, Torino, UTET, 1976, *ad ind*; Elena Fasano Guarini, *La fondazione del Principato: da Cosimo I a Ferdinando I (1530-1609)*, in *Storia della civiltà toscana*, III: *Il Principato mediceo*, a cura di Ead., Firenze, Le Monnier, 2003, pp. 3-40; *Frontiere di terra, frontiere di mare. La Toscana moderna nello spazio mediterraneo*, a cura di Elena Fasano Guarini, Paola Volpini, Milano, FrancoAngeli, 2009; Gaetano Greco, *Storia del Granducato di Toscana*, Brescia, Morcelliana, 2020, *ad ind.* (con ricca bibliografia) (fig. 2).

2. Brian Brege, *Tuscany in the Age of Empire*, Cambridge (MA), Harvard University Press, 2021. Per la bibliografia specifica vedi le note successive.

a vastissimo raggio, incursioni corsare in mari e oceani, operazioni militari, diplomatiche e mercantili di contrasto alla potenza ottomana e in autonomia rispetto alla Spagna, contrariamente alla tradizione toscana. Il volano del progetto ferdinandeo fu rappresentato dalla creazione del porto franco di Livorno, con la Livornina, e al relativo sviluppo della città. Livorno aprì la Toscana al mondo, grazie ai suoi traffici che si irradiarono verso il Nord, l'Est e il Sud dell'Europa, l'Impero ottomano, l'Impero safavide, l'Africa, le Indie orientali e occidentali, portando uomini (liberi e schiavi), beni, merci di altri paesi e culture. Se l'esempio dell'Olanda, *domina* del mondo seicentesco, fu paradigmatico,[3] significativo fu pure il caso di Livorno, città cosmopolitica e pluriconfessionale, fulcro italiano dei commerci mondiali.

Ferdinando I non fu ispirato, nell'emanazione della Livornina, dagli ideali di tolleranza che, unitamente agli imperativi economici, erano sottesi alla liberalità della nascente Repubblica olandese.[4] Comprese però le formidabili potenzialità del binomio libertà religiosa-ricchezza, soprattutto riguardo agli ebrei e, pur con limiti e compromessi, legittimò *de iure* e *de facto* la convivenza confessionale a Livorno con le Livornine, aprendo un peculiare capitolo della storia della tolleranza nell'Europa della Controriforma – e oltre, data la lunga durata delle leggi.[5] Il suo agire fu infatti preminentemente dettato dall'interesse economico

3. Jonathan I. Israel, *Dutch Primacy in World Trade, 1585-1740*, Oxford, Clarendon Press, 2002; Clé Lesger, *The Rise of the Amsterdam Market and Information Exchange: Merchants, Commercial Expansion and Change in the Spatial Economy of the Low Countries, c. 1550-1630*, Aldershot (UK)-Burlington (VT), 2006; *The Cambridge Companion to the Dutch Golden Age*, a cura di Helmert J. Helmers, Geert H. Janssen, Cambridge, Cambridge University Press, 2018; Maarten R. Prak, *The Dutch Republic in the Seveenth-Century: The Golden Age*, Cambridge-New York, Cambridge University Press, 2023.

4. *The Emergence of Tolerance in the Dutch Republic*, a cura di Christiane Berkvens-Stevelinck, Jonathan I. Israel, G. H. M. Posthumus Meyjes, Brill, Leiden, 1997; Benjamin J. Kaplan, *Divided by Faith: Religious Conflict and the Practice of Toleration in Early Modern Europe*, Cambridge (MA), Harvard University Press, 2007.

5. Per la fortuna delle Livornine e il loro valore nella storia della tolleranza vedi i saggi qui presenti (con bibliografia), ma anche Daniele Edigati, *La Livornina e i confini della tolleranza religiosa nella Toscana d'età moderna*, in *Le minoranze religiose nel diritto italiano ed europeo. Esperienze del passato e problematiche contemporanee*, a cura di Daniele Edigati, Alessandro Tira, Torino, Giappichelli, 2021, pp. 45-78. In generale vedi ora Lucia Felici, Girolamo Imbruglia, *La tolleranza in età moderna. Idee, conflitti, protagonisti (secoli XVI-XVIII)*, Roma, Carocci, 2024 (*ad ind.* su Livorno).

e politico di affermazione dello Stato mediceo nel quadro delle potenze europee e delle rotte commerciali. Il granduca perseguì il proprio scopo con capacità progettuale, pragmatismo e intraprendenza, guidato da un lucido intuito politico, da capacità di calcolo e di pianificazione, da notevole ambizione, duttilità, intelligenza non esenti da spregiudicatezza e temerarietà. Si distinse nell'uso delle armi della politica, quali la negoziazione, la diplomazia, la dissimulazione, ma non disdegnò la guerra. Seguì una strategia mobile e dinamica nelle alleanze, dettata dall'utilità e senza rigide pregiudiziali. Creò un apparato diplomatico, informativo, relazionale a tutto campo, consapevole della sua importanza per contare nel sistema mondiale. Realizzò riforme economiche e istituzionali per arricchire e potenziare il giovane granducato. Rese prestigiosa e degna di un grande sovrano la piccola corte medicea, investendo in opere architettoniche, collezionismo, apparati cerimoniali. Seguì tale linea anche verso la Santa Sede, cui non fece mai mancare la propria fedeltà sul piano religioso e politico – proponendosi anzi come campione nella lotta contro il Turco –, ma adottò nel contempo una linea flessibile nelle relazioni interstatali e creò una città come Livorno con la legge omonima. Certo, il bilancio dell'azione di Ferdinando non fu completamente positivo. Conobbe fallimenti e limiti correlati con vari fattori: la posizione secondaria della Toscana nello scenario europeo e la sua situazione interna; la mobilità politica ed economica del granduca, fonte di conquiste ma anche di insuccessi, per i mutamenti del corso storico generale, causati dalle guerre, dalle crisi dell'Impero spagnolo, dall'invariata potenza ottomana, dal progressivo spostamento dell'asse commerciale dal Mediterraneo agli altri mari con l'affermazione degli Stati del Nord. Gli esiti del progetto ferdinandeo furono comunque di grande portata. Ferdinando fu peraltro una figura molto complessa e poliedrica, tale da non essere ancora oggetto di biografia moderna. In questa sede ci limiteremo a delineare un profilo del granduca, evidenziandone gli aspetti funzionali alla comprensione dell'origine delle Livornine.

1. *A Roma, «gran teatro del mondo»*

La giovinezza fu maestra di molti insegnamenti a Ferdinando de' Medici. L'aveva trascorsa tra Firenze, Pisa e Roma, come cardinale, dato che il trono era destinato al fratello Francesco, dopo la morte precoce degli altri eredi Giovanni e Garzia.[6] Aveva ottenuto quattordicenne la porpora da Pio IV in sostituzione di Giovanni, dopo un intenso lavorio diplomatico da parte di Cosimo I; non prese però i voti. Alla corte papale giunse qualche anno dopo, nel 1569, con scarse competenze letterarie e liturgiche per suoi limiti personali (nonostante i dotti precettori, tra cui Ludovico Beccadelli e Pietro Angeli da Barga), ma pieno di interesse per il collezionismo e le antichità e soprattutto già conscio della situazione della corte romana e del valore di tale conoscenza. Grazie al costante flusso di informazioni degli agenti medicei nella Santa Sede, a Ferdinando erano note figure, usi, schieramenti, alleanze, dinamiche di potere della Curia (e in particolare il peso di Alessandro Farnese per gli equilibri italiani). Per tradizione familiare, e con l'abituale, profonda consonanza con il padre Cosimo I, il cardinale iniziò subito a tenere in gran conto il sistema diplomatico e informativo – per cui la Toscana eccelleva -[7] e la promozione degli interessi dinastici di Casa Medici, identificati con quelli dello Stato. Ne dette un precoce esempio facendo finanziare dalla famiglia, nel 1566, il restauro della chiesa della Navicella (S. Maria in Dominica) e un affresco che associava il suo nome a quello del pontefice mediceo Leone X, e di Firenze con il simbolo del leone. Proprio per consolidare il nuovo legame con il papato, sancito dall'agognato ottenimento del titolo granducale da parte di Cosimo I – essenziale per la legittimazione del potere mediceo –, Ferdinando si insediò a Roma. Il suo trasferimento rappresentò un segno di riconoscenza verso Pio IV, di ossequio alle linee sulla residenza dei prelati espresse dal Tridentino, e perseguì, nel contempo, lo scopo di ottenere visibilità e vantaggi per la Casata attraverso la presenza, sempre più rilevante, di un cardinale principe alla corte romana e nella città. Fu anche un modo per portare a compimento

6. Stefano Calonaci, *Ferdinando Medici: la formazione di un cardinal principe (1563-1572),* in «Archivio storico italiano», 154 (1996), pp. 635-690; Id., *«Accordar lo spirito col mondo». Il cardinale Ferdinando de' Medici a Roma durante i pontificati di Pio V e Gregorio XIII*, in «Rivista storica italiana», 112 (2000), pp. 5-74; Maria Antonietta Visceglia, *Il cardinale Ferdinando de' Medici tra Roma e l'Europa*, in *Scipione Pulzone e il suo tempo*, a cura di Alessandro Zuccari, Roma, De Luca, 2015, pp. 132-145, cui si fa riferimento senza ulteriori rimandi.

7. Alessandra Contini, *Introduzione*, in *Istruzioni agli ambasciatori e inviati medicei in Spagna e nell'«Italia spagnola» (1536-1648)*, I, Roma, Ministero per i Beni e le Attività culturali, 2007, pp. XXIX-LIV; Ead., *Aspects of Medicean Diplomacy in the 16th Century*, in *Diplomacy in Early Modern Italy: The Structure of Diplomatics Tactics*, a cura di Daniela Frigo, Cambridge, Cambridge University Press, 2000, pp. 49-94.

la sua formazione politica e culturale. In effetti, Ferdinando fece a Roma esperienze cruciali per la sua futura vita di sovrano.

La città santa era allora uno straordinario centro politico e diplomatico per l'Italia e per i paesi stranieri, avviandosi a divenire quel «gran teatro del mondo» che tra Cinque e Seicento avrebbe accolto artisti, dotti, ecclesiastici, diplomatici, agenti di commercio e di finanza, informatori, spie, schiavi, persone di varia religione da ogni paese, a testimonianza del ruolo universalistico della Santa Sede nell'età degli Imperi. Un ruolo che si coniugava con la creazione della monarchia assoluta papale, dotata di un articolato apparato istituzionale, di un poderoso corpo burocratico e diplomatico, di una fiscalità pervasiva nella Penisola – peculiare nel suo carattere insieme spirituale e statuale, nell'accezione dei moderni Stati territoriali –, aperta ad investimenti finanziari *in loco*, attivissima nello scacchiere italiano, ma molto proiettata anche sullo scenario internazionale. Gli anni 1560-1620 videro infatti un grande dispiegamento di forze da parte del papato contro i paesi protestanti e l'Impero ottomano come pure nell'opera di evangelizzazione extra e intra europea, poi organizzata dalla Congregazione *De propaganda fide* (1622).[8]

Roma rappresentò per Ferdinando l'«officina di tutte le pratiche del mondo», il principale osservatorio e scenario politico del tempo.[9] Il Medici vi maturò la sua peculiare fisionomia di uomo di Stato, apprendendo ad «accordar lo spirito col mondo».[10] Individuò infatti allora appieno i fattori

8. *La corte di Roma tra Cinque e Seicento. «Teatro» della politica europea*, a cura di Gianvittorio Signorotto, Maria Antonietta Visceglia, Milano, Bulzoni, 1998; Ead., *La Roma dei papi. La corte e la politica internazionale (secoli XV-XVII)*, a cura di Elena Valeri, Paola Volpini, Roma, Viella, 2018; Antonio Menniti Ippolito, *Il governo dei papi nell'età moderna. Carriere, gerarchie, organizzazione curiale*, Roma, Viella, 2007; *Papacy, Religious Orders and International Politics in the Sixteenth and Seventheenth Century*, a cura di Massimo C. Giannini, Roma, Viella, 2013; Id., *La congregazione pontificia de Propaganda Fide nel XVII secolo: missioni, geopolitica, colonialismo*, in *Papato e politica internazionale nella prima età moderna*, a cura di Maria Antonietta Visceglia, Roma, Viella, 2013, ma vedi tutto il volume; Id., *L'oro e la tiara. La costruzione dello spazio fiscale italiano della Santa Sede (1560-1620)*, Bologna, Il Mulino, 2003; Vedi ora Renata Ago, *Roma barocca. Potere, arte e cultura nel Seicento*, Roma, Carocci, 2023. In generale vedi *A Companion to Early Modern Rome*, a cura di Pamela Jones, Barbara Wisch, Simon Ditchfield, Leiden-Boston, Brill, 2019.

9. Lettera citata da Elena Fasano Guarini, *«Roma officina di tutte le pratiche del mondo»: dalle lettere del cardinale Ferdinando De Medici a Cosimo I e a Francesco I*, in *La corte di Roma tra Cinque e Seicento*, pp. 265-297, p. 265.

10. Per questa citazione e per il soggiorno romano vedi Calonaci, *«Accordar lo spirito col mondo»*.

indispensabili per la conquista del potere. Delineò egli stesso le linee del suo agire nel carteggio con il granduca Francesco, rimarcando quella differenza personale che li avrebbe vieppiù caratterizzati: fondamentale era a suo dire «far amici e confermar li vecchi» in Curia, il «negotiar dolce e pieno di modestia» all'interno della corte, «la quale malvolentieri si muove al suono di diversa maniera».[11] Pertanto, benché munito di finanze considerevoli, ma non adeguate alle esigenze della sua corte cardinalizia (cosa di cui rimproverava sempre il fratello), vestì panni da anfitrione, traendo fruttuosi favori e accordi dai numerosi ospiti della sua mensa. Ferdinando individuò tuttavia nel Collegio cardinalizio il fulcro della sua alacre attività aggregativa, in quanto primario centro di potere e di azione politica a Roma. Si mosse abilmente al suo interno e nell'orbita di Pio V, stringendo legami di alleanza, di patronato, di clientela con le diverse fazioni, in particolare con il cardinale Alessandrino, mentre gli fu inviso Alessandro Farnese, di cui cercò in ogni modo di ostacolare le ambizioni familiari e curiali.[12] Coadiuvato da fidati consiglieri paterni, Ferdinando ottenne così notevoli benefici per i Medici – *in primis* il riconoscimento asburgico del titolo granducale conferito a Cosimo e la risoluzione della questione della precedenza con gli Este. Sempre manovrando all'interno del Collegio e con la sua rete a corte, svolse un ruolo rilevante prima nell'elezione di Gregorio XIII, poi di Sisto V, entrambi graditi alla Famiglia. La sua influenza sui conclavi non cessò con l'ascesa al trono di Toscana, risultando decisiva per l'elezione di Urbano VII nel 1590, di Innocenzo IX l'anno successivo, di Leone XI e di Paolo V nel 1605. Comunque, in generale, Ferdinando divenne «uno dei poli di aggregazione entro il conflittuale mondo romano».[13]

L'azione di *patronage* svolta da Ferdinando in funzione della visibilità della magnificenza dei Medici fu ampia. Si rivolse verso le istituzioni ecclesiastiche, le strategie matrimoniali, i riconoscimenti politici, le clientele, la rete informativa. Divenne protettore ufficiale dell'Ospedale e della

11. Lettere citate da Fasano Guarini, «*Roma officina di tutte le pratiche del mondo*», pp. 279 ss. Sull'«avarizia maniacale» di Francesco vedi Giorgio Spini, *Il principato e il sistema degli Stati europei del Cinquecento*, in *Firenze e la Toscana dei Medici nell'Europa del '500*, atti del Convegno internazionale di studi (Firenze, 8-14 giugno 1980), Firenze, Olschki, 1983, I, pp. 202-207.

12. Gigliola Fragnito, *Storia di Clelia Farnese: amori, potere, violenza nella Roma della Controriforma*, Bologna, Il Mulino, 2013, *ad ind.*

13. Lettera citata da Fasano Guarini, «*Roma officina di tutte le pratiche del mondo*», p. 284.

potente Confraternita della SS. Trinità, fondata da S. Filippo Neri, per assoggettare al controllo mediceo la grande e riottosa «nazione fiorentina», di cui l'istituzione era organo di rappresentanza. Al fine di rafforzare il Casato mediante legami con le maggiori famiglie principesche italiane, fu il regista delle nozze di Vincenzo Gonzaga e della nipote Eleonora, tra Cesare d'Este e Virginia, figlia di Cosimo I e di Camilla Martelli, e tra il nipote Virginio Orsini, figlio di Isabella de' Medici e del duca di Bracciano Paolo Giordano, con Flavia Peretti, imparentata con il papa. La mediazione di Ferdinando fruttò a Filippo II il rinnovo di importanti esenzioni fiscali e a lui, nel 1583, il prestigioso titolo di protettore degli affari di Spagna, cosa che non gli impedì però di stipulare rapporti con altri sovrani, i già menzionati esponenti dei Gonzaga e degli Este e la regina di Francia Caterina de' Medici. La celebrazione della grandezza del Casato e, la sua identificazione con essa da parte di Ferdinando, trovarono mirabile espressione artistica nelle pitture di Iacopo Zucchi a villa Medici, magnificamente restaurata e ampliata dal cardinale nel 1577-88. Grazie al sistema di diplomazia parallela che seppe creare e al suo intervento diretto negli affari romani, fu incoronato «principe per gli affari di Roma» dei Medici.[14]

Sebbene la posizione preminente di Ferdinando a Roma restasse quella di principe rappresentante della dinastia medicea, la promozione della Casata non esaurì il suo impegno. Egli raggiunse un grande prestigio nella corte pontificia attraverso il coinvolgimento nella gestione degli affari interni (la repressione del banditismo, la realizzazione di infrastrutture, l'erezione dell'obelisco in piazza San Pietro ecc.), nell'amministrazione dei beni ecclesiastici – fu zelante abate commendatario dell'abbazia di Casteldurante – e nella politica estera del papato, spesso in qualità di negoziatore politico. E ancora una volta, osservò e apprese tecniche e strategie di governo. In particolare, comprese il nesso tra la sfera delle «pratiche» private, delle clientele cortigiane e del *patronage* personale e la sfera degli affari internazionali, del gioco diplomatico su larga scala nel quadro delle potenze europee. Sempre aggiornato sulle «pratiche» politiche di livello mondiale gestite a Roma, ampliò la sua visuale allo scenario della penisola e dell'Europa, agli equilibri interni degli Stati italiani, alla Francia delle guerre di religione, all'Impero iberico forte anche dell'annessione del Portogallo nel 1580, alla rivolta delle Fiandre, alla costituzione delle leghe contro l'Impero ottomano. E maturò la convinzione dell'importanza dell'intervento

14. Calonaci, *«Accordar lo spirito col mondo»*, p. 39.

nella politica internazionale, della mobilità e dell'ampliamento delle alleanze – nello specifico di superare l'isolamento della Toscana causato dal legame privilegiato con la Spagna, poiché «nel correr la fortuna» del regno iberico non risiedeva «la intera sicurezza» del granducato.[15]

Il ruolo e la visione acquisita nella corte pontificia fece di Ferdinando il candidato ideale per la realizzazione dell'ambizioso progetto di istituzione di una Stamperia delle lingue orientali, promosso da Gregorio XIII per istanze controriformistiche, culturali ed evangelizzatrici.[16] Una tipografia «degna dell'ammirazione di tutto il mondo ed utile e necessaria non solo alla Repubblica letteraria ma insieme alla Chiesa Cattolica»[17] per le sue pubblicazioni di testi religiosi e scientifici da diffondere per la conversione di eretici e scismatici apparve la risposta appropriata alla nuova fase della controversia con i protestanti, inaugurata dalla ricostruzione della storia ecclesiastica effettuata nelle *Centurie di Magdeburgo* di Flacio Illirico (1559-1574), alla missione universale assunta dal papato e al disegno di imporre la sua autorità sulle comunità copte e maronite di Egitto, Etiopia e Siria. Nominato protettore dei patriarcati di Antiochia, Alessandria e del Regno di Etiopia, Ferdinando accettò l'incarico con la mira di nobilitare sé stesso e i Medici come protagonisti sulla scena romana, ma soprattutto di ricavare un lauto guadagno dall'impresa. Raccolse testi nelle lingue orientali e mediorientali (soprattutto in arabo), approntò importanti edizioni per l'evangelizzazione, con considerevoli tirature. Ciononostante, la Tipografia Medicea Orientale, inaugurata nel 1584, rappresentò un fiasco gigantesco; ceduta da Ferdinando a Giovan Battista Raimondi allorché divenne granduca, venne chiusa nel 1614 per mancanza di fondi. Anche i rapporti con Gregorio XIII non furono sempre idilliaci.

Nel periodo romano, il cardinale Medici si dedicò pure ad altri interessi e occupazioni, destinati a successivi sviluppi nel governo della Toscana. Il collezionismo e l'archeologia, molto in voga nella curia, furono i principali. Ferdinando raccolse una notevolissima collezione di statue antiche originali, copie, opere d'arte che abbellirono la villa Medici, in parte frutto degli scavi effettuati a sue spese nel feudo orsiniano di Bracciano e a Roma.

15. Lettera citata da Fasano Guarini, *«Roma officina di tutte le pratiche del mondo»*, p. 283.

16. Calonaci, *«Accordar lo spirito col mondo»*, pp. 12 ss. (con bibliografia).

17. Giuseppe Bianchini, *Dei Gran Duchi di Toscana della reale Casa de Medici protettori delle lettere e delle belle arti, Ragionamenti istorici*, Venezia, G.B. Recurti, 1741, pp. 51 s.

Impreziosire le dimore principesche, offrire un'immagine di cultura e magnificenza della corte attraverso l'arte rappresentò un importante lascito dell'esperienza romana. Per fronteggiare le spese molto ingenti, e di rado onorabili, della sua corte, Ferdinando prese altresì iniziative imprenditoriali. Investì nell'agricoltura, impiantando nei terreni acquisiti la coltura delle vite, dell'olivo e soprattutto del grano, dati i grandi profitti ricavabili dalla vendita alla Camera apostolica; la bonifica della Val di Chiana progettata allora a tal fine, sarebbe stata realizzata anni dopo. Nell'attenzione agli approvvigionamenti granari seguì l'esempio paterno e i consigli di prelati amici, quali il cardinale Ricci, uno dei responsabili dell'Annona pontificia. Ferdinando coltivò comunque pure le attività proprie dei cortigiani romani, come la caccia, per la quale condivise la passione con Cosimo I sin dall'infanzia, il gioco d'azzardo, le avventure galanti, insieme con le intense pratiche devozionali e liturgiche in auge nel clima controriformistico, con quella miscela di sacro e profano che non scomparve allora.[18]

2. *Solidità e ricchezza: Ferdinando I, granduca di Toscana e il suo vasto progetto politico-economico*

Nel 1587 Ferdinando poté dare nuova forma, sostanza e finalità alle esperienze vissute a Roma: divenne granduca di Toscana. Il rapporto con Francesco I non era stato facile, a causa della loro sostanziale divergenza di carattere e di orientamenti, pure sul piano delle scelte personali – in particolare il suo matrimonio con Bianca Capello, condannato da Ferdinando anche *post mortem*. Ma la successione non conobbe ostacoli. Ferdinando divenne capo della Repubblica fiorentina, ovvero «principe di ellezione» come si compiacque di definirsi, con una cerimonia di investitura del Senato dei quarantotto e al Consiglio dei Duecento in seduta congiunta, al fine di confermare la libertà di Firenze e il carattere non feudale del potere granducale.

Così R. Galluzzi celebrò, nella sua settecentesca *Istoria del Granducato di Toscana*, l'ascesa al trono di Ferdinando: «Esercitato nella più raffinata politica della corte di Roma, dotato di rari talenti, munito di molte virtù, e ricco di tesori accumulati da suo fratello poté non solo sostenere

18. Fragnito, *Clelia Farnese*; Ead., *La Sanseverino. Giochi erotici e congiure nell'Italia della Controriforma*, Bologna, Il Mulino, 2020.

la famiglia nel possesso delli Stati e prerogative, ma ancora accrescerne l'autorità e lo splendore. Detestando all'interno del cuore la ligia e servile sottomissione dell'antecessore alla Corona di Spagna, determinò seco medesimo di elevare il suo spirito all'indipendenza, e animato da sentimenti di patriottismo, pensò di unirsi con i Principi italiani, e far fronte alla schiavitù che si minacciava all'Italia».[19] I toni encomiastici ammantavano sostanziali verità, almeno relativamente alla persona e al governo del granduca; altri furono invece i sentimenti che ne animarono l'azione politica. Ferdinando recava in effetti con sé, dal soggiorno romano, una grandiosa visione politica e la conoscenza di regole e modalità di attuarla. Ereditò un patrimonio finanziario e culturale consistentissimo e uno Stato già avviato sulla via dello sviluppo dal padre e dal fratello, che egli rafforzò tuttavia in modo affatto personale, cambiando rotta nell'assetto del governo e nella politica interna ed estera in vista del potenziamento del granducato. Fu invero a tal fine, e non per spirito patriottico, che il granduca cercò uno spazio di autonomia dalla Spagna, che dominava egemone la penisola in seguito alla pace di Cateau-Cambrèsis (1559), rafforzata dalla solidarietà familiare con gli Asburgo di Vienna.[20]

Ferdinando si mosse in diverse direzioni per realizzare il proprio progetto politico. Mantenne il legame con la Francia devastata dalle guerre di religione, a cui Caterina de' Medici cercò di porre argine con la politica degli editti di tolleranza contro il partito cattolico dei Guisa e il loro alleato spagnolo.[21] Appoggiò Enrico III ed Enrico IV, di cui favorì la contestatissima ascesa al trono (1594) a causa della sua fede calvinista. Ferdinando cercò di suggellare l'alleanza tra la Toscana e la Francia dando in sposa, con una dote molto consistente, la nipote Maria de' Medici al nuovo sovrano Enrico IV. Il matrimonio rappresentò il grande successo politico del granduca. Tuttavia, malgrado il suo notevole impegno finanziario e diplomatico, l'intesa fu precaria e non dette i frutti sperati. Il rapporto tra i coniugi si deteriorò infatti rapidamente, mentre crebbe l'ostilità verso gli italiani a corte (soprattutto i potenti Concino Concini ed Eleonora Galigai) e, con

19. Riguccio Galluzzi, *Istoria del Granducato di Toscana sotto il governo di Casa Medici*, Firenze, per Gaetano Cambiagi stampatore granducale, 1781, V, I, pp. 1 s.

20. *Spain in Italy: Politics, Society, and Religion 1500-1700*, a cura di Thomas James Dandelet, John A. Marino, Leiden-Boston, Brill, 2007.

21. Sulle guerre di religione francesi vedi Denis Crouzet, *Dieu en ses royaumes: une histoire des guerres de religion*, Seyssel, Champ Vallon, 2008; Robert J. Knecht, *The French Civil Wars of Religion (1559-1598)*, New York, Taylor & Francis, 2014.

essa, la possibilità di influire sulla politica francese. La Francia si riavvicinò alla Spagna, stipulando alla fine la pace di Vervins (1598), così come la Toscana. La rivalità per il dominio del marchesato di Saluzzo, ambito da entrambi i sovrani a spese del ducato di Savoia, si concluse definitivamente a vantaggio di Enrico nel 1601. La politica filofrancese di Ferdinando restò priva di mordente e di ragioni.

Più fertili di successi furono i suoi contatti con l'Inghilterra e l'Olanda.[22] Il fatto che fosero Stati protestanti non influì sull'azione del granduca. Sia con Elisabetta I sia e soprattutto con Giacomo I Ferdinando instaurò buone relazioni commerciali, diplomatiche e politiche. Se sotto il governo elisabettiano ciò avvenne nell'ambito della strategia antispagnola, principalmente con la partecipazione alla guerra da corsa, e del commercio (anche grazie a un trattato di navigazione), durante il regno giacobita furono la pace tra Inghilterra e Spagna nel 1604 a creare le condizioni per un rafforzamento dell'intesa anglo-toscana. Una solida rete di agenti e di ambasciatori consolidò le relazioni tra i due paesi. La vicinanza di Ferdinando al sovrano, già iniziata mentre era re di Scozia, si manifestò anche nel progetto di un matrimonio Medici-Stuart, seppur irrealizzato. Con le Livornine, i mercanti inglesi divennero una presenza significativa nel porto di Livorno e, da lì nelle rotte mediterranee. E lo divennero nella corte fiorentina, dove Ferdinando attrasse esperti di navigazione come sir Richard Gifford e Robert Dudley, in linea con i suoi interessi geografici e nautici.[23]

I fruttuosi rapporti commerciali intrattenuti dalla Toscana sin dal tardo Medioevo con i Paesi Bassi subirono i contraccolpi della rivolta olandese contro Filippo II negli anni Sessanta del XVI secolo, nella quale i granduchi si schierarono con la Spagna con considerevoli aiuti finanziari e l'invio del condottiero don Giovanni de' Medici, figlio naturale di Francesco I, per motivi di prestigio politico. A risentirne fortemente fu la comunità mercantile fiorentina di Anversa, soprattutto dopo il sacco e l'assedio della città. La situazione mutò con Ferdinando che dichiarò la propria neutralità nella guerra degli Ottanta anni e non instaurò relazioni diplomatiche ufficiali con gli olandesi, ma nell'ultimo decennio del secolo si munì di agenti commerciali e di informatori nel paese, i più fidati dei quali furono la famiglia Lus e Jan van der Neesen. Il fine era quello di garantirsi informazioni militari,

22. Vedi i saggi di Villani e Bomboni presenti in questo volume.

23. Giuseppe Gino Guarnieri, *Il Principato Mediceo nella scienza del mare*, Pisa, Giardini, 1963.

commerciali, politiche e un costante rifornimento di grano – un bene sempre più prezioso nel Mediterraneo a seguito delle ripetute carestie –, di cui Amsterdam rappresentava la maggiore piazza nel Nord Europa grazie al controllo delle rotte baltiche. Mancarono però veri e propri rapporti diplomatici con i governanti del paese a causa del legame tra Toscana e Spagna. I rapporti commerciali divennero molto più intensi con l'apertura del porto franco di Livorno che attirò molti mercanti olandesi in Toscana, tra cui gli ebrei con le loro reti internazionali, determinando uno straordinario afflusso di beni provenienti da tutti i paesi del mondo. Il successo olandese spinse Ferdinando all'emulazione, inducendolo ad iniziative per inserirsi nei mercati delle Indie orientali e occidentali come pure della Moscovia, quali l'ingresso nella Compagnia delle Indie orientali e l'acquisto di un galeone ad Amsterdam per il commercio transoceanico. Non tutte dettero i risultati previsti (soprattutto fallì l'investimento navale), mentre le tensioni per le azioni corsare degli olandesi a danno dei mercanti fiorentini (il più famoso fu Giovanni Carletti) provocarono difficoltà con i governanti della Repubblica e un costante lavorio diplomatico. Solo dopo la morte di Ferdinando, durante la tregua dei dodici anni, mercanti fiorentini si insediarono ad Amsterdam.

La ricerca di autonomia di Ferdinando dalla sfera spagnola gravò sui rapporti con i sovrani iberici. Le frizioni con Filippo II si manifestarono sin dall'inizio del governo granducale. Il re spagnolo ebbe un atteggiamento di diffidenza e di freddezza verso Ferdinando, destinato a peggiorare nel corso del tempo e a passare in eredità a Filippo III.[24] Il matrimonio di Ferdinando con Cristina di Lorena nel 1589, fortemente inviso a Filippo II, e soprattutto, due anni dopo, la temeraria conquista granducale dello Chateau d'If (edificato su un isolotto di fronte a Marsiglia) nell'ambito della politica filofrancese, fecero precipitare le relazioni. Tuttavia, non si giunse mai alla rottura aperta. La loro fu una guerra guerreggiata di minacce verbali aperte e dissimulate, di intimidazioni militari, di controllo delle informazioni, ma anche di manovre di contrasto condotte, da parte di Filippo, per la conservazione dell'egemonia imperiale nella penisola e nell'assetto economico mondiale, mentre da parte di Ferdinando per acquisire spazi

24. *Spain in Italy*, *ad ind.*; Paola Volpini, *Il silenzio dei negozi e il rumore delle voci. Il sistema informativo di Ferdinando I de' Medici in Spagna*, in *Sulla diplomazia in età moderna. Politica, economia, religione*, a cura di Renzo Sabbatini, Paola Volpini, Milano, FrancoAngeli, 2011, pp. 165-192.

di manovra e di affermazione in entrambi gli ambiti. Sarà soltanto nella mutata situazione italiana ed europea di fine secolo che il granduca cercherà di riconciliarsi con Filippo III, dando prove di crescente fedeltà al fronte ispano-asburgico, *in primis* con il sostegno alla lotta anti-ottomana. Ferdinando raggiunse però il suo scopo dopo anni di tensioni, causate da molti fattori: l'espansionismo spagnolo nei domini granducali di Piombino, Orbetello, dell'isola dell'Elba, della Lunigiana, le questioni dinastiche connesse al matrimonio spagnolo di Pietro de' Medici, la linea granducale filofrancese, la diffidenza di Filippo III ecc. A sancire l'allineamento con la Spagna fu l'agognato ottenimento del titolo feudale su Siena nel 1605 e, due anni dopo, il matrimonio tra il futuro granduca Cosimo II e Maria Maddalena d'Austria.

L'andamento della politica ferdinandea trovò espressione anche nella linea adottata verso Roma. Dopo l'ascesa al trono, il granduca continuò a reputare la Santa Sede centrale nella scena italiana ed europea e a sostenerla in qualità di devoto protettore della religione, ma non rinunziò a una certa duttilità sia in relazione agli avvicendamenti sul soglio pontificio sia ai propri interessi politici del momento.[25] Mentre con Gregorio XIV e Clemente VIII, vicini alla Spagna, i rapporti furono spesso tesi e segnati da sconfitte in vari frangenti per il granduca (la lotta al banditismo, l'incorporamento del ducato di Ferrara ecc.), maggiore sintonia questi ebbe con Paolo V, rampollo di un'antica famiglia senese alleata dei Medici. Tanto che nell'*affaire* dell'Interdetto scagliato dal papa contro Venezia nel 1605-07, Ferdinando assunse una posizione di neutralità e di mediazione, seppure nell'intento di salvaguardare il prestigio papale e l'autonomia degli Stati. Il granduca subordinò comunque preminentemente la propria politica ecclesiastica agli interessi del suo Stato. Si attenne infatti al tradizionale orientamento mediceo di rafforzamento della giurisdizione laica rispetto all'ecclesiastica, seppure in modo elastico, con negoziazioni, compromessi, atti di forza o di acquiescenza: eloquenti furono le dinamiche con i rappresentanti diplomatici e agenti giuridici della Sede apostolica, ovvero i nunzi pontifici, di stanza in Toscana. Grazie alle possibilità di intervento nelle elezioni dei papi, per la presenza di cardinali fidati, e all'intatta rete di relazioni in curia, il Medici poté

25. Oltre a Diaz, *Il granducato di Toscana*, pp. 287 ss., vedi Francesco Vitali, *I nunzi pontifici nella Firenze di Ferdinando I (1587-1609)*, Roma, Edizioni Nuova Cultura, 2019.

continuare a influenzare la linea della Santa Sede, soprattutto nella nomina dei vescovi in Toscana. Tali investiture riguardarono principalmente i membri dell'antica aristocrazia fiorentina, trasformandosi in mezzo di sostegno e consolidamento del regime mediceo e di controllo interno dello Stato. D'altro canto, per mantenere buoni rapporti con il papato, Ferdinando optò talvolta per posizioni compromissorie su questioni fiscali e giurisdizionali anche di rilevo, come l'estensione patrimoniale di luoghi pii e conventi ossia della manomorta ecclesiastica.

Una cartina di tornasole dell'atteggiamento calcolatore di Ferdinando fu la politica verso il Levante.[26] Egli rafforzò fortemente l'Ordine religioso-militare cosiminano dei cavalieri di Santo Stefano e il suo carattere crociato per farne strumento della propria investitura a paladino della causa cattolica nella lotta antiturca – celebre la statua di Giambologna nella piazza SS. Annunziata a Firenze, creata con la fusione dei cannoni delle galee turche. Nello stesso tempo, impiegò l'Ordine come arma di pressione economica contro l'Impero ottomano.[27] I cavalieri furono così impegnati in una serrata guerra di corsa e piratesca nel Mediterraneo, con saccheggi, rapine, spedizioni militari – sino a diventare «i più temibili predatori del Mediterraneo» –,[28] mentre l'agente mediceo Neri Giraldi tentò di intavolare trattative con il sultano per una maggiore apertura ai commerci e per l'insediamento di un bailo fiorentino a Costantinopoli. L'iniziativa diplomatica fallì a causa dell'aggressività dei cavalieri stefanei nel Mediterraneo che, lungi dal diminuire, trovò nuovi obiettivi nella tentata occupazione di Cipro e di Bona (con un fruttuoso saccheggio). Furono inoltre inviate truppe toscane in Ungheria e Transilvania a so-

26. Carla Sodini, *L'Ercole tirreno: guerra e dinastia medicea nella prima metà del '600*, Firenze, Olschki, 2001; Brege, *Tuscany in the Age of Empiries*; *The Grand Ducal Medici and the Levant: Material Culture, Diplomacy and Imagery in Early Modern Mediterranean*, a cura di Maurizio Arfaioli, Marta Caroscio, London, Turnhout, 2016.

27. Franco Angiolini, *I cavalieri e il principe: l'Ordine di Santo Stefano e la società toscana in età moderna*, Firenze, Edifir, 1996; Id., *Spagna, Toscana e politica navale*, in *Istituzioni, politica e società. Le relazioni tra Spagna e Toscana per una storia mediterranea dell'Ordine dei cavalieri di S. Stefano*, atti del convegno internazionale (Pisa, 18 maggio 2007), a cura di Marcella Aglietti, Pisa, ETS, 2007, pp. 41-65; Salvatore Bono, *Corsari nel Mediterraneo. Cristiani e musulmani fra guerra, schiavitù e commercio*, Milano, Mondadori, 1993. Nella cinghia sottopancia del cavallo venne inciso: «De' metalli rapiti al fero Trace».

28. Ivi, p. 44; Kris E. Lane, *Pillaging the Empire: Global Piracy on the High Seas, 1500-1750*, Armonck (NY), M.E. Sharpe, 2016.

stegno dell'esercito dell'imperatore Rodolfo II e del principe Sigismondo Báthory posto a difesa dei confini con l'Impero ottomano. Anche in questo caso, in gioco vi erano interessi commerciali nell'area, oltre che d'immagine, innanzitutto nei confronti del mondo ispano-asburgico. Ferdinando instaurò altresì buoni rapporti commerciali con ribelli al governo ottomano, come il regno di Fez, dal quale il granduca ottenne il porto atlantico di Larache, con il signore di Aleppo, Ali Pascià Gianbulàd, e con l'emiro druso Fakhr ad-Dīn II nel Libano, che sostenne militarmente anche con l'intento di far schierare i cristiani maroniti in favore della Chiesa cattolica romana.[29]

L'affermazione del granducato nello spazio internazionale corse parallelo al consolidamento del suo assetto interno e al suo sviluppo economico.[30] Ferdinando intraprese un'opera di riordino, di revisione e di sistematizzazione della legislazione, della normativa, dei codici statutari nell'ambito istituzionale, amministrativo, finanziario, commerciale, giuridico. Lo scopo fu di migliorare il preesistente apparato ancora in fase di assestamento attraverso una normalizzazione legalitaria, una razionalizzazione organizzativa, una relativa liberalizzazione (nel senso dell'aumento dell'autonomia e della collegialità nella gestione statuale) e una maggiore equità del governo. Si cercò altresì di dare maggiore compattezza al governo del paese attraverso l'inserimento dell'oligarchia fiorentina, mercantile e fondiaria, negli organi collegiali e amministrativi del granducato, la promozione di un certo dinamismo sociale e una maggiore indipendenza amministrativa del patriziato di località toscane periferiche. Non sempre l'obiettivo fu centrato, per dinamiche e limiti interni o del sovrano, nel processo ancora fluido, contraddittorio e incoerente di formazione dello Stato moderno.

29. Kaled El-Bibas, *L'Emiro e il Granduca. La vicenda dell'emiro Fakhr ad-Dīn del Libano nel contesto delle relazioni tra la Toscana e l'Oriente*, Firenze, Le Lettere, 2010.

30. Diaz, *I Medici*, *ad ind.*; Elena Fasano Guarini, *Repubbliche e principi. Istituzioni e pratiche di potere nella Toscana granducale del '500-'600*, Bologna, Il Mulino, 2010; Luca. Mannori, *Il sovrano tutore. Pluralismo istituzionale e accentramento amministrativo nel principato dei Medici (secc. XVI e XVIII)*, Milano, Giuffré, 1994; Id., *Lo Stato del Granduca, 1530-1859. Le istituzioni della Toscana moderna in un percorso di testi commentati*, Pisa, Pacini, 2015; *Feudalesimi nella Toscana moderna*, a cura di Stefano Calonaci, Aurora Savelli, in «Ricerche storiche», 44 (2014), pp. 173-337; più specifico, ma utile Alessandro Lo Bartolo, *Nel mezzo del bogliente stagno. Gli ufficiali territoriali dello Stato fiorentino tra sindacato locale e controllo centrale, 1400-1800*, Pisa, Pisa University Press, 2023.

Gli interventi ferdinandei riguardarono istituzioni centrali e periferiche, organi di giustizia e di polizia, di cui si cercò di migliorare l'efficienza, eliminare gli abusi, favorire, con equilibrio, un certo decentramento amministrativo rispetto al potere sovrano, in controtendenza rispetto ai predecessori. Ne furono oggetto, ad esempio, le magistrature e lo Studio di Siena, gli statuti dell'Arte della lana, dei Mercantanti, di Por Santa Maria di Firenze, magistrature collegiali quali i Nove Conservatori, i Conservatori di Legge, i Sei di Mercanzia, i Capitani di Parte, gli Uffici di Fiumi e Fossi (creato *ex novo* quello di Pistoia, reso autonomo quello di Pisa), il Provveditore della Grascia di Arezzo, il tribunale della Mercanzia verso la Comunità di Prato ecc.

Particolarmente importante fu la ricodificazione degli statuti dell'Ordine di Santo Stefano (1590) e l'incremento della sua flotta, dato il ruolo fondamentale che l'istituzione ricoprì nella politica del granducato. Oggetto di un consistente investimento finanziario, istituzionale e simbolico sin dalla sua istituzione ad opera di Cosimo I (1562), l'Ordine divenne infatti sempre più un mezzo di controllo, di selezione e di amalgama delle élites toscane, mediante il loro inserimento in un'istituzione prestigiosa, funzionale al processo di accentramento e di legittimazione principesca avviato dai Medici, consentendo d'altra parte agli esponenti del patriziato di conservare peso e spazi di azione al suo interno in qualità di ceto dominante nella società. Sulla scena internazionale, i cavalieri garantirono lustro, visibilità e operatività all'azione di Ferdinando I, insieme con un notevole gettito finanziario, frutto della guerra da corsa e della pirateria, e con l'incremento di Livorno, loro base navale.

Più tardo, ma di grande importanza anche per il futuro del governo granducale, fu il potenziamento della Consulta. All'inizio del secolo, Ferdinando ne ridelineò funzioni e composizione, rendendola un organo delegato all'elaborazione legislativa, alla sospensione delle leggi in nome del principe e all'amministrazione della giustizia, composto da tre o quattro auditori e da altri esperti di diritto scelti dalla magistratura dei 48, sotto la guida di un presidente. In connessione con queste riforme fu migliorata l'amministrazione pubblica e della giustizia, attraverso misure rigorose ed eque, e un forte impegno nella lotta contro gli abusi, la violenza e il banditismo.[31] Non mancarono squilibri, personalismi, falle,

31. Stefano Calonaci, *Lo spirito del dominio. Giustizia e giurisdizioni feudali nell'Italia moderna (secoli XVI-XVIII)*, Roma, Carocci, 2018.

incoerenze, per l'avvicendarsi di uomini, il mutare di indirizzi, le tensioni interne all'alta burocrazia medicea. Tuttavia, il progetto nel suo complesso riuscì. Interessante la relazione dell'agente Francesco Morosini al Senato veneziano, che riferiva che «lo Stato in tutto pende e obedisce all'arbitrio e volontà del principe, che lo regge e domina assolutamente con una giustizia civile e criminale tanto uguale con ogni condizione di persone, che questo solo capo li rende affetionati e benevoli tutti i sudditi», compensandoli della perdita della libertà e dell'economia vincolistica spesso imposta dal sovrano.[32]

Il consolidamento dello Stato sul piano istituzionale attuato da Ferdinando ebbe elementi portanti nella politica annonaria e nei traffici mercantili, che trovarono entrambi il loro centro nel porto di Livorno. Il granduca si rivelò allora un vero «principe commerciante».[33] Il reperimento dei cereali dai «granai» orientali d'Europa, dai Paesi Bassi, dall'Inghilterra, dalla Normandia, dalla Germania e dalla Polonia, l'incremento della produzione interna e la vendita ad altri Stati in un regime semi-monopolistico rispetto ai privati impegnò molto e continuativamente il Medici con enormi investimenti, non solo in tempo di carestia.[34] Interessi di arricchimento privato, di acquisizione di potere nel mercato e nello scacchiere politico italiano, di rilancio delle attività commerciali e produttive toscane si unirono all'attenzione per il bene della collettività e per il mantenimento dell'ordine pubblico, che l'adeguato approvvigionamento di pane garantiva. E che di fatto garantì, consentendo alla Toscana di superare le crisi agrarie che si verificarono soprattutto negli anni Novanta e di diminuire la gravità di quelle degli acquirenti italiani del granduca, con conseguente prestigio per il Medici.

Meno efficace fu l'intervento per lo sviluppo agrario, che pure fu prioritario per Ferdinando, sia per il parziale insuccesso delle bonifiche (in Valdichiana, in Val di Nievole, in Maremma) sia per l'estensione della struttura mezzadrile e della conseguente povertà dei contadini, sia infine per la graduale crescita di investimenti terrieri a discapito delle manifat-

32. *Relazione degli ambasciatori veneti al Senato*, edite da Eugenio Alberi, Firenze, Società editrice fiorentina, 1846, relazione 5 dicembre 1698, III, II, p. 127.

33. Diaz, *I Medici*, p. 330.

34. Sul commercio del grano a Livorno e nel Mediterraneo: Galluzzi, *Istoria del Granducato*, V, p. 77; Fernand Braudel, Ruggero Romano, *Navires et marchandises à l'entrée du Port de Livourne (1547-1611)*, Paris, A. Colin, 1951, pp. 52-75; Braudel, *Civiltà e imperi del Mediterraneo nell'età di Filippo II*, Torino, Einaudi, 2010, pp. 614-653.

ture, il cosiddetto fenomeno della rifeudalizzazione, che iniziò a verificarsi anche in Toscana, come in molta parte della società europea, senza un corrispondente aumento del rendimento agricolo. Peraltro, anche altri settori produttivi, e in particolare la tradizionale produzione della lana, subirono un declino, con l'eccezione della manifattura della seta.[35]

3. *Al di là dei mari: il porto franco di Livorno*

La creazione del porto franco di Livorno rappresentò l'acme della politica di Ferdinando, e il suo coronamento.[36] Il granduca fu il padre della nuova città portuale, anche se i progetti di fondazione risalivano a Cosimo I e soprattutto a Francesco I. Quest'ultimo, infatti, intuite le possibilità di sviluppo di Livorno con l'apertura del Mediterraneo alle flotte inglesi e olandesi, pianificò la costruzione di una città a vocazione mercantile e difensiva, di proprietà granducale e controllata dal governo mediante l'Ufficio della Fabbrica di Livorno; la prima pietra fu posta nel 1577. Ferdinando I rese grandioso il progetto e ne ampliò gli orizzonti, oltre i mari e oltre la realtà coeva. Porto e piazzaforte militare del granducato, centro produttivo ed emporio internazionale, motore dell'espansione economica nel Mediterraneo e nelle rotte transoceaniche, realtà del mito del sovrano costruttore di città, strumento di propaganda e di

35. Paolo Malanima, *L'economia italiana nell'età moderna*, Roma, Editori Riuniti, 1982; Id., L*a decadenza di un'economia cittadina. L'industria di Firenze nei secoli XVI-XVIll,* Bologna, Il Mulino, 1982; Francesco Ammannati, *Per filo e per segno. L'arte della lana a Firenze nel Cinquecento*, Firenze, Firenze University Press, 2020.

36. Sul porto di Livorno vedi soprattutto *Livorno e il Mediterraneo nell'età medicea*, atti del convegno (Livorno, 23-25 settembre 1977), Livorno, Bastogi, 1998; Paolo Castignoli, *Studi di storia. Livorno dagli archivi alla città*, Livorno, Belforte, 2001; *Livorno 1606/1806. Luogo di incontro tra popoli e culture*, a cura di Adriano Prosperi, Torino, Allemandi, 2009, in part. Lucia Fratterelli Fischer, *La Livornina. Alle origini della società livornese*, pp. 43-62; *La città delle nazioni: Livorno e i limiti del cosmopolitismo (1566-1834)*, a cura di Andrea Addobbati, Marcella Aglietti, Lucia Frattarelli Fischer, Pisa, Pisa University Press, 2016; Francesca Trivellato, *Il commercio interculturale. La diaspora sefardita, Livorno e i traffici globali in età moderna*, Roma, Viella, 2016; Corey Tazzara, *The Free Port of Livorno and the Transformation of the Mediterranean World*, New York, Oxford University Press, 2017; Lucia Frattarelli Fischer, *L'Arcano del mare: un porto nella prima età globale: Livorno*, Pisa, Pacini, 2018; Brege, *Tuscany in the Age of Empire* (fig. 1).

affermazione politica dei Medici all'interno e al di fuori del granducato: questa la Livorno di Ferdinando I.

L'opera di edificazione partì da un piccolo borgo abitato da 530 persone, che venne trasformato, con imponenti opere edilizie e di bonifica, in una grande città razionale (di forma geometrica pentastellata), fortificata, popolosa e adatta ad accogliere attività mercantili – tra cui innanzitutto lo smercio del grano – e manifatturiere.[37] Il modello fu Anversa. Sotto la supervisione di Bernardo Buontalenti, fu varato un piano edilizio per l'insediamento e per gli scambi commerciali: vennero costruiti magazzini, abitazioni, servizi, da vendere o affittare a prezzi agevolati, destinati a ospitare mercanti, manodopera, residenti; fu scavata una nuova darsena per allargare il bacino portuale e agevolare l'accesso delle navi; fu eretta una nuova fortezza e riorganizzato il sistema di difesa con la revisione di Giovanni de' Medici, esperto di architettura militare. Col tempo, le strade si popolarono di mercati, taverne, birrerie, lazzeretti, bordelli e di un nuovo quartiere mercantile, denominato Venezia nuova, per la presenza di canali.

Per le imprese edili ci si avvalse di consistenti finanziamenti pubblici della Depositeria e di altri enti, di opere imposte alla popolazione rurale, della manodopera libera, ma anche dei prigionieri, dei confinati e degli schiavi racchiusi nel Bagno dei forzati. Costruito a fine Cinquecento, l'edificio accolse persone di ogni etnia, fede, cultura (ma in prevalenza musulmani) catturate dall'Ordine di Santo Stefano nelle sue azioni predatorie nel Mediterraneo, che alimentarono il fiorente commercio schiavile sviluppatosi nel corso del secolo anche con l'apporto dei mercanti stranieri. Gli schiavi furono impiegati come rematori nelle galere, come manodopera nelle opere urbanistiche, come servitori, mentre i residenti nel Bagno poterono esercitare il piccolo commercio o artigianato in autonomia.[38]

37. Per la storia urbana di Livorno vedi C.J. Danielson, *Livorno: A Study in 16th Century Town Planning in Italy*, tesi di PhD, Columbia University, 1986; Lucia Frattarelli Fischer, *Lo sviluppo di una città portuale. Livorno 1575-1720*, in *Sistole/Diastole. Episodi di trasformazione urbana nell'Italia delle città*, a cura di Marco Folin, Venezia, Istituto Veneto di Scienze Lettere ed Arti, 2006, pp. 271-333.

38. Lucia Frattarelli Fischer, *Il bagno delle galere in «terra cristiana». Schiavi a Livorno tra Cinque e Seicento*, in «Nuovi studi livornesi», 8 (2000), pp. 69-94; Cesare Santus, *Il «turco» a Livorno. Incontri con l'Islam nella Toscana del Seicento*, Milano, Officina Libraria, 2019; Salvatore Bono, *Schiavi: una storia mediterranea (16-19 secolo)*,

Lo sviluppo di Livorno, e del progetto ferdinandeo in generale, fu assicurato anche da bandi popolazionistici molto vantaggiosi e molto reclamizzati nelle cancellerie europee e mediterranee, che garantivano agevolazioni economiche, doganali, fiscali, protezioni e franchigie.[39] I bandi si succedettero dal 1590 e riguardarono varie categorie di mestieri, possibili residenti per accrescere la densità abitativa della città e di altre zone della Toscana come pure forestieri di varia fede. I primi avvisi furono rivolti alla manodopera specializzata nelle costruzioni e nel commercio marittimi (calafati, maestri d'ascia, legnaioli, pescatori, marinari ecc.). Nel 1591-93 venne emanata la legge Livornina, un privilegio sovrano che legittimò la concessione di vantaggi economici e religiosi agli ebrei, di cui fruirono col tempo anche i non cattolici.[40] Fu infatti favorito l'insediamento nella città labronica di «mercanti di qualsivoglia nazione, Levantini, Ponentini, Spagnoli, Portoghesi, Greci, Todeschi et Italiani, Hebrei, Turchi, Mori, Armeni, Persiani et altri». Gli ebrei, in maggioranza sefarditi, occuparono un posto preminente per l'estensione e la solidità delle loro reti commerciali e finanziarie nel mondo, funzionali agli ambiziosi progetti politici ed economici di Ferdinando. Tanto che Livorno divenne uno dei maggiori *Port Jews*, ossia la residenza di ebrei di porto con *status* privilegiato.[41] La comunità ottenne un organo di autogoverno laico (i massari), una propria sfera giuridica, consistenti agevolazioni economiche, la possibilità di istituire scuole, stamperie e centri assistenziali, ma anche la libertà di culto nella

Bologna, Il Mulino, 2021; Patrizia Del Piano, *La schiavitù in età moderna*, Roma-Bari, Laterza, 2021. Sui musulmani in Europa vedi *Les musulmans dans l'histoire de l'Europe*, a cura di Jocelyne Dakhlia, Vincent Bernard, Wolfgang Kaiser, 2 voll., Paris, Albin Michel, 2011-2013; Lucette Valensi, *Stranieri familiari. Musulmani in Europa (XVI-XVIII secolo)*, Torino, Einaudi, 2013.

39. Elena Fasano Guarini, *'La popolazione'*, in *Livorno: progetto e storia di una città tra il 1500 e il 1600*, Pisa, Nistri-Lischi e Pacini Editori, 1980, pp. 199-215; *Bandi per il popolamento di Livorno. 1590-1603*, a cura di Paolo Castignoli, Lucia Frattarelli Fischer, Livorno, Cooperativa edile «Risorgimento», 1988; Lucia Frattarelli Fischer, *La costruzione e il popolamento di Livorno dal 1590 al 1603: i bandi popolazionistici di Ferdinando I*, Udine, Forum, 2003.

40. Per la redazione della legge vedi il saggio di Frattarelli Fischer in questo volume. Per i testi vedi oltre, pp. 195-229.

41. *Port Jews: Jewish Communities in Cosmopolitan Maritime Trading Centres, 1550-1950*, a cura di David Cesarani, London, F. Cass, 2014; Lisa Kaborycha, *'We Do not Sell Them This Tolerance': Grand Duke Ferdinando I's Protection of Jews in Tuscany and the Case of Jacob Esperiel*, in «Sixteenth Century Journal», 49 (2018), pp. 987-1018; Trivellato, *Il commercio interculturale*.

propria sinagoga (posta dietro il duomo), senza la reclusione nel ghetto o limitazioni personali, e soprattutto senza interferenze dell'Inquisizione romana di stanza a Pisa; fu invece imposto il divieto di contaminazione con i gentili.[42] Il privilegio del possesso di un luogo di culto fu condiviso con i greci uniti, con gli armeni dopo la sottomissione a Roma, come pure con i musulmani rinchiusi nel Bagno, che ebbero quattro moschee adiacenti ai dormitori.[43] Diversa fu la soluzione adottata per i protestanti, che giunsero in gran numero dall'Inghilterra e dai Paesi Passi, ricchi di mercanzie e di competenze. In quanto eretici per la Chiesa di Roma, seguirono comportamenti e pratiche nicodemitici, sotto lo sguardo tollerante delle autorità pubbliche interessate a favorirne i lucrosi traffici e la residenza nella città labronica, con pochissime eccezioni note. Olandesi, inglesi, ugonotti ottennero comunque cappelle dedicate dove esercitare il culto.[44] Nelle Livornine si consigliò a tutti la conversione alla religione cattolica per una migliore integrazione nel tessuto cittadino. Tuttavia, fino al 1804 la città non fu eretta a diocesi.[45]

La presenza degli stranieri fu regolamentata sul piano normativo, per agevolare l'accoglienza e, nello stesso tempo, il controllo e venne finalizzata al preciso scopo di accrescere il bene pubblico (come recitava il preambolo della Livornina). Vennero istituiti organismi autonomi, definiti «nazioni», con a capo un console, che aveva il compito di registrare e sorvegliare i connazionali che si insediavano stabilmente in città (pur non appartenendo al suo spazio); la nazione degli ebrei fu governata con leggi proprie. A tutte le nazioni fu concesso di pos-

42. Lucia Frattarelli Fischer, *Vivere fuori dal ghetto: ebrei a Pisa e Livorno, Secoli XVI-XVIII*, Torino, Zamorani, 2008.

43. Frattarelli Fischer, *Il bagno delle galere*; Lucia Frattarelli Fischer, Maria Teresa Lazzarini, *Chiese e luoghi di culto a Livorno dal Medioevo a oggi*, Pisa, Pacini, 2015; *Gli Armeni a Livorno. L'intercultura di una diaspora*, a cura di Giangiacomo Panessa, Massimo Sanacore, Livorno, Debatte, 2006; Lorenzo Benedetti, *I mercanti e l'arcivescovo. L'affermazione dei greci ortodossi a Livorno durante l'episcopato di Francesco Guidi (1734-1778)*, Pisa, ETS, 2023.

44. Vedi i saggi in *Livorno (1606-1608)* e in *La città delle nazioni*; Stefano Villani, *Livorno- Diversibus gentibus una*, in *Twelve Cities-One Sea. Early Modern Mediterranean Port Cities and Their Inhabitants*, a cura di Giovanni Tarantino, Paola von Wyss-Giacosa, Napoli, Edizioni scientifiche italiane, 2023 (Quaderni della Rivista Storica Italiana), pp. 37-54.

45. Vincenzo Lavenia, *Una città senza diocesi. Il governo della Chiesa livornese in età moderna*, in *Livorno (1606-1806)*, pp. 63-70.

sedere un cimitero fuori delle mura.[46] I non cattolici acquisirono così *status* giuridico e legittimazione, venendo richiesto loro di impegnarsi nello sviluppo dei commerci a vantaggio del paese. Questo scopo e la creazione di beni «per servizio pubblico» da parte dello Stato rappresentarono il fondamento etico e giuridico della protezione accordata agli stranieri, che salvaguardò la libertà loro e del granduca.[47] Lo Stato divenne il principio unitario superiore alle differenze confessionali e geografiche, che potevano convivere nel segno del «bene comune» della società e del buongoverno della *res publica*.[48]

Tale divisione in corpi agevolò la partecipazione diretta dei forestieri all'attività legislativa e gestionale del porto e della città. E malgrado gli intenti di separazione, la convivenza fu da un lato più conflittuale e meno rigida di quanto normato. Tensioni e violenza serpeggiarono infatti sempre nella realtà livornese, con esplosioni talvolta molto forti.[49] Ma, nel contempo, si creò una realtà sociale e culturale meticcia. Con i suoi tanti abitanti di culture, fedi, paesi diversi, legati da matrimoni, scambi, contaminazioni, accordi commerciali, con il suo variegato paesaggio di costumi, di odori, di luoghi di vita, di culto, di sepoltura, con i suoi traffici di merci provenienti da ogni dove, Livorno rappresentò così uno grande esempio di pluralismo culturale e religioso nel contesto italiano della Controriforma, pari alla più famosa Venezia.[50] I limiti e le contraddizioni, che pur vi furono, non inficiarono nel complesso questa identità. Ancora a metà Settecento, Charles de Brosses, annotava che «les rues semblaient une véritable foire de masques et le langage rappellait celui de la Tour de Babel».[51]

Lo stesso ceto dirigente cittadino rispecchiò questo carattere di apertura, innovazione, mobilità. L'élite di governo fu creata *ex novo* dal

46. Lucia Frattarelli Fischer, *La parola e il marmo. Cimiteri acattolici di Livorno dal Seicento a oggi*, Pisa, ETS, 2024.

47. Cfr. Fratterelli Fischer, *La Livornina*, pp. 50-52.

48. Cfr. Benedetti, *I mercanti e l'arcivescovo*, p. 22.

49. Lo sottolinea Tamar Herzig, *Slavery and Interethnic Sexual Violence. A Multiple Perpetrator Rape in Seventeenth-Century Livorno*, in «The American Historical Review», 127 (2022), pp. 194-222. Vedi anche Trivellato, *Il commercio interculturale*.

50. Giuseppina Minchella, *Frontiere aperte. Musulmani, ebrei e cristiani nella Repubblica di Venezia*, Roma, Viella, 2014.

51. Charles de Brosses, *Lettres famileres écrites d'Italie en 1739 et 1740*, Brussels, Edition Complexe, 1995, p. 125.

granduca, senza radicamenti in tradizioni e gruppi familiari né vincoli geografici, ma sulla base invece delle competenze, del patrimonio e del prestigio personale dei cittadini individuati dai suoi funzionari.[52] Ai cittadini fu però richiesta l'adesione alla fede cattolica, la residenza nella città e un censo elevato; successivamente fu aggiunto il possesso di proprietà immobiliari, cosa che durante il governo leopoldino aprì anche agli ebrei l'accesso alla comunità.[53] Questo sistema giovò grandemente alla gestione e alla crescita di Livorno, alla quale i cittadini collaborarono attivamente con la loro intermediazione tra le esigenze delle nazioni, della corte e della città. Il legame con potere centrale fu assicurato dal governatore, che fu posto a capo della città con funzioni di autorità sia militare sia civile.

Rinviando ad altri saggi una più approfondita illustrazione delle Livornine e del loro peso per la storia del granducato di Toscana, possiamo in conclusione affermare che quelle leggi impressero una svolta significativa al suo corso storico e agli equilibri del commercio mediterraneo e mondiale.

Ad avvantagiarsi dello sviluppo di Livorno fu anche Pisa, che fu interessata dalle Livornine, pur fruendone molto meno a causa dell'insabbiamento del porto; sulla città Ferdinando investì comunque in parallelo come mercato e centro fieristico e, tradizionalmente, universitario.[54] Molto se ne giovò anche la corte granducale. I beni esotici e di pregio che giunsero nella città labronica, attraverso acquisti e ricerche, arricchirono infatti le mirabili collezioni artistiche e naturalistiche esposte nei palazzi granducali che, già iniziate da Francesco, giunsero con Ferdinando al massimo dello splendore divenendo specchio rilucente del suo prestigio. Restò invece incompiuta la costruzione della sontuosa cappella dei Medici annessa al coro di San Lorenzo, che con pietre preziose e rare provenienti da paesi lontani, effetti architettonici teatrali e il raffina-

52. Fratterelli Fischer, *La Livornina*, p. 55. Furono richiesti «Mercanti, Dottori, Capitani, e Persone qualificate».

53. Marcello Verga, *Proprietà e cittadinanza. Ebrei e riforma delle Comunità nella Toscana di Pietro Leopoldo*, in *La formazione storica della alterità. Studi di storia della tolleranza nell'età moderna offerti a Antonio Rotondò*, 3 voll., promossi da Henry Méchoulan, Richard H. Popkin, Giuseppe Ricuperati, Luisa Simonutti, Olschki, Firenze 2001.

54. Rita Mazzei, *Pisa Medicea: L'economia cittadina da Ferdinando I a Cosimo III*, Firenze, Olschki, 1991; Fratterelli Fischer, *Vivere fuori dal ghetto*.

to programma iconografico dell'altare doveva celebrare la magnificenza del Casato.[55] Non sorprende pertanto che Ferdinando definisse Livorno «pupilla dell'occhio del dominio».[56]

55. *Ferdinando I de' Medici. 1549-1609. Maiestate tantum*, a cura di Monica Bietti, Annamaria Giusti, Livorno, Sillabe, 2009; Francesco Morena, *Dalle Indie Orientali alla corte di Toscana. Collezioni di arte cinese e giapponese a Palazzo Pitti*, Firenze, Giunti, 2005; Jessica Keating, Lia Markey, *'Indian' Objects in Medici and Austrian-Habsburg Inventories: A Case-Study of the Sixteenth-Century Term*, in «Journal of the History of Collections», 23 (2011), pp. 283-300; *Art, Mobility and Exchange in Early Modern Tuscany and Eurasia*, a cura di Francesco Freddolini, Marco Musillo, New York, Routledge, 2020; *A Cultural Symbiosis*: *Patrician Art Patronage and Medicean Cultural Politics in Florence (1530-1610)*, a cura di Klazina D. Bothke, Henk T. Van Veen, Leuwen, Leuwen University Press, 2022.

56. Citato da Fratterelli Fischer, *La Livornina*, p. 50.

Lucia Frattarelli Fischer

La Livornina. Genesi e applicazione di un documento straordinario

In memoria di Paolo Castignoli

1. *Un privilegio per una città nuova*

Nel 1656, dalla Zecca di Firenze fu coniata una moneta, un tallero d'oro, con lo scopo di diffondere in Levante i vantaggi che offriva il porto di Livorno. Da un lato la faccia di Ferdinando II ne affermava l'autenticità, dall'altra il porto di Livorno con la scritta «Diversis gentibus una» assicurava che tutti erano di casa nella città portuale. Una forma aulica di affermare che Livorno era popolata da «gente di ogni miscuglio», come aveva scritto nel 1647 padre Magri, il primo storico della città (fig. 16).[1] Un *topos* ripreso dai viaggiatori del Settecento, che videro nella babele di lingue e nella varietà dei costumi che si incrociavano nelle strade l'immagine vivente di una città multiculturale aperta alla tolleranza religiosa.[2] E, in effetti, Livorno fu una città multietnica e multireligiosa, un esempio isolato di mobilità identitaria nell'Europa cattolica di Antico regime (a partire dalla Toscana, dove dal 1571 gli ebrei italiani erano costretti nei ghetti di Firenze e Siena), sia per la configurazione dei suoi abitanti sia per vocazione economica.

Livorno è infatti una città portuale fondata nel 1575 su progetto dell'architetto granducale Bernardo Buontalenti, secondo i dettami architettonici

1. Lucia Frattarelli Fischer, Stefano Villani, *"People of Every Mixture". Immigration, Tollerance and Religious Conflicts in Early Modern Livorno*, in *Immigration and Emigration in Historical Perspective*, a cura di Ann Katherine Isaacs, Pisa, Edizioni Plus-Pisa University Press, 2007, pp. 93-107.

2. *Livorno 1606-1806. Luogo di incontro tra popoli e culture*, a cura di Adriano Prosperi, Torino, Allemandi, 2009.

della città ideale del Rinascimento, con la finalità di attuare il modello socioeconomico di Anversa reso celebre già nel 1566 dalla *Descrizione* di Ludovico Guicciardini, che vide nell'affluenza di mercanti di ogni provenienza e fede religiosa l'origine della prosperità e della ricchezza di quella città. Costruita sul suolo acquistato dal granduca e gestita direttamente dal potere statale attraverso l'ufficio di Dogana e l'Ufficio della Fabbrica, Livorno fu retta da un governatore di nomina granducale. Nel 1606, in occasione dell'attribuzione del titolo di città (ormai tramontato il primitivo disegno di potenziare Pisa, la città di tradizione marinara) per dare avvio a uno sviluppo autonomo di Livorno, furono scelti dal granduca anche i primi cento cittadini, compresi in un corpo scelto tra funzionari granducali e mercanti provenienti da diversi paesi che si dichiarassero cattolici. A Livorno non vi erano infatti né un'aristocrazia terriera né un'aristocrazia mercantile originaria, e la presenza ecclesiastica era poco significativa. Gli investimenti privati in attività manifatturiere furono sostenuti da prestiti statali, da privilegi e in assenza delle corporazioni delle arti; il commercio a lungo raggio fu favorito da esenzioni e facilitazioni stabilite dalla riforma doganale del 1566 e da altre guarentigie riconosciute da Ferdinando I, che di fatto istituirono il porto franco.[3]

I privilegi granducali, conosciuti poi con il nome di *Livornina*, furono il quadro legislativo di riferimento che, con poche modifiche,[4] permise la protezione dei nuovi cristiani e dei nuovi ebrei ricercati come eretici e l'insediamento dei protestanti (inglesi, olandesi, tedeschi e francesi), degli armeni e dei greci ortodossi. Gli ebrei, esenti dal portare il segno e dall'essere chiusi in un ghetto, poterono inaugurare nel 1606 una sinagoga e rappresentarono nel tempo il 10% della popolazione cittadina, raggiungendo a metà del Settecento gli oltre 4000 residenti. I greci uniti nel 1606, gli armeni nel 1714 e nel 1757 anche i greci ortodossi poterono costruire una loro chiesa.[5]

3. Sulla città e il porto franco di Livorno si vedano Lucia Frattarelli Fischer, *L'Arcano del mare. Un porto nella prima età globale: Livorno*, Pisa, Pacini, 2018, e bibliografia ivi citata; Stefano Villani, *Livorno – Diversis gentibus una*, in *Twelve Cities – One Sea. Early Modern Mediterranean Port Cities and their Inhabitants*, a cura di Giovanni Tarantino, Paola von Wyss-Giacosa, Napoli, Edizioni Scientifiche Italiane, 2023, pp. 37-53.

4. Lucia Frattarelli Fischer, *Vivere fuori dal ghetto. Ebrei a Pisa e Livorno (secoli XVI-XVIII)*, Torino, Zamorani, 2008, pp. 15-68; Ead., *La Livornina. Alle origini della società livornese*, in *Livorno 1606-1806*, pp. 43-62: 45-46; Ead., *Le leggi Livornine. 1591-1593*, Livorno, Mediaprint, 2021, pp. 37-39.

5. Lorenzo Benedetti, *I mercanti e l'arcivescovo. L'affermazione dei greci ortodossi a Livorno durante l'episcopato di Francesco Guidi (1734-1778)*, Pisa, ETS, 2023.

Pur con tutti i limiti, a Livorno venne così ad attuarsi un risultato inedito che ha la sua radice nell'invito rivolto dal granduca Ferdinando I nel 1591, rinnovato con le aggiunte chieste dagli stessi ebrei sefarditi nel 1593, ai «mercanti di qualsivoglia natione, Levantini, Ponentini, Spagnoli, Portoghesi, Greci, Todeschi et Italiani, Hebrei, Turchi, Mori, Armeni, Persiani et altri» affinché venissero «a frequentare i loro traffici e mercantie nella diletta città di Pisa et porto et scala di Livorno» con le famiglie o senza di esse (figg. 6 e 7).[6]

2. *Una lunga tradizione: da Cosimo I a Ferdinando I*

I privilegi verso i nuovi cristiani e i nuovi ebrei emanati a metà del Cinquecento dagli stati italiani si pongono sullo sfondo della tragica espulsione degli ebrei dalla Spagna, del battesimo forzato di coloro che restarono e furono sottoposti all'azione dell'Inquisizione spagnola e dal 1532 anche dall'Inquisizione portoghese in quanto "criptoebrei".[7]

Cosimo I, consolidato il suo potere riappropriandosi delle principali fortezze dello stato tenute da Carlo V fino al 1543, attuò una politica tesa a «beneficare e augmentare la città di Pisa et suo contado et ancora la terra di Livorno, rendendo all'una e all'altra il più possibile la loro antigua

6. La prima edizione a stampa dei Privilegi ai mercanti Ponentini e Levantini, poi conosciuti come Livornina, risale al 1798: si trova nella *Collezione a stampa degli ordini municipali di Livorno*, Livorno, Carlo Giorgi, 1798, seguita nel 1804 dall'edizione nel volume 14 della *Legislazione toscana raccolta e illustrata dall'avvocato Lorenzo Cantini*, Firenze, Stamperia Albizziniana da Santa Maria in Campo, 1804; il testo si trova anche in appendice al volume di Giovanni Grazzini, *Le condizioni di Pisa alla fine del XVI e sul principio del XVII secolo sotto il granducato di Ferdinando I de' Medici*, Empoli, Traversari, 1898, ed è stato edito da Gino Guarnieri trascrivendo una copia settecentesca conservata in Archivio di Stato di Firenze (ASFi), *Consiglio di Reggenza*, 650 nel suo volume *Livorno medicea*, Pisa, Giardini, 1970. La prima edizione critica sugli esemplari originali dei testi del 1591 e del 1593 si deve a Paolo Castignoli, già direttore dell'Archivio di Stato di Livorno, che ha curato l'edizione dei documenti in Lucia Frattarelli Fischer, Paolo Castignoli, *Le "Livornine" del 1591 e del 1593*, Livorno, Cooperativa Edile Risorgimento, 1987; il tema è stato riproposto da Lucia Frattarelli Fischer in un agile volume, finalizzato alla diffusione nelle scuole, voluto da Silvia Di Batte dal titolo *Le leggi Livornine 1591-1593*, Livorno, Debatte, 2016 e Livorno, Mediaprint, 2021.

7. Giuseppe Marcocci, *I custodi dell'ortodossia. Inquisizione e Chiesa nel Portogallo del Cinquecento*, Roma, Edizioni di Storia e Letteratura, 2004.

fecondità e populazione».[8] Agli stessi anni risalgono iniziative complesse, volte ad allargare le direttive dei traffici tramite l'insediamento di mercanti stranieri come mezzo per entrare nelle reti commerciali atlantiche e nel commercio con l'Impero ottomano: i *conversos* portoghesi controllavano infatti il mercato del pepe, dello zucchero e di altre spezie; i mercanti levantini costituivano un tramite per le importazioni dall'Oriente e per l'esportazione dei manufatti fiorentini.

Nel 1548, Cosimo I emanò le lettere patenti che assicuravano a tutti i portoghesi che si stabilissero nello stato toscano, e in particolare a Pisa, concessioni e privilegi, fra cui la protezione dall'Inquisizione; il privilegio in latino, che elencava in modo articolato le garanzie e la protezione per i nuovi cristiani in fuga dalle Inquisizioni, per la delicatezza del suo contenuto fu tenuto segreto e non fu inserito nei libri dei provvedimenti ufficiali dello stato, circolò manoscritto e fu fatto conoscere tramite Pedro di Salamanca, che ebbe l'incarico anche di descrivere l'offerta di abitazioni e le opportunità di commercio che i *conversos* avrebbero trovato nell'antica città emporio di Pisa.[9] Nel 1556-1557, con un provvedimento segreto, che ha lasciato solo tracce labili e indirette nella documentazione ufficiale dello stato, Cosimo I si rivolse a quegli ebrei «ancora che per il passato siano vissute fuori dal dominio nostro in habito come Christiani, o avutone nome», garantendo a loro e alle loro famiglie protezione dall'Inquisizione e privilegi economici.[10]

Troviamo invece nel Libro dei Privilegi della Pratica Segreta il privilegio emanato nel 1551 per invitare i mercanti levantini: «Greci, Turchi, Mori, Hebrei, Aggiumi, Armeni e Persiani», ai quali Cosimo garantì libertà religiose, protezione nelle persone e nei beni, abitazioni separate da quelle dei cristiani, facoltà di erigere nei loro quartieri sinagoghe e moschee, facilitazioni economiche e di commercio e garanzie particolari in tempo di guerra.[11]

Queste iniziative, sorte sull'onda dei privilegi concessi dal pontefice Paolo III ai mercanti forestieri e agli ebrei per il porto di Ancona, furono ben presto frenate dall'opposto atteggiamento di papa Paolo IV Carafa, e

8. Lorenzo Cantini, *Legislazione toscana raccolta e illustrata dall'avvocato Lorenzo Cantini*, vol. 1, Firenze, Stamperia Albizziniana da Santa Maria in Campo, 1804, p. 390.

9. Lucia Frattarelli Fischer, *Gli ebrei, il principe e l'Inquisizione*, in *L'Inquisizione e gli ebrei in Italia*, a cura di Michele Luzzati, Roma-Bari, Laterza, 1994, pp. 217-231 (l'edizione del privilegio ai portoghesi è alle pp. 228-230).

10. Frattarelli Fischer, *Vivere fuori dal ghetto*, pp. 15-36.

11. ASFi, *Pratica Segreta*, 186, cc. 94v-95v.

pertanto l'invito ai mercanti levantini conseguì assai scarsi risultati. Invece, nonostante le intimazioni del pontefice e del re di Spagna, con la protezione di Cosimo un gruppo piccolo, ma economicamente molto attivo, di portoghesi si stabilì a Firenze e a Pisa per esercitare la mercatura, per insegnare diritto o medicina nell'Ateneo pisano e come giudici di Rota a Firenze e Siena.

Nell'ottica dei provvedimenti di Cosimo I fu privilegiata Pisa, la città emporio, di cui Livorno con il suo insediamento di circa 400 abitanti su un porticciolo naturale divenne, a causa dell'interramento di Porto Pisano, lo scalo portuale, che tuttavia in pochi decenni acquisterà una propria centralità.

Il decollo di Livorno ebbe inizio negli anni della grande carestia del 1590 e 1591, nei quali Ferdinando I fu in grado di rifornire gli stati italiani con il grano acquistato per lui da mercanti fiorentini ed ebrei ad Arcangelo, realizzando guadagni e crediti politici. E proprio a partire dal 1590 furono erogati grandi finanziamenti per costruire le fortificazioni e le abitazioni e rendere sempre più funzionale il bacino portuale. Una sistematica politica popolazionistica fu tesa ad attirare, con agevolazioni economiche, artigiani e manodopera specializzata e a favorire con protezioni e guarentigie l'insediamento dei mercanti. Il primo bando, che risale al 6 gennaio 1590, fu rivolto ai greci, esperti marinai e calafati, professioni fondamentali per le galere dei cavalieri di Santo Stefano. Ad essi il granduca Ferdinando I concesse «l'esenzione delle gravezze delle teste e carichi personali». Il secondo, dell'ottobre 1590, fu rivolto ad artigiani forestieri: manifattori di sartie, calafati, maestri d'ascia, legnaioli, muratori, fabbri, scalpellini, pescatori, marinai «e ogni mestiere manuale fuori che braccianti e vangatori». Il 12 febbraio del 1592, pochi mesi dopo la trascrizione del privilegio ai mercanti reali, fu fatto circolare il *Bando per conto dei privilegi del porto di Livorno*, che di fatto istituì il porto franco.

Agli immigrati volontari si aggiunse l'immigrazione forzata degli schiavi predati durante la guerra di corsa. Ferdinando fece infatti costruire a Livorno, su modello di analoghe strutture presenti ad Algeri e a Costantinopoli, il Bagno degli schiavi "turchi" per averli a disposizione, quando non erano in navigazione con le galere di Santo Stefano, per la costruzione della città e l'escavazione del porto.[12]

12. Lucia Frattarelli Fischer, *Il Bagno delle galere "in terra cristiana". Schiavi a Livorno fra Cinque e Seicento*, in *I Trinitari, 800 anni di liberazione. Schiavi e schiavitù a*

I bandi emessi per il popolamento di Livorno, accompagnati dall'offerta di abitazioni, dalle facilitazioni economiche e dalla possibilità di lavorare nel grande cantiere urbano e arrotondare i propri introiti con attività varie, furono decisivi per popolare la città nascente, tanto più se messi in relazione con gli effetti che ne scaturirono: da 500 abitanti circa nel 1590, Livorno arriva a 3000 nel 1600 e a 12.000 nel 1642, con una crescita annua media del 51%, eccezionale nell'Italia del tempo.

Le lettere patenti di Ferdinando I (fig. 2), ritenuto il vero padre della città di Livorno, riprendono la politica intrapresa da Cosimo I con il privilegio del 1551 verso i mercanti orientali della diaspora e quello del 1556, in cui aveva promesso in modo segreto ai nuovi cristiani di «viver Giudei», «senza altra ricerca della vita loro passata».

Ma il privilegio del 1591, e poi quello del 1593, presentano fondamentali novità: si rivolgono in un unico documento sia ai mercanti levantini che ai ponentini e, nello stesso tempo, ai nuovi ebrei; «sono emanati come lettere patenti, ossia disposizioni che modificano lo *status* di alcune categorie di persone, che non sarebbero altrimenti state dotate di diritti in base allo *ius commune*»[13] e hanno carattere ufficiale: sono infatti inseriti nel Libro dei Privilegi della Pratica Segreta, acquistando così carattere di legge dello stato (figg. 6 e 7).

A differenza del padre Cosimo I, che aveva a lungo trattato nel 1548 con la Santa Sede la possibilità di invitare, proteggendoli dall'Inquisizione, i marrani nei suoi stati,[14] Ferdinando I non chiese il *placet* a Roma. Introdusse però all'interno del privilegio stesso il richiamo a quanto si operava nello Stato Pontificio, in particolare ad Ancona, a Ferrara e a Venezia, e dichiarò di garantire i privilegi per la durata del suo principato e per 25 anni, «salvo il beneplacito della Sede Apostolica nello scorciare o diminuire il tempo».

Livorno e nel Mediterraneo", atti del convegno (Livorno, 3 dicembre 1999), in «Nuovi studi livornesi», 8 (2000), pp. 69-94; Cesare Santus, *Il «turco» a Livorno. Incontri con l'Islam nella Toscana del Seicento*, Roma, Officina Libraria, 2019.

13. Per cogliere l'ampiezza degli studi sulla tolleranza per privilegio rimando a Daniele Edigati, *La «Livornina» e i confini della tolleranza religiosa nella Toscana d'età moderna*, in *Le minoranze religiose nel diritto italiano ed europeo. Esperienze del passato e problematiche contemporanee*, a cura di Daniele Edigati, Alessandro Tira, Torino, Giappichelli, 2021, pp. 45-78; Id., *La tolleranza per privilegio nell'Italia di Antico Regime. Il caso degli ebrei e dei cristiani orientali*, in «Archivio giuridico Filippo Serafini», 152 (2020), 3, pp. 927-982.

14. Frattarelli Fischer, *Gli ebrei, il principe e l'Inquisizione*, pp. 217-229.

Il riconoscimento formale ai dettami della Chiesa fu reso meno cogente dalla concessione di un preavviso di cinque anni dalla disdetta per sistemare gli affari. Così, già nel preambolo del documento si dispiega il ventaglio delle opportunità poi presentate negli articoli che seguono: viene infatti precisato che, nel caso di dover lasciare Pisa e Livorno, potrete «comodamente vendere e riscuotere tutti i vostri crediti» e «cedere tutti i vostri beni stabili», avere la disponibilità di «navi et altri vasselli, come anco cavalli, carri et altre cose necessarie et vi promettiamo il passo et transito franco et libero tanto delle vostre persone, mercantie, robbe di famiglia, quanto de vostri libri ebraici o in altra lingua stampati o scritti a penna» (articolo 1). Nel concreto il privilegio, come conferma anche la precisazione sui libri ebraici, aggiunta su richiesta degli ebrei, a seguito dell'ampio e generale preambolo, elenca le norme che dovevano regolare l'insediamento dei nuovi cristiani di origine spagnola e portoghese intenzionati a ritornare alla religione dei padri, le cui istanze nel 1591 furono portate da Maggino di Gabriello, che è nominato in più articoli del privilegio con la qualifica di console degli ebrei.

3. *Maggino di Gabriello e la nascita della Comunità di Pisa*

Maggino fu uno dei personaggi più intriganti della storia dell'ebraismo italiano della seconda metà del Cinquecento per la sua capacità di emergere come uomo di cultura, abituato a frequentare le corti "in abito da signore" e imporsi, quando gli ebrei erano chiusi nei ghetti, nel mondo imprenditoriale e del commercio (fig. 5). Protetto da papa Sisto V, aprì un setificio a Roma con Camilla Peretti, sorella del papa, dopo avere nel 1586 firmato un contratto di società con il nobile lucchese Battista Guidoboni per la produzione serica. Nel 1588 pubblicò a Roma presso gli eredi di Giovanni Gigliotti un volume di 91 carte in quarto, *I dialoghi sopra l'Utili sue invenzioni circa la seta* che, dedicato a Sisto V, si apre con una *Cantica*, cioè un poemetto in ebraico del quale, dopo il privilegio in latino e in traduzione italiana, segue la traduzione in volgare. Molto efficace e innovativa è la scelta di esporre attraverso una serie di illustrazioni ottenute con la tecnica xilografica i vari passaggi da attuare per far riprodurre nello stesso anno due volte i bachi da seta, raddoppiando così la produzione dei bozzoli: le immagini, completate da brevi spiegazioni in forma dialogica tra lo stesso Maggino, una dama e due gentiluomini, avevano anche lo scopo di mostrare le bellezze dei palazzi e delle chiese delle città nelle quali intendeva proporre la sua invenzione.[15]

In Toscana, dopo aver suscitato poco interesse nel granduca Francesco I, fu accolto e sostenuto da Ferdinando I che, avendolo certamente conosciuto a Roma, gli offrì finanziamenti e opportunità per dare avvio a una cartiera e alla produzione di vetri. Ma il suo maggiore successo lo colse come mediatore per l'arrivo e l'insediamento degli ebrei sefarditi nella città di Pisa e nello scalo di Livorno, e successivamente come console degli ebrei a Livorno, in Lombardia, a Nancy, Treviri, Coblenza e nel Württemberg.[16] Su questo versante Maggino aveva maturato fondamentali esperienze a Venezia, e poteva contare su legami di parentela molto utili. Era cugino di Ventura Finzi, che aveva tentato di creare un centro di commercio gestito da ebrei levantini nel vicereame di Napoli, ed era legato a Daniel Rodriga, che già nel 1577, poi nel 1580, aveva proposto un asse Venezia-Spalato da contrapporre a quello Ragusa-Ancona per il controllo delle vie di mare e di terra del commercio balcanico, e infine aveva realizzato nel 1590 il porto di Spalato. Questo scalo divenne lo snodo per i traffici tra la Serenissima e l'Impero ottomano grazie alla presenza di mercanti levantini e di ebrei che godevano dei privilegi dei mercanti veneziani e l'immunità dalle persecuzioni religiose.[17]

Non sappiamo quanto a lungo durò l'elaborazione del privilegio emanato il 30 luglio 1591: possiamo immaginare che, dopo gli incontri con il granduca, Maggino mise sul tavolo il lungo elenco delle richieste degli ebrei, che – come vedremo – avevano già preso casa a Pisa nel palazzo da Scorno in via san Martino, e facevano sentire, anche se non in presenza, la loro voce e le proprie istanze. Intorno al tavolo i segretari granducali, esperti giuristi, vagliavano ogni punto. Tra di essi c'era Pietro Usimbardi, già primo segretario del granduca che, nominato vescovo di Arezzo nel 1589, continuò a collaborare direttamente alla gestione degli affari politici per la particolare esperienza e cognizione della corte di Roma;[18] c'erano poi Lorenzo Usimbardi, subentrato al fratello come segretario

15. Dora Liscia Bemporad, *Maggino di Gabriello "hebreo Veneziano". I dialoghi sopra l'Utili sue invenzioni circa la seta*, Firenze, Edifir, 2010.

16. Frattarelli Fischer, *Vivere fuori dal ghetto*, pp. 62-68.

17. Federica Ruspio, *La Nazione Portoghese. Ebrei ponentini e nuovi cristiani a Venezia*, Torino, Zamorani, 2007, p. 64.

18. Paola Volpini, *Usimbardi, Pietro*, in *Dizionario biografico degli Italiani* (DBI), Roma, Istituto dell'Enciclopedia Italiana, 1960-2020, vol. 97, 2020, pp. 622-624.

granducale (fig. 4), Jacopo Dani, anch'egli laureato a Pisa in *utroque iure*, che fra le sue cariche annoverava anche quella di segretario della Magnifica Pratica Segreta e del Senato dei Quarantotto con l'incarico di curare la formazione e la stesura delle leggi,[19] e insieme ad essi probabilmente Pietro Cavallo, che dal 1586 era stato inserito nel novero dei tre auditori della Consulta granducale ed è considerato dagli studiosi una sorta di giureconsulto di stato,[20] e l'arcivescovo di Pisa Carlo Antonio Dal Pozzo, il «consigliere *ab intimis* del granduca, che aveva nelle sue mani tutto il governo delle cose giuditiali».[21]

L'attenzione agli aspetti giuridico-istituzionali con cui fu steso il testo si rivela nella terminologia che rinvia, come sottolinea Francesca Trivellato, alla «classificazione di gruppi e individui sulla base di categorie di appartenenza etnica e religiosa ("Ebrei", "Mori", ecc.), dietro le quali si celano non solo precise definizioni legali (iscritte sia nel diritto canonico che nel diritto comune e locale), ma anche più vaghe eppure non meno importanti concezioni culturali, in cui coesistono elementi contrattualistici ed elementi corporativi».[22] Ad essi sono contrapposti i cristiani con una terminologia che non sottolinea la frammentazione della cristianità dovuta alla Riforma protestante: un modo forse di non sottolineare le divisioni confessionali, lasciando la possibilità ai fiamminghi e agli inglesi che da tempo frequentavano il porto di Livorno di fermarsi per commerciare. L'insediamento dei protestanti non è infatti dichiarato in modo esplicito, ma risulta adombrato con la dicitura «et altri», che conclude la lunga lista dei mercanti invitati a risiedere a Livorno: olandesi e inglesi da decenni frequentavano il porto. Il 23 marzo 1573 ben cinque delle 15 navi ancorate nello scalo erano inglesi, e già Francesco I scriveva al provveditore di Livorno di dare «ogni comodo et honesto trattamento alla nazione inglese che comincia a frequentare questo porto con grande utile»; e quando nel 1576 un certo Neumann prende dimora a Livorno, l'ordine è di «far di tutto per favorirlo».[23]

19. Carlo Vivoli, *Dani, Iacopo*, in DBI, vol. 32, 1986, pp. 584-585.

20. Marco P. Geri, *Cavalli e (i) Cavalieri. Tracce di un'esperienza istituzionale stefaniana*, in «Quaderni Stefaniani», 33 (2014), pp. 243-272: 244-245.

21. Enrico Stumpo, *Dal Pozzo, Carlo Antonio*, in DBI, vol. 32, 1986, pp. 202-204.

22. Francesca Trivellato, *Credito e tolleranza: i limiti del cosmopolitismo nella Livorno di età moderna*, in *La città delle Nazioni. Livorno e i limiti del cosmopolitismo (1566-1834)*, a cura di Andrea Addobbati, Marcella Aglietti, Pisa, Pisa University Press, 2016, pp. 39-50.

23. ASFi, *Mediceo del Principato*, 691, c. 232, lettera del 2 novembre 1576.

I 43 articoli che seguono il preambolo sono rivolti essenzialmente all'insediamento degli ebrei. Gli ebrei, come è noto, erano l'unica minoranza religiosa, la cui presenza fu accettata per ragioni apologetiche dalla Chiesa cattolica.[24] Ma il privilegio di Ferdinando I era volto ad attirare e proteggere i nuovi cristiani che, fuggendo dalle Inquisizioni di Spagna e Portogallo, intendevano ritornare alla religione dei padri, come si affermava in modo esplicito nell'articolo 3, rivolto a quegli ebrei «ancora che per il passato siano vissuti fuori dal dominio nostro in habito come Christiani, o havutone nome». Una categoria quindi molto "pericolosa", che poteva essere accusata di apostasia.

A seguito della stesura del privilegio del 30 luglio 1591 venne a costituirsi a Pisa un nuovo polo di insediamento per gli ebrei sefarditi che, a differenza dei contemporanei insediamenti spontanei nelle città protestanti di Amsterdam e Amburgo,[25] nacque in modo ufficiale sotto la protezione di un principe.

Il giorno seguente all'emanazione del privilegio, il 31 luglio 1591, con un atto notarile steso in Pisa «in palatio Universitatis Hebreorum sito in Cappella Sancti Martini, Chinsicee secus Arno», gli ebrei già residenti a Pisa insieme a

> Maggino di Gabriello, console eletto e deputato nella città e terra di Livorno del Serenissimo Granduca di Toscana della Natione ebrea Levantina e in nome della Università et congregazione di essa Jacob Cavaleiro, Raffaele Munon, Josepho Benino, Habram Romero, mercanti levantini ebrei e Raffaello di Manuel [Supino] velettaio in Pisa,[26] tutti hebrei habitanti nella città di Pisa

incaricarono Moysè Benino, Isaya Parnicha, Joseph Benino e Abram Ventura Leucci profumiere in Pisa di recuperare il Sefer Torà e l'armadio nel quale era custodito, già appartenuto alla sinagoga di Pisa,[27] portato con sé

24. Adriano Prosperi, *Inquisizioni cristiane ed ebrei*, in *Le Inquisizioni cristiane e gli ebrei*, tavola rotonda nell'ambito della Conferenza annuale della ricerca (Roma, 20-21 dicembre 2001), a cura di Adriano Prosperi, Roma, Accademia Nazionale dei Lincei, 2003, pp. 7-28.

25. Jonathan I. Israel, *European Jewry in the Age of Mercantilism, 1550-1750*, Oxford, Clarendon Press, 1989, pp. 53-69.

26. Lucia Frattarelli Fischer, *I Supino da Empoli a Pisa, a Livorno, a Londra (secoli XVI-XVIII)*, in *I Supino. Una dinastia di ebrei pisani fra mercatura, arte, politica e diritto (secoli XVI-XX)*, a cura di Franco Angiolini, Monica Baldassarri, Pisa, Pacini, 2015, pp. 11-25: 12.

27. ASFi, *Notarile Moderno*, prot. 7740, cc. 34-36. Si tratta dell'Aròn di manifattura pisana della seconda metà del XVI secolo, in legno di noce intagliato, tornito e dorato, che

dagli ebrei, quando nel 1570 furono costretti a lasciare gli stati granducali o a trasferirsi nel ghetto di Firenze (fig. 8 A e B).[28]

La scarsità delle fonti non permette di documentare in modo preciso l'arrivo degli ebrei richiamati dal privilegio di Ferdinando, ma certo l'annuncio fu fatto circolare in modo capillare e le fila dei presenti si ingrossarono. Nel 1595, l'anno in cui gli ebrei, lasciando la sinagoga in palazzo da Scorno, portarono in processione gli oggetti sacri nella nuova sinagoga,[29] a Pisa si contavano circa 50 capifamiglia. Nel 1600 l'arcivescovo di Pisa, che si recò in Sinagoga per valutare la consistenza della presenza ebraica contò circa 300 ebrei e 60 capifamiglia,[30] che secondo Coen Ara, loro rabbino, provenivano da Venezia, da Ferrara e dal Levante[31] e anche, come sappiamo da altre fonti, dall'impero portoghese, dal Brasile, dal Nord Africa e dalle comunità "criptoebree" della Francia.

Fra quella dei nuovi arrivati spicca già nel 1591 la presenza di un ebreo levantino, Mathadia Menachem, che pare avesse stretti contatti con la corte ottomana.[32]

4. *Mathadia Menachem e "l'ampliamento" dei privilegi nel 1593*

Matahadia arriva a Firenze nel novembre del 1591 dove, come risulta da un appunto di Jacopo Dani, chiede un salvacondotto.[33] Proveniente

dopo un profondo restauro è tornato al suo antico splendore, cfr. Dora Liscia Bemporad, Olga Malasecchi, *Tutti i colori dell'Italia Ebraica. Tessuti preziosi dal Tempio di Gerusalemme al prêt-à-porter*, Firenze, Giunti, 2019, pp. 16, 145.

28. Sul ghetto di Firenze da ultimo *Gli ebrei, i Medici e il Ghetto di Firenze. Storie e identità tra cultura e segregazione*, a cura di Gabriele Mancuso, Alice S. Legé, Sefy Hendler, Livorno, Sillabe, 2023.

29. Lucia Frattarelli Fischer, *Ebrei a Pisa fra Cinquecento e Settecento*, in *Gli ebrei di Pisa (secoli IX-XX)*, atti del Convegno internazionale (Pisa, 3-4 ottobre 1994), a cura di Michele Luzzati, Pisa, Pacini, 1998, pp. 90-115: 102-103.

30. Archivio Storico Diocesano di Pisa (ASDPi), *Inquisizione*, 3 bis, c. 396.

31. *Processi del S. Uffizio di Venezia contro ebrei e giudaizzanti*, a cura di Pier Cesare Ioly Zorattini, Firenze, Olschki, 1997, pp. 198-206; Frattarelli Fischer, *Vivere fuori dal ghetto*, pp. 339-340.

32. Su questo personaggio sta indagando anche Özden Mercan, Hacettepe University, Department of History, Beytepe Campus, Ankara, Türkiye.

33. ASFi, *Pratica Segreta*, 186, cc. 93v-94v.

da Sanjak di Manastir (che era un territorio ottomano nei Balcani, oggi da qualche parte tra l'Albania e la Macedonia),[34] risiede a Firenze fino al 1606. Benché le notizie siano frammentarie, emerge con chiarezza che era esperto nella manifattura di pannine di qualità adatte ad essere esportate in Levante, sia attraverso Ancona che attraverso il porto di Avelona (oggi Vlore in Albania).[35] Oltre ai collegamenti con Ancona, Matadia stabilì un contatto diretto con Ragusa, da cui inviò una nave governata da un certo Jacob Tubi per fare la spola tra la città adriatica e Livorno.[36] Certo è che nello stesso tempo si impegnò a contattare gli ebrei interessati, anche per il sovrappopolamento del ghetto di Venezia, a trasferirsi a Pisa. Nel gennaio del 1592 (1593 stile comune) annunciò infatti al segretario granducale Lorenzo Usimbardi che era in arrivo a Pisa un suo amico di Ferrara che sperava di condurre seco alcune altre famiglie e che la famiglia di Venezia sarebbe arrivata a Pisa tra due giorni, aggiungendo: «Circa le pannine ho avuto avviso di Levante di certi panni verdi avuti dal Benci che hanno soddisfatto molto e hora gli ne fo fare degli altri».[37]

In una lettera a Giovanni Alberti, vescovo di Cortona (creato nel 1594 da Clemente VIII, suo parente, governatore di Ancona), fu Ferdinando I a raccomandare fosse dato

> tutto l'affetto in qualunque suo affare a Samuel Soria ebreo levantino mercante in Ancona [che] è di molto profitto all'arte della seta e della lana di Firenze, ed ancora d'un Mathadia Menachem suo suocero, che con contento mio grande indirizza in questa piazza di Firenze assai negozi.[38]

Sembra quindi che, attraverso Mathadia e suo genero Samuel Soria, Ferdinando fosse riuscito ad attivare via terra e via mare quel commercio balcanico fondamentale per l'esportazione delle pannine fiorentine in Levante.

La stima guadagnata a corte fece ascoltare i consigli di questo ebreo anche in merito a una revisione del privilegio ai mercanti del 1591. Il primo aprile del 1593, in una lettera al segretario granducale Lorenzo Usimbardi,

34. ASDPi, *Inquisizione*, 28 (con atti del 1698-1700); chiamato a testimoniare, dichiara di provenire da Monastir e di aver conosciuto Isach Valenzino di Abram Valenzino a Scopie luogo vicino a Salonicco, e poi di averlo rivisto qui a Firenze, Pisa e Livorno.

35. ASFi, *Mediceo del Principato*, 843, c. 48.

36. Ivi, 844, c. 129, Firenze 1° aprile 1593.

37. Ivi, 844, c. 720, lettera del gennaio 1592 (1593 stile comune).

38. Ivi, 285, c. 48r, al vescovo di Cortona governatore di Ancona, 29 maggio 1594.

Mathadia sottolineò che la presenza di un console a capo della comunità sefardita ebraica di Pisa era avvertita dagli ebrei come un intralcio alla loro venuta. Scriveva infatti:

> Ne voglio restare di farle sapere che persone di qualità stanno retinenti di venire vedendo le sottoscrizioni di Maggino per consolo loro dubitando per conseguenza esser suggetti a lui ed haver derivazione sua si come V.S.Ill.ma intenderà da loro medesimi nella lor venuta, che in ciò si avessi quella considerazione che li parerà, ma io l'ho voluto dire per debito mio, che è quanto mi occorre dirle per hora.[39]

Uno o più incontri con gli ebrei delegati, di cui purtroppo non abbiamo i nomi né testimonianza, convinsero la corte che non vi era nulla in contrario all'insediamento di una comunità ebraica organizzata sul modello di quella di Venezia e fu "consigliato" agli ebrei di presentare per iscritto le loro richieste.

La nota dell'aggiunzioni e la *Nota di quanto si desidera per Gratia* si trovano nel fondo dell'Auditore delle Riformagioni in Archivio di Stato a Firenze (figg. 9-10).[40] Il rescritto di Lorenzo Usimbardi, in data primo giugno 1593, approva le "aggiunzioni" e parte delle richieste presentate dagli ebrei; la sigla *Fer* di pugno del granduca suggella e approva il testo presentato; lo stesso rescritto ordina che l'auditore delle riformagioni «Jacopo Dani emendi il privilegio nella maniera che di sopra si propone e lo faccia di nuovo estendere». Nel libro quarto dei privilegi che si conserva nell'Archivio di Stato di Firenze,[41] l'*Ampliatione de' privilegi di mercanti levantini et ponentini* in data 10 giugno 1593 porta il numero d'ordine 208 e occupa le carte 196v-200v. È la Livornina, che servirà anche come documento di riferimento per altri principi allo scopo di consentire l'insediamento di mercanti ebrei nei loro stati: nel 1645 gli ebrei la presenteranno a Cromwell, nel 1652 sarà adottata da Genova con il miraggio di riattivare tramite i sefarditi i commerci con l'Impero ottomano, nel 1695 verrà promulgata dal principe di Piombino, nel 1749 da Carlo III di Borbone per favorire l'insediamento a Napoli. Ancora, nella seconda metà del Settecento sarà recepita nei Ducati di Parma, Modena e Di nuovo a Genova e nel 1775 dal re di Svezia, che sul modello di Livorno fonderà un porto franco

39. Ivi, 844, c. 130, Mathadia Menachem levantino a Lorenzo Usimbardi, Firenze 1° aprile 1593.

40. Ivi, *Auditore delle Riformagioni*, 19, ins. 100.

41. Ivi, *Pratica segreta*, 189.

a Marstrand, attirando per la prima volta in Svezia una comunità ebraica sefardita (fig. 20 C).[42] La Livornina è quindi un documento di notevole importanza non solo per la storia di Livorno, ma anche per quella della tolleranza religiosa in Europa.[43]

5. *La Livornina del 1593*

L'invito di Ferdinando I ancora oggi colpisce per il tono solenne con cui si rivolge ai mercanti di ogni nazione e religione e per l'articolazione del preambolo nel quale, facendo leva sul diritto mercantile delle città emporio e dei porti, il granduca toscano invia il suo saluto ai mercanti di ogni origine e credo religioso «sperando ne habbia a resultare utile a tutta Italia, nostri sudditi e massime a poveri». Promulgato in nome di Ferdinando I, «per grazia di Dio Granduca di Toscana», il privilegio si presenta come «un Salvacondotto reale», cioè sovrano, la cui violazione era considerata delitto di lesa maestà.

Nei 44 articoli che seguono il preambolo, come già nel privilegio del 1591, si fissano le norme per l'insediamento dei nuovi cristiani di origine spagnola e portoghese intenzionati a ritornare alla religione dei padri, inserendo le "aggiunzioni" da loro richieste (figg. 9 e 10).

Nella stesura del 1593 sono infatti cassati tutti gli articoli in cui si descrivevano gli impegni e gli emolumenti del console e dei suoi ministri (articoli 8, 34, 35, 36), mentre negli articoli, dove si nominava, Maggino console viene sostituito con "massari", a partire dall'articolo otto (ex 9) nel quale i 100.000 scudi da sborsare al console per attivare i commerci vengono elargiti proprio ai massari. Ad essi è riconosciuta la facoltà di ballottare,

42. Per la presenza del privilegio in Inghilterra si vedano il contributo di Stefano Villani in questo volume; Andrea Zappia, *Il miraggio del Levante. Genova e gli ebrei nel Seicento*, Roma, Carocci, 2021; Vincenzo Giura, *Storie di minoranze nel Regno di Napoli*, Napoli, Edizioni Scientifiche Italiane, 1984 (in appendice il *Bando per il rientro degli ebrei nel Regno*); Jesper Meijling, *La lenta diffusione di un modello: il porto franco da Livorno a Marstrand nel Settecento*, in «Nuovi studi livornesi», 17 (2010), pp. 95-120; Benedetti, *I mercanti e l'arcivescovo*; Daniele Edigati, *La tolleranza al crepuscolo. Prime note sull'evoluzione dei privilegi a favore delle comunità ebraiche nel Settecento (Parma-Modena-Genova)*, in «Il Diritto Ecclesiastico», 132 (2022), 3-4, pp. 495-518.

43. Lucia Felici, Girolamo Imbruglia, *La tolleranza in età moderna. Idee, conflitti, protagonisti (secoli XVI-XVIII)*, Roma, Carocci, 2024, e la bibliografia ivi citata.

cioè di cooptare chi aspirava a godere dei privilegi granducali ottenendo, dopo la trascrizione nei Libri di Dogana, anche la cittadinanza toscana, e porre pene secondo la legge ebraica per le differenze tra ebrei (articoli 26, 32, 33, 34). L'insediamento ebraico pisano, e poi quello livornese, perdono così la struttura medievale di *Universitas* governata da un console e acquistano lo statuto di Nazione dotata di ampia autonomia e governata da un'oligarchia mercantile eletta all'interno degli aventi diritto, i cui nomi erano inseriti in un'apposita borsa (figg. 12 A e 12 B).

Molte delle richieste avanzate dagli ebrei, accettate e inserite nei vari articoli, dimostrano l'acuta consapevolezza che essi avevano della fragilità della loro comunità e il peso dell'esperienza diretta dei pericoli che li sovrastavano.

Consapevoli di essere discriminati dalla popolazione, chiesero che fosse aggiunta l'espressione «nonostante i bandi» all'articolo 41, che puniva severamente chi molestava gli ebrei, vollero che il loro giuramento *more ebraico*[44] fosse riconosciuto nei tribunali, essere difesi da querele ingiuste (art. 12) e poter risolvere le liti con gli assicuratori tramite «la produzione di questo privilegio, che è pubblico e notorio» (art. 17).

Una delle esperienze più complesse e dolorose che li minacciava all'interno della stessa famiglia era legata alla conversione al cattolicesimo e al battesimo forzato dei figli, rottura violenta di un percorso identitario maturato con fatica, che le minacce di pene severissime contenute nell'articolo 26 non evitarono.

La stesura dell'articolo 26, soggetto a revisioni nel 1668,[45] fu già all'origine, come si vede nell'articolazione raggiunta nella stesura definitiva, uno dei più discussi e laboriosi. Si trattava infatti di contemperare le esigenze degli ebrei con le questioni teologiche, morali e politiche legate alla conversione e al battesimo: l'articolo prevede infatti la possibilità delle conversioni e non affronta il problema del battesimo agli infanti: si limita a minacciare, senza determinare le pene, chi "ardisca" togliere dalla famiglia maschi e femmine che abbiano meno di 13 anni di età, si ordina però che

44. Andrea Addobbati, *Tacto calamo. Note di ricerca sul Juramentum Judaeorum nell'Italia moderna*, in *"Diversi angoli di visuale" fra storia medievale e storia degli ebrei*, atti del convegno (Pisa, 1-3 febbraio 2016), a cura di Anna Maria Pult Quaglia, Alessandra Veronese, Pisa, Pacini, 2016, pp. 143-158.

45. Lucia Frattarelli Fischer, *Sul battesimo dei bambini ebrei. Il caso di Livorno*, in *Salvezza delle anime, disciplina dei corpi. Un seminario sulla storia del battesimo*, a cura di Adriano Prosperi, Pisa, Edizioni della Normale, 2006, pp. 449-482.

i genitori, padre e madre ed altri parenti, possano visitare e parlare sia con i maschi che con le femmine che si trovavano nei catecumeni per poter determinare la loro scelta; per evitare conversioni di comodo, si specifica che né «il padre, né la madre siano tenuti, né obbligati dargli legittima o porzione in vita loro». Si vietava inoltre che i neofiti potessero dare testimonianze nelle cause di ebrei (art. 26).

Alla richiesta «di tenere il Talmud sotto nome e correzione come per il Concilio tridentino è concesso» nel rescritto si precisò invece che «Non occorre parlarne nel privilegio, sendo la materia circa la quale il principe secolare non dispone e s'osserverà quello s'osserva nelli altri luoghi»; fu invece confermato l'articolo 17 che permetteva «di tenere libri di ogni sorta, stampati e a penna, in hebraico e in altra lingua, purché fossero stati rivisti dall'Inquisitore o altri a ciò deputati» (fig. 10), un diritto ribadito nell'articolo uno nel quale, nel caso che i privilegi fossero rescissi, si prevedeva che avrebbero potuto portare con sé oltre i loro denari e beni anche «i libri ebraici, o in altra lingua stampati, o scritti a penna» (articoli 1 e 41).

Gli articoli della Livornina, in modo volutamente ambiguo e non sistematico, affrontano ogni aspetto relativo all'insediamento dei sefarditi:[46] *in primis*, l'editto granducale garantisce ai nuovi ebrei protezione dall'Inquisizione per essere stati conosciuti come cristiani fuori dagli stati granducali (art. 3), e quindi il diritto di professare la religione ebraica, di avere una sinagoga a Pisa e una a Livorno (art. 20) e il cimitero (art. 37) (figg. 14 e 15), il diritto di «usare vostre cerimonie, precetti ordini e costumi di legge hebrea», il riconoscimento del feriato (art. 24), cioè il riconoscimento delle festività ebraiche (una concessione che gli ebrei del ghetto di Firenze ottennero solo nel 1679 e gli ebrei del granducato nel 1740), con l'unico categorico divieto di fare proselitismo (art. 20).

Sul piano economico il privilegio del 1593 accresce le garanzie già previste nel 1591 e assicura l'esenzione di debiti civili e criminali commessi fuori degli stati granducali, piena libertà di negoziare e commerciare, tenere i libri di commercio secondo i diritti riconosciuti ai mercanti del dominio fiorentino (art. 24), viaggiare per affari sia con nome ebraico che con nome cristiano, possedere proprietà immobiliari, aprire, possedere e gestire attività manifatturiere. È questo un comportamento fortemente innovativo per gli ebrei sefarditi che, come difesa della loro condizione di precarietà e di pericolo, si impegnavano solo in attività commerciali.

46. Edigati, *La «Livornina» e i confini della tolleranza religiosa*, pp. 54-57.

Nel capitolo 22 si esplicita il diritto di trasmettere i propri beni facendo testamento in favore dei propri eredi, e nel caso di non avere «successore né erede di lasciare a chi vi piacerà, e così morendo senza fare testamento non lasciando eredi restino le facoltà alla Sinagoga»: un privilegio particolarmente significativo poiché riconosceva la sinagoga come ente giuridico lecito.[47] Inoltre, era riconosciuta ai massari l'autorità di eseguire le volontà testamentarie senza pagare gabella (art. 21). Un intero articolo fu aggiunto nel 1593 per esonerare i privilegiati dal dovere di alloggiare soldati o dare cavalli, carrozze o altro per gli ufficiali (art. 40).

La donna, sposa e madre, cardine della famiglia e base imprescindibile per assicurare un insediamento stabile, ha in questo documento un ruolo centrale: si prevede che servitori e balie cristiane possono vivere nelle case degli ebrei (un modo di controllare che esse non battezzassero i figli) (art. 42), mentre gli schiavi non potevano avere libertà (art. 27). L'approvvigionamento del cibo non si limitava alla possibilità di avere un panettiere e un macellaio per la macellazione kasher, ma era affidata alla gestione diretta di un appaltatore ebreo che aveva la possibilità di comprare liberamente bestiame, pagando solo la gabella alle porte (art. 30).

Alla donna è riconosciuto nel matrimonio e nell'impresa economica familiare un ruolo paritario: la sua la dote confluiva e sosteneva la società e gli affari ed era un fondo monetario recuperabile in caso di fallimento in quanto «anteriore ad ogni altro creditore»; in più le donne ebree per «recuperare le loro doti non erano tenute, né sottoposte a pagare altro diritto di quello che pagano li nostri cristiani» (art. 15) e in caso di fallimento del coniuge erano legittimate a ritirare il proprio capitale e potevano anche gestirlo in modo autonomo.[48]

La Livornina garantì agli ebrei di Pisa e Livorno un certo grado di libertà: i sefarditi non erano costretti in ghetto a differenza di quanto era imposto agli ebrei di Firenze e di Siena, non erano tenuti a portare alcun segno, potevano acquistare beni stabili (art. 31), i capifamiglia avevano il diritto di portare le armi, mentre era vietato aprire banchi di prestito ed esercitare la stracceria (tipici mestieri degli ebrei dei ghetti). La Livorni-

47. Ivi, p. 50.

48. Cristina Galasso, *Alle origini di una comunità. Ebree ed ebrei a Livorno nel Seicento*, Firenze, Olschki, 2002, pp. 54-59; sulle carte dotali di Livorno si veda Alain Nedjar, Gilles Boulu, Liliane Nedjar, Raphaël Attias, *Registres de ketubbot de la Nation Juive de Livourne. Généalogies et itinéraires familiaux, 1626-1890*, Paris, Cercle de Généalogie Juive, 2020, 2 voll.

na propone dunque per gli ebrei sefarditi un profilo socio-economico che pone l'accento sull'equiparazione, che non va intesa a livello individuale, ma – lo sottolinea Francesca Trivellato – come uguaglianza corporativa.[49]

6. *Effetti a Livorno e prospettive per gli ebrei di Lombardia*

Perso il suo ruolo di console degli ebrei di Pisa Maggino si trasferì, sollecitato da Ferdinando I, a Livorno dove trapiantò la vetreria che aveva aperto a Pisa e, insieme alla madre e ad alcuni ebrei italiani provenienti dal ghetto di Roma, dette vita a una compagnia per l'esercizio dell'arte della lana e battiloro che ebbe vita difficile e contrastata.[50] Nel 1595 acquistò, con rescritto favorevole del granduca, una grande casa sulla via principale della città nuova in costruzione del valore di circa 1000 scudi, per aprirvi una sinagoga «con lo scopo di promuovere l'arrivo di hebrei levantini, acciò che con tal mezzo accrescere il commercio del porto».[51] Maggino aveva certamente i contatti necessari per attirare levantini a Livorno: nel 1592 era stato inviato in Levante con un lasciapassare granducale che avrebbe protetto il suo rientro a Livorno con le merci e «con tutti li Hebrei che saranno in sua compagnia dovendo essi hebrei venire al nostro porto di Livorno con robbe e mercantie»,[52] ed era impegnato in scambi con Alessandria d'Egitto da dove importava, tramite un cugino ivi residente, semi di lino per la produzione di olio per illuminazione e cenere per la sua vetreria. La sinagoga di Livorno aperta nella sua stessa casa, sul modello medievale della "Casa dell'ebreo" descritto da Michele Luzzati, aveva però forse l'intento di attirare a Livorno anche gli ebrei italiani e tedeschi con lo scopo di creare, così come avveniva a Venezia, una comunità ebraica pan-etnica.

49. Francesca Trivellato, *Il commercio interculturale. La diaspora sefardita, Livorno e i traffici globali in età moderna*, Roma, Viella, 2016 (ed. or. *The Familiarity of Strangers. The Sephardic Diaspora, Livorno, and Cross-Cultural Trade in the Early Modern Period*, New Haven-London, Yale University Press, 2009).

50. Archivio di Stato di Livorno (ASLi), *Governatore e Auditore*, 39, cc. 622-627.

51. ASFi, *Notarile moderno*, 8132, c. 13, contratto di acquisto della casa n. 114 sulla via Ferdinanda per farvi la sinagoga stipulato con i Ceppi di Prato (contiene uno stralcio della supplica inoltrata da Maggino al granduca con rescritto positivo), atto del 6 marzo 1594 (1595 stile comune).

52. Ivi, *Mediceo del Principato*, 281, c. 147.

Ma già alla fine del 1595, quando Maggino lasciò Livorno per andare in Lombardia, la casa fu acquistata da Abram Israel, un ricco mercante che aveva affari a Firenze, Pisa e Livorno, che divenne capo riconosciuto della nascente comunità ebraica di Livorno. Abram Israel, nella sua supplica al granduca, denunciò gli «ebrei che amano la discordia e cercano di separarsi dall'altri nei riti e cerimonie mosaiche presupponendo che il privilegio che hanno di V.A.S. s'intende anco in questo» piuttosto che «rendere obbedienza alli massari loro conforme al privilegio della nazione» a scapito della «perpetua unione e aumento del traffico e commercio di Livorno». Il forte richiamo ai privilegi fu pienamente accolto. Nel rescritto del 10 luglio 1599 firmato da Lorenzo Usimbardi, per ordine del granduca fu deciso definitivamente che «delle cerimonie accordinsi tra di loro, con restare l'autorità ferma alli Massari».[53]

A due anni di distanza della costituzione ufficiale della Comunità di Livorno, il 10 luglio 1599 segna la nascita della Comunità stessa come Nazione ebraica sefardita, che divenne uno degli insediamenti più ricchi e prosperi d'Europa.[54] Anche nei secoli seguenti, quando in tutti gli insediamenti ebraici italiani si contavano almeno tre scuole (quella di rito sefardita, quella di rito italiano e quella di rito aschenazita), a Livorno, come a Pisa, ci fu, e c'è ancora, una sola sinagoga di rito sefardita (fig. 27).

Intanto, gli ebrei di Lombardia si apprestavano a lasciare il paese poiché, scadute le proroghe negoziate per ottenere la restituzione del loro credito, stavano per rientrare in possesso dei circa 150.000 scudi prestati a Carlo V.[55] Il "negozio" con loro fu trattato da Alessandro Beccaria, il residente granducale, che informò il segretario Vinta e, per il suo tramite, il granduca e l'arcivescovo Carlo Antonio Dal Pozzo. Il 30 agosto 1595, il residente poté finalmente comunicare che i contatti continuati e "segreti" con gli ebrei di Lombardia, «giornalmente inanimandoli» a trasferirsi a Pisa, avevano ottenuto esito positivo. Gli ebrei gli avevano infatti chiesto di esa-

53. ASLi, *Governatore e Auditore*, 2603, c. 496.

54. Renzo Toaff, *La Nazione ebrea a Livorno e a Pisa, 1591-1700*, Firenze, Olschki, 1990.

55. Renata Segre, *Gli ebrei lombardi nell'età spagnola. Storia di un'espulsione*, Torino, Accademia delle Scienze, 1973. Per la ricchissima raccolta documentaria vedi *The Jews in the Duchy of Milan*, a cura di Shlomo Simonsohn, vol. III, *(1566-1788)*, Jerusalem, Israel Academy of Sciences, 1982.

minare i privilegi concessi dal granduca.[56] Maggino di Gabriello fu inviato con una copia «in cartapecora con bollo in piombo, conforme all'originale» per illustrare i privilegi agli ebrei di Pavia, di Alessandria, di Lodi e di Cremona.[57] L'esame del documento fu affrontato da tre deputati degli ebrei, di cui purtroppo non sono indicati i nomi, «pigliando il privilegio in mano e vedere quello che vogliono capitolo per capitolo». La trattativa fu piuttosto lunga e laboriosa, ma infine si giunse alla stesura di un privilegio, che fu trascritto in data 23 ottobre 1595 nel Libro dei Privilegi della Pratica Segreta, che reca il titolo «Privilegio ed esenzioni a diversi mercanti Hebrei», che segna già nel titolo la distanza dalle così dette Livornine (fig. 13).[58]

In sede di trattativa era infatti emerso che gli ebrei «Vogliono un privilegio particolare, che non nomini qualsivoglia natione, vogliono di più un giudice, un notaio, e una sinagoga particolare per non avere a trattare con ebrei spagnoli né portoghesi»; e «quello che più importa – sottolineava il residente – non vogliono che in sul privilegio vi si nomini il pontefice romano, ne Inquisizione».[59] Tali richieste mettono in risalto la determinazione degli ebrei "vecchi", italiani e tedeschi, di sottolineare la loro distanza dai nuovi ebrei che, provenienti dalla penisola iberica, avevano vissuto come cristiani.

E in effetti i privilegi del 1595 sono rivolti «A tutti gli ebrei tedeschi e italiani che abitate di presente, e che per il passato abitavano nello stato di Milano»; in subordine, nella bozza già stilata dall'auditore delle riformagioni, si aggiunse che il privilegio era rivolto anche agli ebrei «francesi, polacchi, ragusei, levantini, salonicchi, greci, moreschi, barbareschi e di ogni dove».[60] Come richiesto, non si nomina mai l'Inquisizione né vi sono richiami alle prassi vigenti nelle città di Ferrara, Venezia e Ancona, sedi dei più consistenti insediamenti sefarditi in Italia; si fa invece riferimento a quanto si costuma «a Roma e nel Monferrato».

56. ASFi, *Mediceo del Principato*, 3122, *Lettere del sig. Alessandro Beccaria, gentiluomo residente in Milano al Granduca Ferdinando I e al cav. Vinta suo primo segretario da agosto 1593 a tutto l'anno 1596*, cc. 683v-684v.

57. Ivi, *Auditore delle Riformagioni*, 21, c. 39 e c. 40, *Richiesta di consegnare copia del Privilegio degli ebrei inviata all'auditore Jacopo Dani dal segretario dell'arcivescovo dal Pozzo in data 2 agosto 1595*.

58. Ivi, *Pratica Segreta*, 190, cc. 11v-15v, in Grazzini, *Le condizioni di Pisa*, pp. 212-224. Si veda la trascrizione in questo volume, pp. 219-229.

59. ASFi, *Mediceo del Principato*, 3122, c. 699.

60. Ivi, *Auditore delle Riformagioni*, 21, cc. 100-105.

In vari articoli si ribadisce l'assoluta autonomia dalla "Nazione" dei sefarditi. Nell'articolo 20 si sottolinea che possono «tenere in Pisa et anco in Livorno una sinagoga all'uso tedesco e una a uso italiano, intendendosi però separata dalla sinagoga levantina già posta in Pisa, nelle quali sinagoghe possiate usare e celebrare i vostri uffizi, cerimonie, precetti et ordini»; si garantisce che il giudice è «laico dottore separato poi dal giudice delli altri ebrei che abitano in Pisa al presente, et del numero di quelli che ci nominerete, ne fiorentini, ne pisani».

La comunità degli ebrei di Lombardia riconosceva attraverso il privilegio la sua soggezione al governo granducale; riceveva in cambio un governo autonomo, facente capo a un console coadiuvato da rabbini. Tutte le decisioni risultavano accentrate nelle mani del console con funzioni ben più ampie rispetto a quanto previsto nel privilegio ai sefarditi del 1591. I rabbini, la cui nomina era demandata al console, a differenza del governo "laico" stabilito dalla Nazione sefardita a Pisa, hanno in questo privilegio un ruolo chiave per l'organizzazione della comunità: sono infatti chiamati a esercitare insieme al console la ballottazione e la giustizia (art. 32).

Al console, che accentrava nelle sue mani la gestione della comunità e aveva la facoltà di eleggere un viceconsole (che in sua assenza aveva gli stessi emolumenti e onori), era riconosciuto un congruo assegnamento per mantenere la sua "famiglia" composta da un «viceconsole, ministri et agenti e un cancelliere» (art. 15). Il "libro" delle registrazioni, una sorta di anagrafe parallela a quella degli abitanti della città registrata dai parroci, era indicato come lo strumento per fissare l'appartenenza al luogo e la possibilità di giovarsi dei privilegi del principe.

Il riconoscimento dei due nuclei ebraici veniva così a configurarsi in modo profondamente diverso: i sefarditi, "ballottati" e descritti nel libro pubblico della Dogana di Pisa e di Livorno, diventavano infatti, per effetto del privilegio del 1593, sudditi toscani; gli ebrei inclusi nella comunità privilegiata con l'editto del 1595 avrebbero mantenuto invece la loro specifica appartenenza di ebrei forniti di una patente rilasciata dal loro console, rappresentante e garante presso il principe.

Le concessioni economiche e quelle relative all'insediamento, molto ampie, sono invece modellate sui privilegi dei sefarditi: non si prescrive l'obbligo del ghetto e del segno, cui erano costretti gli ebrei a Firenze e Siena; si riconosce il diritto ad avere proprietà privata, ad avere servitori cristiani secondo le regole vigenti a Roma e ad addottorarsi nell'università di Pisa. In modo esplicito si dice che i medici ebrei possono curare anche cristiani, e si auspicava, stanziato dal granduca un congruo finanziamento, un veloce decollo del commercio a breve e lungo raggio. Il privilegio prevedeva inoltre (fu una delle richieste inoltrate con maggiore insistenza dagli ebrei di Lombardia, nonostante i tentativi di prospettare loro i maggiori guadagni che venivano dal commercio[61]) l'apertura di due banchi di prestito a Livorno secondo la prassi vigente per i banchieri ebrei a Roma e nel Monferrato; si lasciavano invece le modalità del prestito «a forestieri come capitani di navi, marinari e altri conduttori o forestieri ai loro patti, e accordi». Per dirimere ogni conflitto si stabiliva che il giudice degli ebrei procedesse con «giustizia sommaria secondo li fa a detti banchi di Roma».

Il 24 dicembre 1595 sembrava che gli ebrei di Lombardia fossero sul punto di arrivare, ma tanti sforzi organizzativi non dettero frutto: gli ebrei di Lombardia non si videro a Livorno né altrove, in Toscana.

Quali furono gli impedimenti che bloccarono un arrivo che sembrava numeroso e imminente? Le ipotesi sono molte, ma nessuna trova conferma nei documenti reperiti. Furono i "lombardi" a preferire di restare nell'area in cui per secoli avevano sviluppato i loro affari, come sembra mostrare la scelta di insediarsi nei piccoli stati confinanti con la Lombardia? Furono i sefarditi a fare pressioni affinché non si riproducesse a Pisa e Livorno la stessa situazione "pan-etnica" che ben conoscevano a Venezia? Furono i timori che la Chiesa non approvasse un insediamento di ebrei italiani e tedeschi senza ghetto e senza segno, con il risultato di rendere più ardua la difesa dei levantini e dei ponentini già insediati? Ancora: si valutò che non era politicamente opportuno far vedere alla Spagna che si attiravano in Toscana i nuovi ebrei che fuggivano dalla penisola iberica ed anche gli ebrei cacciati dallo stato spagnolo di Milano? Probabilmente si intrecciarono vari motivi; fatto sta che il privilegio agli ebrei di Lombardia rimase lettera morta.

7. *Una vita difficile: pressioni e sotterfugi*

Non fu facile mantenere le promesse squadernate nel privilegio del 1593. Gli inizi dell'insediamento pisano e livornese furono caratterizzati

61. Ivi, *Mediceo del Principato*, 3134, cc. 43v-44v da Pratolino, l'arcivescovo di Pisa al residente Beccaria, 26 settembre 1595.

da incertezze e ambiguità. La rete di delatori che viaggiavano per l'Italia forniva continuamente materia all'Inquisizione per accusare di apostasia gli ebrei portoghesi; d'altra parte, gli ebrei a Pisa o nel porto di Livorno non tralasciavano di avvicinare i nuovi arrivati che parlavano portoghese per sentire se volessero passare alla legge mosaica. Simone Fernandez Troncoso, il capo degli ebrei in Toscana con il nome di Abram Israel, e altri in Pisa furono sospettati di fare «ogni sforzo per ridurre al giudaismo tutti quelli che vengono dalla Spagna con denaro e aiuti per andare in Venezia e in Turchia».[62] Non poche furono le difficoltà per rassicurare la Chiesa che indagava sul ritorno all'ebraismo dei nuovi cristiani: «che non sono mai stati ebrei e venuti a Pisa a e Livorno per circoncidersi con grande scandalo e tanto male esempio». Nell'aprile del 1594 bisognò quietare la comunità ebraica a causa del processo di Pisa per il putto di Jacob Cavaliere, che la balia cristiana dichiarò di aver battezzato. Provato che il neonato era figlio di padre e madre ebrei, il granduca con suo rescritto lo aveva restituito ai genitori.

Fra il 1601 e il 1604 il caso de Andrade/Esperiel rese necessario prospettare di abrogare il privilegio. Il ricchissimo mercante de Andrade arrivato da Bordeaux con le galere che rientravano dalla Francia, dove avevano accompagnato Maria de' Medici, regina di Francia, fu accusato di apostasia. Il papa stesso inviò un richiamo personale al granduca per ricordargli che proteggere gli ebrei apostati era «come farsi fautore di heretici»[63] e pretese che i funzionari della dogana di Pisa, che non avevano voluto consegnare all'inquisitore i beni di Esperiel, si recassero a Roma per testimoniare. E con loro anche l'auditore Pietro Cavallo, poiché non sopportava «che simili uomini, cioè gli ebrei già stati cristiani, fossero protetti dai ministri granducali».[64] Pressioni e talvolta minacce costrinsero l'ambasciatore presso la santa Sede, Giovanni Niccolini, a continui contatti

62. Archivio della Congregazione per la Dottrina della Fede (ACDF), *St. St.*, BB 5 b.

63. ASFi, *Mediceo del Principato*, 3318, copialettere di Giovanni Niccolini ambasciatore residente a Roma l'anno 1602, *passim* (la citazione nella lettera del 16 novembre 1602). Molte lettere sul caso Esperiel anche nella filza 3320 dello stesso fondo in Frattarelli Fischer, *Vivere fuori dal ghetto*, p. 212. Molta di questa documentazione ora in Lisa Kaborycha, *'We Do not Sell Them This Tolerance': Grand Duke Ferdinando I's Protection of Jews in Tuscany and the Case of Jacob Esperiel*, in «The Sixteenth Century Journal», 49 (2018), 4, pp. 987-1018.

64. ASFi, *Mediceo del Principato*, 1287, cc. 165, 167, 170 e ivi, 3320: dalla lettera dell'ambasciatore toscano, datata Roma 26 maggio 1604.

con i cardinali favorevoli ai Medici, ai quali furono presentati memoriali e documenti appositamente preparati.[65]

Una bozza predisposta da Cammillo Guidi nel 1602 circa «Gli affari degli ebrei di Pisa» presenta una traccia degli argomenti utili per difendere, elencando i privilegi concessi dal papa e altri principi agli ebrei portoghesi, il privilegio emanato dal granduca.[66] Ferdinando sostenne di non aver operato altrimenti che con la stessa politica del padre, approvata da due pontefici. Salvare il ricchissimo mercante Esperiel *alias* de Andrade e i suoi beni, dopo la sua fuga a Venezia, richiese una complessa operazione diplomatica che coinvolse i funzionari e tutto l'entourage granducale ed anche il re di Francia. Le figlie di Jacob Esperiel, Ester sposata con Joseph Israel e Rosa sposata con Jacob Cordovero, i due ebrei appartenenti alle famiglie più importanti e facoltose delle comunità di Pisa e di Livorno, furono però, dopo la fuga del padre, imprigionate e costrette a depositare una congrua mallevadoria per essere liberate.[67]

L'esame della documentazione si protrasse per anni. Ma il granduca non annullò il privilegio, si preoccupò di ordinare alla sua cancelleria di «non darne ne copia ne vista», un ordine che fu registrato in margine al Privilegio del 1591 e del 1593 (fig. 11). Il «comandamento che non si mostrino li privilegi delli ebrei senza espressa licenza per iscritto di S. A.» fu affidato a Mathadia Menachem, inviato a Pisa per portarlo ai massari, senza riferire che era un ordine granducale: e con l'ingiunzione di comminare la scomunica a tutti coloro che lo mostrassero.[68]

I funzionari annunciarono all'inquisitore che gli ebrei, molti già in partenza, si sarebbero presto allontanati da Pisa, dove non trovavano opportunità sufficienti per i loro affari. Nel 1604 il papa infine si dichiarò «soddisfattissimo del procedere del granduca» e addirittura dichiarò di voler punire il poco zelante inquisitore di Firenze, che si era fidato delle

65. Ivi, 3318, copialettere dell'ambasciatore Giovanni Niccolini, lettera del 16 novembre 1602.

66. Ivi, *Carte Guidi*, 115, ins. 147; su Cammillo Guidi cfr. Gustavo Bertoli, *Cammillo di Francesco Guidi, un volterrano al servizio dei Granduchi di Toscana*, in «Rassegna volterrana», 86 (2009), pp. 31-115.

67. ASDPi, *Inquisizione*, 3, cc. 720-726, novembre 1603.

68. Tale ordine, registrato in margine ai privilegi del 1591 e del 1593 (ASFi, *Pratica segreta*, 189, cc. 116 e 196v), proviene dal segretario Lorenzo Usimbardi (ivi, *Auditore delle Riformagioni*, 24, c. 314); a seguito di esso, i massari minacciarono di scomunica gli ebrei che mostrassero il privilegio (ivi, *Mediceo del Principato*, 1237, c. 229).

mallevadorie pagate dall'Esperiel, il quale insieme al padre, madre e altri fratelli, condannati alla confisca dei beni, si era recato a Firenze per affari, e di là era fuggito a Venezia.[69]

Del resto, nel 1604 la situazione internazionale profilava nuovi scenari: il 12 ottobre 1604 il pontefice Clemente VIII concesse con il *Breve per conto dei marrani di Portogallo* una assoluzione che portò al re di Spagna un utile annuo di un milione in oro, e non si ritenne opportuno perseguitare i portoghesi presenti nel Granducato.[70] Così, il granduca riuscì a non abrogare il privilegio del 1593 e lo mantenne attuando una duplice politica: a Roma con la dissimulazione e le pratiche della diplomazia e, a livello pisano e livornese, "addomesticando" gli inquisitori.[71] Tra la necessità di apportare restrizioni e volontà di perseguire il benessere del Granducato, l'applicazione della Livornina nell'età medicea fu insomma il risultato di compromessi fra i diritti di giurisdizione dello stato, di accordi mediati con gli ebrei e i mercanti non cattolici e le richieste dell'Inquisizione e del papa.[72] Nel tempo molti privilegi furono ridimensionati: agli ebrei non fu permesso di addottorarsi all'Università di Pisa, e si cercò più volte di chiudere il quartiere dove abitavano a Livorno per farne un ghetto; nel 1668 fu rivisto l'articolo 26, quello che garantiva che i figli non potessero essere battezzati senza il consenso dei genitori fino alla maggiore età di 13 anni, accordando che i bambini di sette anni, con capacità di intendere e di volere, fossero battezzati se lo avessero chiesto. Cosimo III vietò ai medici ebrei di curare i cristiani e alle balie e ai servitori cristiani di stare nelle case degli ebrei a servizio, e inasprì le pene per gli incontri degli ebrei con prostitute cristiane;[73] fu discusso e nel Settecento abolito il "privilegio degli ebrei" sulla giustizia marittima e mercantile.[74]

69. Ivi, 3320, lettere del 14 e 19 giugno 1604; ACDF, *St. St.*, HH 2 d, c. 1026v.

70. La notizia fu comunicata a Firenze dall'ambasciatore toscano con lettera del 12 ottobre 1604 (ASFi, *Mediceo del Principato*, 3320, cc. nn.).

71. Brett Auerbach-Lynn, *«Addomesticare» gli inquisitori, costruire la libertà. Lo stato mediceo e il Sant'Uffizio a Pisa e Livorno, 1591-1655*, in *La città delle Nazioni*, pp. 51-91.

72. Lucia Frattarelli Fischer, *Ebrei a Pisa e Livorno nel Sei e Settecento tra Inquisizioni e garanzie granducali*, in *Le Inquisizioni cristiane e gli ebrei*, pp. 253-295.

73. Lucia Frattarelli Fischer, *Il controllo della sessualità nella Livorno ebraica tra Sei e Settecento*, in *Donne nella storia degli ebrei d'Italia*, atti del IX Convegno internazionale "Italia Judaica" (Lucca, 6-9 giugno 2005), a cura di Michele Luzzati, Cristina Galasso, Firenze, Giuntina, 2007, pp. 207-232.

74. Sul "privilegio ebraico" circa le assicurazioni vedi Andrea Addobbati, *Il mercato assicurativo a Livorno tra Sette e Ottocento*, Tesi di dottorato, Università di Napoli, 2005, pp. 155-158.

Nei primi decenni del Seicento ortodossi, anglicani, luterani, calvinisti furono obbligati a dissimulare la propria identità religiosa.[75] Tuttavia, quando la costruzione del molo e di un secondo lazzaretto rese il porto un hub di interscambio tra il Mediterraneo e le potenze del Nord Europa, si consolidò la presenza degli «stranieri residenti»: cattolici, calvinisti luterani e anglicani (mercanti con le loro famiglie, artigiani e servitori), sul modello della Nazione ebraica, dettero vita a istituzioni comunitarie che governate da un console presero il nome di Nazione: i corsi, i francesi, i portoghesi, i fiamminghi costruirono i loro altari nella chiesa della Madonna,[76] gli olandesi e gli alemanni,[77] gli inglesi, gli armeni, in quanto corpi separati, ebbero il riconoscimento della propria appartenenza e confessione religiosa anche se ai protestanti fu negato il diritto di avere un edificio ecclesiale come luogo di aggregazione e di riconoscimento pubblico della loro identità religiosa.[78] I consoli non ebbero, nonostante ripetute richieste, il riconoscimento della giurisdizione sui loro connazionali: quando i francesi pretesero di costruire una chiesa cattolica francese con sacerdote e scuola nel nuovo quartiere di Venezia Nuova il governatore Del Borro negò il permesso con sottolineare che se ai greci e agli armeni era stato concesso di avere proprie chiese questo era dovuto al fatto che «questa è gente poco numerosa, e non è solita far da padrona in casa d'altri, come altre nazioni straniere sogliono fare».[79]

75. Numerosi studi pubblicati sulle comunità acattoliche di Livorno dimostrano questa situazione. Si vedano i saggi e relativa bibliografia in questo volume, oltre a Barbara Donati, *Tra Inquisizione e Granducato. Storie di inglesi nella Livorno del primo Seicento*, Roma, Edizioni di Storia e Letteratura, 2010, nonché *Intercultura e protestantesimo nella Livorno delle nazioni: la Congregazione Olandese-Alemanna*, a cura di Giangiacomo Panessa, Mauro Del Nista, Livorno, Debatte, 2002.

76. Guillaume Calafat, *L'église des quatre autels. Chapelles et nations marchandes dans un grand port méditerranéen (Livourne, XVII*e *siècle)*, in *La Chapelle consulaire*, a cura di Mathieu Grenet, Jörg Ulbert, Aix-en-Provence, Presses Universitaires de Provence, in preparazione.

77. Cfr. gli atti del convegno internazionale tenutisi a Livorno il 27-29 ottobre 2022 per i 400 anni della Nazione olandese-alemanna editi a cura di Jacopo Pessina e Silvia Papini *Gli "olandesi alemanni" a Livorno. Luoghi, vicende e figure di un incontro multiculturale*, Pisa, Pisa University Press, 2023.

78. Sull'applicazione della Livornina al di là degli ebrei si veda Edigati, *La «Livornina» e i confini della tolleranza religiosa*, pp. 64-75.

79. Lucia Frattarelli Fischer, *Una memoria francese del 1699 su Livorno e il suo commercio nell'archivio granducale toscano*, in *Fonti per la storia di Livorno tra Seicento e Settecento*, a cura di Lucia Frattarelli Fischer, Carlo Mangio, Livorno, Comune di Livorno, 2006, pp. 7-26: 9.

La politica medicea fu infatti attenta a limitare l'autonomia di mercanti che potevano avvalersi della protezione e della forza dei loro sovrani, e concesse più ampi privilegi alle diaspore che, in ragione della loro doppia natura di cristiani e sudditi del sultano, esercitavano un ruolo fondamentale come mediatori commerciali nel Mediterraneo. Ancora diversa fu la situazione della «Nazione ebrea che – come puntualizzò l'auditore Pierallini – a differenza delle altre, rappresenta a Livorno un corpo politico, governato con leggi e con una giurisdizione quasi separati», una differenza che dipendeva «dall'essere la nazione Ebrea riguardata in Livorno come suddita, il che non si verifica rispetto alle altre».[80] Tuttavia il privilegio emanato il 10 giugno del 1593, poi conosciuto come Livornina, per il suo valore di legge fu alla base della giurisprudenza toscana, sia nei procedimenti civili che in quelli penali per tutti gli "stranieri" appartenenti alle nazioni; si trova perciò per intero o per capitoli negli atti giudiziari del tribunale di Livorno, in quello pisano dei Consoli del Mare e nella giurisprudenza rotale fiorentina e fu applicato anche in caso di trasmissione ereditaria tra "eretici".[81]

Pur con tutte le variabili la determinazione con cui il privilegio fu difeso e applicato contro ogni attacco permise a Livorno, in secoli di uniformità religiosa cattolica, l'insediamento e la convivenza di gente proveniente da ogni dove e di ogni confessione religiosa.

Nel 1642 gli ebrei, nonostante il divieto inquisitoriale, costruirono una sinagoga più grande, che divenne famosa per la sua magnificenza e ricchezza;[82] gli inglesi, nel 1706, quando durante la crisi anglo-toscana del 1696-1707 la regina Anna minacciò di bombardare Livorno, ebbero la possibilità di avere un pastore inglese residente, che officiava nella casa del console.[83] Ma già a metà del Seicento non solo gli ebrei, anche gli inglesi e gli olandesi alemanni (anglicani, luterani, calvinisti provenienti dall'Inghilterra, dalla Francia, dall'Olanda, Germania, Danimarca e Sve-

80. ASLi, *Governatore civile e militare di Livorno*, 961, Giuseppe Francesco Pierallini, *Filza riguardante i Privilegi della Nazione ebrea*, cc. 10v-11v.

81. Si vedano in questo volume i contributi di Edigati, Benedetti e Villani.

82. Ewa Karwacka Codini, Milletta Sbrilli, *La Sinagoga di Livorno. Una storia di oltre tre secoli*, in *Le tre sinagoghe. Edifici di culto e vita ebraica a Livorno dal Seicento al Novecento*, a cura di Michele Luzzati, Livorno-Torino, Comune di Livorno-Allemandi, 1995, pp. 47-82.

83. Matteo Calcagni, *'The Queen of England wants to bombard Livorno': The Anglo-Tuscan Crisis at the Turn of the 18th Century (1696-1707)*, in «The International History Review», 45 (2023), 5, pp. 735-752.

zia) ebbero il riconoscimento della propria appartenenza religiosa e poterono innalzare ricche tombe in marmo nei loro cimiteri fuori le mura cittadine (figg. 15; 24; 29; 30).[84] Gli armeni affidarono a Giorgio d'Ambrò il compito di raccogliere le offerte destinate alla costruzione della loro chiesa di rito armeno, che fu inaugurata nel 1714 (fig. 26). Il ricchissimo mercante armeno Antonio Bogos, nel maggio del 1665, senza che si indagasse sulla sua fede religiosa, venne nominato cittadino e nello stesso anno fu eletto gonfaloniere.[85] La separazione in corpi non escluse, anzi favorì la partecipazione diretta dei mercanti stranieri alle decisioni che riguardavano lo sviluppo della città e del porto: nel 1676 l'istituzione del porto di deposito e la conseguente costruzione del quartiere della Venezia Nuova fu attuata dopo ripetuti incontri tra il governo granducale e i consoli delle nazioni e nel 1692 con la pace di Augusta si ebbe il riconoscimento delle neutralità del porto di Livorno applicando il concordato stipulato dal granduca con i consoli delle Nazioni.[86]

Episodi indicativi dei rapporti di potere presenti nelle dinamiche sociali della città, che lentamente, anche se non in modo lineare e sicuro, appare pronta all'accoglienza e alla tolleranza, sulla spinta dei privilegi sanciti nella Livornina del 1593.

84. Lucia Frattarelli Fischer, *La parola e il marmo. Cimiteri acattolici di Livorno dal Seicento a oggi*, Pisa, ETS, 2024.

85. Alessandro Buono, *Anton Bogos celibì e le eredità "ab intestato" nella Toscana di fine XVII secolo*, in *Un mare connesso. Europa e mondo islamico nel Mediterraneo (secoli XV-XIX)*, a cura di Jake Dyble, Alessandro Lo Bartolo, Elia Morelli, Roma, Carocci, 2024, pp. 201-229.

86. Lucia Frattarelli Fischer, *Livorno 1676: la città e il porto franco*, in *La Toscana nell'età di Cosimo III*, atti del convegno (Pisa-Fiesole, 4-5 giugno 1990), a cura di Franco Angiolini, Vieri Becagli, Marcello Verga, Firenze, Edifir, 1993, pp. 45-66; Frattarelli Fischer, *L'Arcano del mare*, pp. 175-213.

Massimo Bomboni

Da Amsterdam a Livorno. I commerci internazionali della famiglia Lus

In un'epoca di grandi cambiamenti come i decenni a cavallo fra il XVI e il XVII secolo, le politiche lungimiranti dei Granduchi di Toscana riuscirono a trasformare il modesto porto di Livorno in un importante crocevia del commercio internazionale. Le leggi Livornine di Ferdinando I de' Medici (r. 1587-1609) furono fra i principali fattori di questo successo. Mentre il Mediterraneo stava progressivamente perdendo la sua centralità, l'attrazione di una variegata e dinamica popolazione straniera, mediante agevolazioni fiscali e tolleranza religiosa, consentì di inserire il porto nelle nuove direttrici e network commerciali internazionali. L'intreccio fra le iniziative private dei nuovi abitanti di Livorno – mercanti, artigiani e uomini di mare – e le ambizioni di grandezza dei Medici diede spesso vita a interessanti collaborazioni che, con alterni successi, cercarono di ampliare l'orizzonte economico-politico del Granducato, proiettandolo su uno scenario sempre più globale.

In questo contesto dinamico, la famiglia Lus di Amsterdam emerse per la sua intraprendenza e particolare sinergia con la corte di Ferdinando I e rappresenta per noi un importante osservatorio della realtà dei primi anni di sviluppo del porto. Dal loro insediamento a Livorno negli anni '90, in poco tempo riuscirono a consolidare un rapporto di fiducia con il granduca, diventandone fondamentali agenti commerciali e informatori. Intenzionati ad accrescere il volume dei propri affari nel Mediterraneo, questi mercanti furono promotori di numerose imprese commerciali volte a collegare Livorno con mercati di difficile accesso per i Toscani, come la Russia e le Indie. Ma quello dei Lus è anche un esempio delle sfide legate ai rapporti interculturali e interconfessionali. Fra presunte origini ebraiche e l'appartenenza al credo cattolico o riformato, la difficoltà nel definirne chiaramente l'identità, la provenienza e la fede costituì una loro caratteristica fondamentale, decisiva nel confronto con i più diversi contesti, fra cui quello di Livorno.

Grazie all'analisi di fonti archivistiche italiane e olandesi inedite, il saggio si propone di ampliare ulteriormente la già ricca storiografia sul porto toscano e la dinastia medicea.[1] Lo studio approfondito delle vicende dei Lus e dei loro rapporti con la corte di Ferdinando I offrirà una preziosa testimonianza dei fenomeni politici, economici e sociali che hanno caratterizzato la fase iniziale dello sviluppo di Livorno, contribuendo alla nostra comprensione di questa fase cruciale della storia toscana e globale.[2]

Abbreviazioni: ASF: Archivio di Stato di Firenze; ASV: Archivio di Stato di Venezia; AAPi: Archivio Arcivescovile di Pisa; ASPO: Archivio di Stato di Prato; MdP: Mediceo del Principato; MM: Miscellanea Medicea; SA: Stadsarchief Amsterdam.

1. Il porto di Livorno in età moderna è stato oggetto di una florida tradizione di studi. Fra i più recenti vedi: *La città delle nazioni: Livorno e i limiti del cosmopolitismo (1566-1834)*, a cura di Andrea Addobbati, Marcella Aglietti, Lucia Frattarelli Fischer, Pisa, Pisa University Press, 2016; Francesca Trivellato, *Il commercio interculturale: La diaspora sefardita, Livorno e i traffici globali in età moderna*, Roma, Viella, 2016; Corey Tazzara, *The Free Port of Livorno and the Transformation of the Mediterranean World,* New York, Oxford University press, 2017; Lucia Frattarelli Fischer, *L'Arcano del mare: un porto nella prima età globale: Livorno,* Pisa, Pacini, 2018; Brian Brege, *Tuscany in the Age of Empire*, London, Harvard University Press, 2021.

2. La famiglia Lus non è mai stata oggetto di studi approfonditi. Datato e parziale risulta il contributo di Annie Versprille, *Sion Luz, Tafelhouder* in «Jaarboekje Voor Geshiedenis En Oudheidkunde van Leiden En Omstreken», 1957, pp. 106-18, seppur ancora utile per comprendere questi personaggi nel panorama sociale dei Paesi Bassi della fine del Cinquecento. Altri lavori, spesso in lingua olandese ne fanno menzione o ne approfondiscono vicende specifiche come: Simon Hart, *Sion Lus Als Koopman Op Rusland,* Amsterdam, Gemeentearchief Amsterdam, 1977; Eric H. Wijnroks, *Handel tussen Rusland en de Nederlanden, 1560-1640*, Hilversum, Verloren, 2003; Johan Koppenol, *Leids heelal het Loterijspel (1596) van Jan van Hout,* Hilversum, Verloren, 1998. A trattarne invece l'inserimento a Livorno e la collaborazione con il granduca di Toscana sono stati i contributi di Marie Christine Engels, *Merchants, Interlopers, Seamen and Corsairs: The "Flemish" Community in Livorno and Genoa (1615-1635),* Hilversum, Verloren, 1997; di Stefano Villani, *Ambasciatori russi a Livorno e rapporti tra Moscovia e Toscana nel XVII secolo*, in «Nuovi studi livornesi», XV (2008) pp, 37-95; e di Lucia Frattarelli Fischer, *Vivere fuori dal ghetto, Ebrei a Pisa e Livorno (secoli XVI-XVIII),* Torino, Zamorani, 2008, insieme al già citato di Brege, *Tuscany in the Age of Empire,* che ha integrato molte informazioni dai lavori precedenti.

1. *Il commercio di Livorno e le ambizioni di Ferdinando I de' Medici*

Con la fine dei conflitti che avevano sconvolto la penisola italiana nella prima metà del Cinquecento, i Medici, consolidatisi al potere in Toscana, si dedicarono alla riorganizzazione e rafforzamento del proprio Stato.[3] Una particolare attenzione fu riservata al commercio e allo sviluppo dei principali porti, Livorno e Pisa. Tuttavia, a causa del progressivo insabbiamento del Porto Pisano, il modesto scalo labronico, all'epoca poco più di un molo e un castello, divenne la destinazione privilegiata degli sforzi granducali.[4]

Sia Cosimo I che Francesco I de' Medici tentarono di stimolarne la crescita promuovendo importanti lavori di ampliamento e rafforzamento delle infrastrutture marittime. Sull'esempio di Ancona e Anversa, si cercò quindi di renderlo un centro di attrazione per i mercanti stranieri, in particolar modo gli ebrei sefarditi e levantini, garantendo agevolazioni e protezione, oltre a promuovere un regime di sostanziale libertà dei traffici con bassi dazi e imposte sulle transazioni. In questo modo, si sperava di collegare Livorno a quelle direttrici commerciali provenienti dal Levante e dall'Europa nord-occidentale che trovavano nella penisola italiana un ideale punto di incontro.[5] Questi legami avrebbero offerto nuovi sbocchi per i panni di lana fiorentini, ma anche opportunità di inserimento nel commercio delle spezie.[6] Tuttavia, le trasformazioni politiche ed economiche

3. Sull'Italia dopo la pace di Cateau-Cambrésis (1559) e la nascita del Granducato di Toscana: *Spain in Italy: Politics, Society, and Religion 1500-1700*, a cura di Thomas James Dandelet, John A. Marino, Leiden, Brill, 2007; Gaetano Greco, *Storia del Granducato di Toscana*, Brescia, Morcelliana, 2020.

4. La città di Pisa, secolare centro mercantile ormai in declino, non venne tuttavia trascurata. Sia Cosimo I che i successori tentarono di revitalizzarla e porla in simbiosi con la vicina Livorno. Per approfondimenti vedere: Rita Mazzei, *Pisa Medicea: L'economia Cittadina Da Ferdinando I a Cosimo III*, Firenze, Olsckhi, 1991.

5. La strategia commerciale per lo sviluppo di Livorno venne chiaramente delineata dal mercante fiorentino Filippo Sassetti nei suoi *Ragionamenti* del 1577, pubblicati in *Sul commercio tra la Toscana e le Nazioni Levantine. Ragionamenti di Filippo Sassetti (1577)*, in «Archivio Storico Italiano», IX (1853), pp. 167-88. Sui primi interventi urbanistici e la strategia commerciale dei granduchi vedere anche: Olimpia Vaccari, *Il porto alle origini della 'città nuova' di Livorno*, in *Livorno, 1606-1806: luogo di incontro tra popoli e culture*, a cura di Adriano Prosperi, Torino, Allemandi, 2009, pp. 302-323; Tazzara, *The Free Port of Livorno*, pp. 32-35.

6. Queste prospettive erano favorite dalle momentanee crisi di Anversa e Venezia, principali poli commerciali dell'Europa del tempo, nonché centri di redistribuzione delle spezie. La prima stava soffrendo le conseguenze della Rivolta Olandese scoppiata negli anni '60 del

internazionali degli anni ’70 e ’80 del Cinquecento, in particolar modo le guerre e conseguenti crisi finanziarie della Corona spagnola, stravolsero l’intero sistema di commerci europeo e Mediterraneo, nuocendo gravemente ai progetti granducali.[7] Una generale crisi economica colpì la Toscana, i suoi mercanti persero quell’influenza internazionale che potevano vantare nei decenni precedenti e i piani per lo sviluppo di Livorno vennero lasciati sostanzialmente incompiuti.

Con l’inaspettata ascesa al trono toscano di Ferdinando I de’ Medici nel 1587, la politica granducale ricevette un nuovo impulso.[8] Spinto da ambizioni di grandezza per sé e per il suo Stato, il terzo granduca di Toscana si distinse per l’intraprendenza e pragmatismo con cui condusse la politica estera ed economica del proprio stato. Il commercio divenne quindi una delle principali manifestazioni e strumenti del suo potere e Livorno assunse un’importanza chiave quale base per la proiezione dell’influenza del Granducato a livello internazionale. Ferdinando I convogliò ingenti risorse per completare i progetti abbozzati dai suoi predecessori così da trasformare il suo porto in un vivace centro produttivo, un emporio internazionale e la principale base per la propria marina da guerra.[9] Le galere dell’Ordine di Santo Stefano, fondato dal padre Cosimo e insediato a Pisa e Livorno, vennero infatti intensamente impiegate durante il suo governo in sempre più frequenti operazioni corsare contro le navi ottomane e nord africane.[10] I ricchi bottini, fra cui numerosi schiavi, contribuirono

Cinquecento, mentre la seconda aveva sempre maggiore difficoltà a commerciare in Levante per l’ostilità dell’Impero Ottomano. Per questi motivi, Francesco I de’ Medici tentò da un lato di ottenere il monopolio del commercio del pepe dal Portogallo, dall’altro, di stipulare un accordo commerciale con l’Impero Ottomano. Entrambe le iniziative però fallirono. Tazzara, *The Free Port of Livorno*, p. 33; Brege, *Tuscany in the Age of Empire*, p. 71.

7. Riguccio Galluzzi, *Istoria del Granducato di Toscana sotto il governo di casa Medici*, vol. IV, pubblicato in Firenze nella stamperia di Ranieri del Vivo, 1781, pp. 431-36; Maria Fusaro, *Reti Commerciali e Traffici Globali in Età Moderna*, Roma, Laterza, 2008, p. 44.

8. Per un profilo biografico del terzo granduca di Toscana: Galluzzi, *Istoria del Granducato di Toscana*, vol. V, pp. 5-195; Elena Fasano Guarini, *Ferdinando I de’ Medici, Granduca di Toscana*, in *Dizionario biografico degli Italiani* (d’ora innanzi DBI), Roma, Istituto dell’Enciclopedia Italiana, 1960-2020, vol. 46, s.v.; *Ferdinando I de’ Medici 1549-1609: Maiestate Tantum*, a cura di Monica Bietti, Anna Maria Giusti, Livorno, Sillabe, 2009.

9. Tazzara, *The Free Port of Livorno*, pp. 38-39; Frattarelli Fischer, *L’Arcano del mare*, pp. 60-63.

10. Cesare Ciano, *I primi Medici e il mare*, Pisa, Pacini, 1980; Carla Sodini, *L’Ercole tirreno. Guerra e dinastia medicea nella prima metà del ’600*, Firenze, Olschki, 2001.

notevolmente allo sviluppo della città, rimpinguando le finanze granducali e fornendo manodopera a bassissimo costo.[11] Ad uno sviluppo urbanistico doveva corrispondere un analogo sviluppo demografico ed economico, ma le difficoltà degli anni precedenti avevano fortemente indebolito il ceto mercantile toscano. Si tentò quindi di infondere nuova linfa rivolgendosi ancora una volta agli stranieri.

Ferdinando I de' Medici emanò due primi bandi nel gennaio e nell'ottobre 1590, nei quali si invitavano a stabilirsi a Livorno esperti artigiani e uomini di mare offrendo agevolazioni per l'acquisto di case, l'esenzione dai lavori coatti, l'immunità per i delitti commessi e per i debiti contratti in precedenza.[12] Costituitosi così il nucleo essenziale per il pieno funzionamento del porto, seguirono altri due celebri bandi promulgati il 1° luglio 1591 e il 10 giugno 1593, indirizzati invece ai mercanti stranieri.[13] Promettendo ancora agevolazioni fiscali e protezione, entrambi espressero un appello "ecumenico" verso i commercianti di ogni nazione, inducendoli a stabilirsi a Livorno e nella vicina Pisa.[14] Sebbene tali provvedimenti siano stati poi definiti leggi "Livornine", l'intento iniziale del granduca era di apportare beneficio a entrambe le città, sancendo la loro ripartizione nelle funzioni di porto e mercato della Toscana. Nonostante l'iniziale preferenza per Pisa da parte di molti nuovi arrivati, considerato lo stato di cantiere aperto in cui ancora versava Livorno, ben presto fu quest'ultima a diventare la principale destinazione del crescente flusso di immigrazione estera e interna al Granducato.[15] Le opportunità di impiego e commercio che un porto emergente poteva offrire, unite alle agevolazioni e privilegi offerti dal Granduca portarono alla formazione di una società sempre più

11. Sulla schiavitù a Livorno in età moderna: Franco Angiolini, *Slaves and Slavery in Early Modern Tuscany (1500-1700)*, in *Italian History & Culture*, a cura di Maurizio Fantoni, 3, Fiesole, Cadmo, 1997, pp. 67-86; Mark Rosen, *Pietro Tacca's 'Quattro Mori' and the Conditions of Slavery in Early Seicento Tuscany*, in «The Art Bulletin», 97, 1 (2015), pp. 34-57; Tamar Herzig, *Slavery, and Interethnic Sexual Violence*, in «The American Historical Review», 127 (2022), 1, pp. 194-222.

12. Tazzara, *The Free Port of Livorno*, pp. 40-41; Frattarelli Fischer, *L'Arcano del mare*, p. 62.

13. Per i testi delle Livornine, vedi in questo volume, pp. 195-229.

14. «A tutti voi mercanti di qualsivoglia nazione, Levantini, Ponentini, Spagnoli, Portoghesi, Greci, Tedeschi et Italiani, Ebrei, Turchi, Mori, Armeni, Persiani et altri [...].». ASF, *Pratica Segreta*, 189, c. 196.

15. Tazzara, *The Free Port of Livorno*, p. 44; Frattarelli Fischer, *L'Arcano del mare*, p. 62.

cosmopolita. Ai numerosi toscani che decisero di trasferirsi, si affiancarono individui provenienti da aree vicine come la Liguria, la Provenza, Napoli e la Corsica o regioni più lontane come la Grecia e l'Armenia. L'incremento numerico di queste comunità di varia provenienza, chiamate poi *Nazioni,* portò alla nomina di rispettivi consoli per amministrare i rapporti con la corte granducale, i paesi d'origine e le altre comunità.[16] Tuttavia, a contribuire in modo significativo allo straordinario sviluppo di Livorno furono principalmente due componenti: la comunità ebraica e quella nord-europea.

Nonostante le Livornine fossero indirizzate ad un'ampia platea internazionale, è evidente come i principali destinatari fossero i mercanti ebrei. A questi venivano infatti concesse garanzie e agevolazioni ulteriori, come la libertà di culto, proprietà e impresa, tutele legali, ed esenzioni fiscali aggiuntive, pur circoscritte nei confini delle due città.[17] In un momento storico in cui la tendenza generale nel mondo cattolico della Controriforma era di forte ostilità e volontà di controllo nei confronti di queste comunità, l'apertura del granduca Ferdinando fu comunque dimostrazione di grande lungimiranza e senso pratico.[18] Non era infatti la solidarietà verso comunità perseguitate o un particolare spirito di tolleranza a motivare questa politica, considerata la coeva esistenza di ghetti nelle città toscane di Firenze e Siena, quanto un mero calcolo economico.[19] Ben conosciute erano infatti le capacità dei mercanti ebrei e nuovi cristiani di intrattenere legami commerciali su orizzonti geografici e culturali molto vasti. Le ripetute espulsioni e diaspore, in special modo quelle dai domini spagnoli nella Penisola Iberica e in Italia, avevano portato alla creazione di comunità disseminate in tutto il bacino del Mediterraneo, nel Nord

16. Gli ebrei furono la prima comunità di Livorno a essere dotata di un console nel 1591, una figura successivamente sostituita dal consiglio autoeletto dei massari. Nel 1597 vennero istituiti i consoli per le comunità genovese, inglese, fiammingo-tedesca e francese, mentre nel 1626 fu riconosciuto il console per la comunità armena. Tazzara, *The Free Port of Livorno*, p. 57; Frattarelli Fischer, *L'Arcano del mare*, p. 68.

17. Per approfondimenti vedi in questo volume: Frattarelli Fischer, *La Livornina. Genesi e applicazione di un documento straordinario.*

18. A dimostrazione di queste intenzioni, un successivo appello seguì nel giugno 1595, rivolto agli ebrei e nuovi cristiani recentemente espulsi dallo Stato di Milano, adeguatosi infine alle disposizioni imposte a tutti i territori sotto il controllo spagnolo. Testo qui alle pp. 219-229.

19. Stefanie Beth Siegmund, *The Medici State and the Ghetto of Florence: The Construction of an Early Modern Jewish Community*, Stanford, Stanford University Press, 2006.

Europa e perfino in America e Asia, dalla forte vocazione mercantile.[20] Inoltre, è importante notare come molti ebrei fossero coinvolti in diverse attività produttive, tra cui la lavorazione di tessuti, la produzione di saponi, il commercio di prodotti coloniali come lo zucchero e di beni di lusso come il corallo.[21] L'introduzione a Livorno di tali industrie, mediante la concessione di patenti granducali, avrebbe aumentato l'offerta di beni di consumo o di esportazione.[22] Gli appelli del granduca ottennero i risultati sperati e già nel 1601 la comunità ebraica assommava a 124 individui su un totale di 3118 all'interno delle mura, con una tendenza crescente gli anni successivi.[23]

Per quanto riguarda la componente nordica, dagli anni '70 del Cinquecento i primi mercanti inglesi avevano fatto la loro comparsa nel Mediterraneo con sporadiche apparizioni nel porto granducale.[24] Furono però le ripetute carestie e conseguenti penurie di cereali che flagellarono l'area nel 1590-1591, nel 1596-1597 e ancora nel 1600-1601, a sancire una decisa intensificazione dei traffici con i mercati dell'Europa atlantica e baltica. Per far fronte alle necessità dei propri territori, mercanti e sovrani italiani, con il granduca di Toscana in prima linea, si ritrovarono costretti ad ordinare ingenti acquisti di cereali in Inghilterra, Paesi Bassi, Normandia, Germania e Polonia.[25] Ferdinando I cercò di sfruttare l'occasione per accrescere ulteriormente l'importanza di Livorno. Con l'obiettivo di farne

20. Jonathan Israel, *Empires and Entrepots: The Dutch, the Spanish Monarchy, and the Jews, 1585-1713,* London, Hambledon Press, 1990; David Cesarani, *Port Jews: Jewish Communities in Cosmopolitan Maritime Trading Centres, 1550-1950,* Hoboken, Taylor and Francis, 2014.

21. Michele Cassandro, *Gli Ebrei di Livorno nel Seicento. Aspetti economici e sociali,* in «La Rassegna mensile di Israel», 50 (1984), 9/12, pp. 573-574.

22. Tazzara, *The Free Port of Livorno*, p. 57.

23. ASF, MdP, 2145: «La rassegna fatta per me Bastiano Balbiani di tutte le anime che di presente si trovano in tutto il capitanato di Livorno, con il numero delle case di Livorno nuovo e vecchio et il numero delle famiglie di fuora e drento con il vocabolo dei luoghi della campagna fatta con diligentia il primo settembre 1601».

24. Riguardo l'arrivo dei primi mercanti nordici nel Mediterraneo: Gigliola Pagano De Divitiis, *English Merchants in Seventeenth-Century Italy*, Cambridge, Cambridge University Press, 1997; Michela D'Angelo, *Mercanti inglesi a Livorno (1573-1796)*, in *Livorno, 1606-1806: luogo di incontro tra popoli e culture*, a cura di Adriano Prosperi, Torino, Allemandi, 2009, pp. 350-361.

25. Sul commercio del grano a Livorno e nel Mediterraneo: Galluzzi, *Istoria Del Granducato di Toscana,* V, p. 77; Fernand Braudel, Ruggiero Romano, *Navirees et Marchandises à l'entrée du Port de Livourne (1547-1611),* Paris, Libraire Armand Colin, 1951,

il principale mercato granario della penisola italiana, il granduca impiegò grandiosi investimenti per costruire magazzini e moli più ampi, inviando contemporaneamente i propri agenti nelle zone di rifornimento per stipulare vantaggiosi accordi commerciali.[26] In questo traffico, un importante contributo venne fornito anche dai mercanti sefarditi giunti in Toscana grazie agli inviti granducali. Alcuni di essi, particolarmente influenti nei porti del nord come gli Ximenes, agirono da intermediari per il granduca e gli altri mercanti fiorentini, facilitando le transazioni e i trasporti.[27]

Nuovi equilibri iniziarono a consolidarsi lungo le rotte commerciali europee e mediterranee. Navi inglesi, olandesi e germaniche, numericamente e qualitativamente superiori ai vascelli locali, affollarono sempre più i porti della penisola italiana, dove crebbe la domanda di prodotti nordici come metalli, legname, pesce salato e panni di lana a basso costo. In cambio, i mercanti riportavano in patria allume, tessuti di seta, olio, riso, vini e, quando possibile, spezie, tessuti di cotone e cuoia dal Levante e dal Maghreb.[28] I porti italiani erano infatti in una posizione strategica verso questi territori per le navi provenienti dal Nord, e Livorno assunse sempre maggiore importanza quale centro di stoccaggio delle merci straniere. Il porto granducale divenne inoltre un importante scalo per i corsari nordici operanti nell'area Mediterranea, che trovarono qui non solo un utile mercato per la rivendita delle merci predate, ma anche opportunità di impiego al servizio del granduca, come vedremo più avanti.[29] Inglesi e olandesi assunsero progressivamente il controllo delle rotte commerciali

pp. 52-75; Fernand Braudel, *Civiltà e imperi del Mediterraneo nell'età di Filippo 2,* Torino, Einaudi, 2010, pp. 614-653.

26. Degne di nota furono le ripetute missioni a Danzica e in Germania dei mercanti fiorentini Neri Giraldi e Riccardo Riccardi che contribuirono alla notorietà del porto di Livorno nel Nord Europa. Stefano Tabacchi, *Giraldi, Neri*, in DBI, vol. 56, 2001, s.v.; Paolo Malanima, *Riccardi, Riccardo Romolo*, in DBI, vol. 87, 2016, s.v.

27. Nel 1596 vediamo ad esempio Ferdinando I de' Medici richiedere allo *Stadtholder* della Repubblica Olandese Maurizio d'Orange il permesso per inviare Duarte Ximenes ad acquistare grani nei Paesi Bassi. ASF, MdP, 65, c. 67, 24 novembre 1596.

28. Braudel, Romano, *Navirees et Marchandises*; Engels, *Merchants, Interlopers, Seamen and Corsairs*, p. 87; Stefano Villani, *Una finestra mediterranea sull'Europa. I 'nordici' nella Livorno della prima età moderna,* in *Livorno 1606-1806. Luogo di incontro tra popoli e culture,* a cura di Adriano Prosperi, Livorno, Allemandi, 2009, pp. 159.

29. Gregory Hanlon, *The Twilight of a Military Tradition. Italian Aristocrats and European Conflicts, 1560-1800*, London, UCL Press, 1998, p. 41; Alberto Tenenti, *Piracy and the Decline of Venice 1580-1615*, Berkeley, University of California Press, 2022.

fra le sponde opposte del continente europeo e anche all'interno dello stesso Mediterraneo, diventando tramiti fondamentali fra i diversi mercati dell'area.[30] Il granduca Ferdinando I comprese questi mutamenti e riservò ai mercanti nordici sempre particolari premure.[31] Infatti, sebbene le Livornine sancissero la libertà di culto soltanto agli ebrei, i funzionari granducali si dimostrarono indulgenti anche nei confronti dei numerosi protestanti che iniziarono ad arrivare dal nord. Pur senza concedere, inizialmente, luoghi di culto, venne comunque permesso loro di professare la propria religione, a condizione che non facessero proselitismo e non dessero scandalo con il proprio comportamento.[32] Questa tolleranza, pur limitata al solo spazio di Livorno, mirava a favorire il libero svolgimento dei traffici del porto, che rappresentò un'entità sempre più distinta dal resto dei domini granducali.

Lo stimolo all'insediamento di dinamiche comunità straniere a Livorno fu la dimostrazione della consapevolezza di Ferdinando I de' Medici sia delle proprie risorse sia dei nuovi equilibri geopolitici europei e globali. Dalla fine del Cinquecento, il Mediterraneo cessò di essere il principale terreno di scontro delle potenze dell'epoca e il baricentro politico-economico iniziò sempre più a spostarsi verso l'Europa Nord-Occidentale. L'egemonia iberica nel Vecchio Continente e nelle rotte commerciali oceaniche verso l'Asia e le Americhe cominciò a essere minata dall'avanzata dell'Inghilterra e della Repubblica Olandese. Queste potenze, entrate in diretto conflitto con gli Asburgo nella seconda metà del secolo, avevano infatti inaugurato le prime spedizioni autonome verso le Indie, scardinando quell'equilibrio e quelle pretese di sovranità universale stabiliti dai tempi del Trattato di Tordesillas.[33]

L'Inghilterra diede inizio alla sua espansione oceanica nel 1577 con la storica circumnavigazione del globo di Francis Drake. Questo evento segnò l'inizio di una serie di esplorazioni e avventure marittime che, dopo numerose altre imprese sia nell'Atlantico sia nell'Oceano Indiano, por-

30. Braudel, Romano, *Navirees et Marchandises,* p. 56; Fusaro, *Reti commerciali e traffici globali in Età Moderna*, pp. 41-42.

31. ASF, MdP, 272, c. 67, Ferdinando I de' Medici al provveditore di Livorno: «[...] a tutti li navigli d'Inghilterra si faccia ogni sorte di carezze, et di comodo».

32. Villani, *Una finestra mediterranea sull'Europa*, p. 160.

33. *The Oxford History of the British Empire.* 1. *The Origins of Empire: British Overseas Enterprise to the Close of the Seventeenth Century,* a cura di Nicholas P. Canny, Oxford, Oxford University Press, 2001; Jonathan I. Israel, *Dutch Primacy in World Trade, 1585-1740*, Oxford, Clarendon Press, 2002.

tarono alla fondazione della East India Company nel 1600, nel pieno del conflitto con la Spagna. Parallelamente, la Repubblica olandese inaugurò la sua stagione globale nel 1595, con la prima spedizione verso le Indie Orientali di Cornelis de Houtman, che portò alla creazione della Vereenigde Oostindische Compagnie nel 1602. Nei primi del Seicento, il duopolio spagnolo-portoghese sulle rotte oceaniche era ormai definitivamente compromesso. Inglesi e olandesi miravano infatti ad acquisire l'accesso a quei mercati finora controllati gelosamente dalle monarchie iberiche, i cui prodotti (spezie, sete, porcellane, metalli preziosi, zucchero, tabacco) venivano rivenduti con enormi profitti sul mercato europeo. In tempi di guerra, si impegnarono inoltre in spedizioni corsare lungo le rotte oceaniche, i cui ricchi bottini contribuirono ulteriormente a fare dei porti di Amsterdam, e in misura minore quello di Londra, i nuovi mercati di redistribuzione di prodotti coloniali in Europa.[34] L'espansione commerciale inglese e olandese fu ampia e diffusa, estendendosi anche altri contesti, quali il Mediterraneo, come abbiamo visto, il Baltico e il Mar Bianco fino in Russia, dove le loro navi e mercanti diventarono sempre più predominanti.

In quest'epoca di scontri fra vecchie e nuove potenze, Ferdinando I mirò a consolidare la posizione del Granducato di Toscana come un attore di rilievo sul palcoscenico italiano ed europeo. La sua visione si estendeva però ad uno scenario sempre più ampio, verso una partecipazione attiva nelle reti commerciali globali. Livorno e la sua popolazione cosmopolita assunsero così un ruolo cruciale per l'apertura a nuovi orizzonti politici ed economici, precedentemente sconosciuti o difficilmente raggiungibili per i Toscani. Seppur profondamente coinvolto nelle dinamiche politico-militari del Mediterraneo, Ferdinando I rivolse un'attenzione particolare all'Europa nord-occidentale e agli Oceani.[35] L'intensificazione dei rapporti con Francia, Inghilterra e Repubblica Olandese, in buona parte stimolati dal commercio di Livorno, furono i principali segni del profondo distacco dalla politica di sottomissione alla Spagna adottata dai suoi predecessori, e dell'assunzione di un atteggiamento di maggiore opportunismo e pragmatismo.

34. Kris E. Lane, *Pillaging the Empire: Global Piracy on the High Seas, 1500-1750*, New York, Routledge, 2016.

35. Sulla politica mediterranea di Ferdinando I de' Medici: Maurizio Arfaioli, Marta Caroscio, *The Grand Ducal Medici and the Levant: Material Culture, Diplomacy and Imagery in Early Modern Mediterranean,* London, H. Miller, 2016; Brege, *Tuscany in the Age of Empire*, pp. 211-319.

In quest'ottica, il raggiungimento delle Indie costituì quasi un'ossessione per il terzo granduca di Toscana, animato da un peculiare interesse per l'esotico sin dai suoi tempi da cardinale a Roma.[36] Fin dai primi anni del suo governo, fu evidente il deciso impegno da parte di Ferdinando I per stabilire contatti commerciali diretti fra la Toscana e i mercati asiatici, africani e americani. La volontà di Ferdinando I non era di rendere Livorno un mero punto d'arrivo per navi e merci straniere, ma farne il punto di partenza di iniziative commerciali proprie. L'apertura di contatti diretti con le Indie e l'eventuale installazione di colonie toscane oltreoceano avrebbe garantito anche un notevole ritorno in prestigio per il granduca, in quanto unico sovrano della penisola italiana, esclusi gli Asburgo, e fra i pochi in Europa che potessero vantare tale raggio commerciale globale. Per raggiungere questo obiettivo era però necessario colmare quelle lacune di mezzi e conoscenze che impedivano l'inaugurazione di spedizioni autonome verso le Indie.

Un'articolata strategia venne progressivamente elaborata da Ferdinando I e la sua corte. Avvalendosi della complicità di alcuni mercanti che arrivavano a Livorno dai più disparati paesi così come di agenti attivi nei principali porti e capitali dell'Europa, iniziò una sistematica raccolta di informazioni, geografiche, commerciali e nautiche.[37] Consapevoli delle limitate possibilità del Granducato, alla corte di Ferdinando si cercò di comprendere quali spazi fossero ancora liberi o aperti ad una penetrazione toscana senza che questa alterasse gli equilibri internazionali. A questa fase preparatoria si aggiunse un'intensa opera di rafforzamento navale del Granducato attraverso l'impiego di numerosi capitani, corsari, marinai e costruttori di navi stranieri, spesso nordici, che introdussero in Toscana

36. Questo interesse si manifestò attraverso le sontuose collezioni di oggetti naturali e preziosi provenienti da tutto il mondo esposte nei suoi palazzi. Le attività di ricerca e di acquisto di tali prodotti rappresentarono importanti iniziative di collegamento con mercanti lontani. Francesco Morena, *Dalle Indie Orientali alla Corte di Toscana: Collezioni di arte cinese e giapponese a Palazzo Pitti*, Firenze, Giunti, 2005; Barbara Karl, *"Galanterie Di Cose Rare…": Filippo Sassetti's Indian Shopping List for the Medici Grand Duke Francesco and His Brother Cardinal Ferdinando*, in «Itinerario», 32 (2008), 3, pp. 23-41; Jessica Keating, Lia Markey, *'Indian' Objects in Medici and Austrian-Habsburg Inventories: A Case-Study of the Sixteenth-Century Term*, in «Journal of the History of Collections», 23 (2011), 2, pp. 283–300.

37. Uno straordinario studio su questa intensa opera di ricognizione è il datato ma sempre fondamentale lavoro di Giuseppe Gino Guarnieri, *Il Principato Mediceo nella scienza del mare,* Pisa, Giardini, 1963.

nuove tecniche di navigazione e nuovi modelli di vascelli più avanzati. Il più famoso di questi fu l'inglese Robert Dudley, duca di Warwick, navigatore, cartografo e ingegnere navale, entrato a servizio di Ferdinando I nel 1607.[38]

L'iniziativa granducale seguì una duplice direttiva. Da un lato si cercò una maggiore partecipazione attraverso i canali tradizionali spagnoli e portoghesi, su cui i mercanti fiorentini si erano tradizionalmente appoggiati. Le monarchie iberiche, unite nel 1580 sotto l'egida degli Asburgo, avevano però limitato l'eccessiva partecipazione straniera ai commerci nelle Indie, imponendo il passaggio nei loro porti a qualsiasi nave di ritorno da tali territori. Di conseguenza, si intrapresero sforzi diplomatici presso la corte di Madrid, sperando nella momentanea debolezza della Spagna coinvolta nei conflitti del Nord Europa per ottenere maggiori concessioni. Vennero dunque richiesti permessi per inviare navi da Livorno verso il Sud America e l'India senza l'obbligo di passare da Lisbona o Cadice al ritorno. Inoltre, si tentò di ottenere la concessione di alcuni territori in Brasile e Africa, con la prospettiva di ambiziosi progetti coloniali e dinastici. Tuttavia, tutti questi tentativi si scontrarono con la diffidenza spagnola, e non ebbero successo.[39] Per questo, parallelamente alle negoziazioni a Madrid, vennero testate strade alternative.

L'espansione inglese e olandese sugli Oceani e nel Mediterraneo sembrò offrire alla Toscana un nuovo canale verso i prodotti coloniali, nonché l'opportunità per una maggiore presenza della Toscana nei traffici oceanici. Grazie al supporto di mercanti e capitani inglesi e olandesi, sapientemente arruolati da Ferdinando I, nei suoi ultimi anni di governo furono organizzate le iniziative più concrete per aprire finalmente la Toscana al commercio diretto con le Indie. Ad un tentativo di inviare navi nelle Indie Orientali dall'Olanda, che analizzeremo più approfon-

38. Compendio delle conoscenze di Dudley fu l'*Arcano del Mare*, pubblicato a Firenze nel 1646. Su Dudley: John Temple Leader, *Life of Sir Robert Dudley, Earl of Warwick and Duke of Northumberland,* Firenze, G. Barbèra, 1895.

39. Riguardo i commerci fiorentini nelle Indie e la cooperazione con Spagna e Portogallo: Sérgio Buarque de Hollanda, *Os projetos de colonização e comércio toscanos no Brasil ao tempo do Grão-Duque Fernando I (1587-1609,* in «Revista de História», 35 (1967), 71, p. 61; Francesco Guidi Bruscoli, *Tra commercio e diplomazia: mercanti fiorentini verso l'India alla ricerca di pietre orientali per la Cappella dei principi di Firenze (1608-1611)*, in «Archivio Storico Italiano», 175 (2017), 4, pp. 689-710; Brege, *Tuscany in the Age of Empire*, pp. 59-87.

ditamente nell'ultima sezione del saggio, si affiancò la ben nota spedizione del capitano inglese Robert Thornton in Guyana nel 1608 che, pur completando il viaggio, a causa del misero carico che riportò a Livorno non riuscì a convincere il nuovo granduca Cosimo II (Ferdinando I era morto nel febbraio 1609) alla prosecuzione dell'impresa. Nessuna delle ambiziose iniziative promosse da Ferdinando I de' Medici raggiunse gli obiettivi sperati.[40]

Nel Seicento, nonostante la Toscana occupasse una posizione progressivamente meno rilevante nella politica europea e mediterranea, Livorno continuò inesorabilmente a crescere. Non furono infatti i successi in mirabolanti spedizioni nelle Indie a sancire l'eredità più duratura del governo di Ferdinando I de' Medici. Ciò che invece definì un modello molto imitato in Europa nei decenni successivi fu la creazione di un porto moderno e internazionale. In questo contesto, fu la società sempre più cosmopolita di Livorno, più che le imprese navali del granduca, a costituire il collegamento della Toscana con i mercati globali.

2. *La Famiglia Lus a Livorno. Fra commerci e identità plurime*

Abbiamo visto che fra le principali congiunture che contribuirono alla notorietà internazionale di Livorno vi fu il commercio del grano con il Nord Europa. Un ruolo fondamentale fu ricoperto dai mercanti provenienti dai Paesi Bassi ed in particolare dalla Repubblica Olandese, al tempo coinvolta nell'ormai decennale conflitto con la Spagna. Tra i primi di essi a fissare una propria base stabile nel porto toscano furono i membri della famiglia Lus, mercanti e prestatori di Amsterdam, la cui origine risulta ancora poco chiara.

I rapporti commerciali fra il Granducato e la Repubblica Olandese rappresentavano un elemento di grande novità nello scenario economico e politico europeo. Sebbene fra le città toscane e i Paesi Bassi fossero

40. Riguardo le iniziative portate avanti grazie alla collaborazione con capitani e mercanti inglesi e olandesi: Giuseppe Gino Guarnieri, *L'ultima Impresa Coloniale di Ferdinando I dei Medici. La Spedizione R. Thornton al Rio Amazonas, all'Orenoco, all'Isola Trinidad. con documenti in appendice e tre carte fuori testo,* Livorno, Stab. tipo.-lit. G. Meucci & c, 1910; Brege, *Tuscany in the Age of Empire*, pp. 88-111; Massimo Bomboni, *Il Galeone Livorno: sogni di gloria e imprese mancate di Ferdinando I de' Medici fra le Indie e il Mediterraneo (1606-1608),* in «Mediterranea. Ricerche Storiche», 57 (2023), pp. 55-84.

intercorsi importanti traffici sin dal Medioevo, lo scoppio della Rivolta Olandese negli anni '60 del Cinquecento iniziò a sconvolgere gli equilibri dell'area e le tradizionali rotte commerciali fra il Nord Europa e il Mediterraneo. Gli scontri e le devastazioni che afflissero le Fiandre nei decenni successivi portarono al progressivo declino di Anversa, il centro economico della regione, con l'indebolimento delle comunità mercantili straniere qui insediate, fra cui quella fiorentina.[41] Gli affari cittadini si erano notevolmente ridotti. e gran parte della popolazione iniziò ad emigrare verso i territori della Repubblica Olandese, dichiarata indipendente dagli Asburgo nel 1581. I legami politici e dinastici fra i Medici e la Spagna, insieme al contributo finanziario e militare che i toscani avevano offerto nella soppressione della Rivolta, resero difficile l'avvio di relazioni fra il Granducato e la Repubblica.[42] Fu l'occasione delle carestie degli anni Novanta, unite all'opportunismo e all'intraprendenza di Ferdinando I ad offrire un primo spiraglio.

Il commercio dei cereali del Baltico era infatti saldamente nelle mani degli olandesi e Amsterdam ne costituiva il principale mercato.[43] L'assenza di mercanti toscani sul posto rese necessario per il granduca ricorrere ad intermediari, individuati spesso in quei fiamminghi o sefarditi che già avevano importanti contatti nella penisola italiana.[44] Dapprima come semplici

41. Christophe Schellekens, *Merchants and Their Hometown: Florentines in Antwerp and the Duchy of Florence (ca 1500-1585),* Firenze, European University Institute, 2018.

42. A sostegno dello sforzo militare spagnolo, Cosimo I de' Medici inviò nelle Fiandre il suo miglior capitano, Chiappino Vitelli, mentre Francesco I de' Medici, negli anni successivi fornì sostanziosi prestiti alla corona. Numerosi soldati toscani parteciparono poi al conflitto, spesso nobili inquadrati come avventurieri. Fra questi occorre menzionare Don Giovanni de' Medici, che combatté fra le fila spagnole in due differenti soggiorni nel 1587-1589 e 1602-1605. Per maggiori approfondimenti: Renzo Manetti, *Gli Affreschi di Villa Arrivabene: Città ed Eserciti nell'Europa del Cinquecento*, Firenze, Salani, 1981; Hanlon, *The Twilight of a Military Tradition*; Nina Lamal, *Italian Communication on the Revolt in the Low Countries (1566-1648)*, Leiden, Brill, 2023.

43. Clé Lesger, *The Rise of the Amsterdam Market and Information Exchange: Merchants, Commercial Expansion and Change in the Spatial Economy of the Low Countries, c. 1550-1630*, Aldershot, Ashgate, 2006, p. 68.

44. Insieme al già citato Duarte Ximenes, nel 1596 Ferdinando I chiese agli Stati Generali delle Province Unite il permesso per il fiammingo Cornelio de Robiano per esportare grano dai Paesi Bassi alla Toscana. NAN, 1.01.02 Staten Generaal, 6888, 8 novembre 1596. Sul commercio dei grani fra la Toscana e i Paesi Bassi: Simon Hart, *De Italië-Vaart 1590-1620*, in «Jaarboek Amstelodamum», LXX (1978), pp. 42-60; P.C. van Royen, *The First Phase of the Dutch Straatvaart (1591-1605): Fact and Fiction*, in «International Journal of

trasportatori, poi come veri e propri commercianti, sempre più olandesi si diressero verso il Mediterraneo e Livorno, attirati dai capitali granducali e dalle favorevoli condizioni di insediamento e commercio. Qui stabilirono assieme ai fiamminghi e ai mercanti provenienti dalla Germania una comunità sempre più numerosa, di cui l'austriaco Matteo Bonnedt fu nominato console dal 1597.[45] Questa nuova *Nazione* raccoglieva infatti individui di diversa provenienza che operavano lungo le medesime rotte commerciali.[46] Tale mescolanza si rifletteva anche nell'eterogeneità confessionale della comunità, che includeva sia cattolici che prostestanti. Fu in queste circostanze che i Lus fecero la loro prima apparizione sui moli di Livorno, designandola come principale base dei propri traffici nel Mediterraneo.

Quella dei Lus era una famiglia di mercanti e prestatori di denaro le cui prime attestazioni risalgono agli anni '70 del XVI secolo. Allora, Sion Lus, il primo di essi di cui si ha memoria scritta, ricevette una patente per iniziare l'attività di prestatore nella città olandese di Dordrecht.[47] Negli anni successivi, la favorevole congiuntura economica della Repubblica delle Sette Province consentì a Sion e ai figli Abraham, Isaac e Matheus, di espandere gli affari di famiglia. Nuovi banchi di prestito vennero aperti in numerose città della regione e, con i proventi di essi, i Lus iniziarono ad inserirsi nel commercio internazionale.[48] I Lus stabilirono la propria residenza prima a Leiden e infine ad Amsterdam nel 1600, centro propulsore della

Maritime History», 2 (1990), 2, pp. 69-102; Engels, *Merchants, Interlopers, Seamen and Corsairs*.

45. L'atto di nomina è registrato in ASF, Pratica Segreta, 190, c. 28-29. La Nazione Olandese-Alemanna o Fiamminga-Alemanna venne invece ufficialmente riconosciuta dal Granduca solo nel 1607, e concesse ai suoi membri, allora prevalentemente cattolici, la possibilità di erigere una cappella all'interno della chiesa della Madonna. Nel 1622 la Nazione si dotò di statuti, che furono raccolti nel Libro Rosso. Engels, *Merchants, Interlopers, Seamen and Corsairs*, pp. 126, 131. *Gli "olandesi-alemanni" a Livorno. Luoghi, vicende e figure di un incontro multiculturale*, a cura di Jacopo Pessina e Silvia Papini, Pisa, Pisa University Press, 2024, p.14

46. È importante sottolineare che in Italia il termine "fiammingo" venisse frequentemente utilizzato in modo generico per indicare individui provenienti dai Paesi Bassi. Questo rendeva spesso complesso stabilire con precisione la loro origine, specialmente considerando che numerosi mercanti originari delle Fiandre erano emigrati nella Repubblica Olandese, assumendo un ruolo significativo nelle attività commerciali.

47. *Resolutien van de Heeren Staten van Hollandt ende Westvrieslandt, 1574-1798*, Den Haag, vol. 2, p. 82 (14 febbraio 1575).

48. Negli anni '90 del Cinquecento, i Lus potevano vantare banchi di prestito in molte città dell'Olanda, fra cui Haarlem, Leiden, Amsterdam e Schiedam. Arie Theodorus van

crescita olandese, dove in breve tempo divennero noti per le loro ricchezze e la sontuosa casa nel centro città.[49] Nonostante ciò, guardando alle fonti, non sembra appropriato definire i Lus come semplici "olandesi". Stando ad alcune loro dichiarazioni e altre testimonianze, pare che la loro origine fosse piemontese.[50] Il cognome, spesso italianizzato in Lussio, e la pratica feneratizia sembrano supportare questa versione. Nei decenni precedenti, i Paesi Bassi erano stati infatti destinazione di un importante fenomeno di immigrazione di banchieri e prestatori dalle regioni del Nord Italia, più comunemente conosciuti con il termine "lombardi", che avevano importato le più recenti tecniche di contabilità e finanza.[51] Tuttavia, numerosi studiosi propendono per un'origine ebraica sefardita dei Lus, dimostrata dai nomi di derivazione biblica dei vari membri della famiglia (Sion, Abraham, Isaac, Matehus) e dalla forma Lus o Luz del loro cognome.[52] Anche il Piemonte, grazie alle politiche di alcuni membri di casa Savoia, fu tra i territori che accolsero gli ebrei fuggiti dalla penisola iberica nei decenni centrali del Cinquecento.[53] Unendo le due teorie, potremmo ipotizzare un arrivo dei Lus in Nord Italia dalla Spagna nella prima metà del secolo, e un successivo trasferimento nei Paesi Bassi, sull'esempio di molti altri sefarditi o "lombardi" dell'epoca, attirati dalle migliori opportunità economiche. La presunta origine ebraica viene tuttavia messa in dubbio dal fatto che nomi

Deursen, *Mensen van Klein Vermogen: Het Kopergeld van de Gouden Eeuw,* Amsterdam, Bakker, 1991, p. 77.

49. Nella sua residenza ad Amsterdam, ricavata dall'ex birrificio de Sleutel della famiglia Bicker, Sion Lus istituì una rinomata galleria d'arte, citata negli scritti di numerosi personaggi e artisti contemporanei. Attraverso legami economici e matrimoni, i Lus cercarono di inserirsi tra le élite della società olandese, ma la pratica del prestito a usura rimase per loro uno stigma sociale. Karel Van Mander, *Le vite degli illustri pittori fiamminghi, olandesi e tedeschi*, a cura di Ricardo De Mambro Santos, Sant'Oreste, Apeiron, 2000; Gerrold van der Stroom, *P.C. Hooft en de ongeziene, eerste "fontein" van Amsterdam: door Hooft bezongen huis, fontein en galerij van Sion Lus (Luz) eindelijk in beeld*, Amsterdam, Stichting Neerlandistiek VU, 2017.

50. Versprille, *Sion Luz, Tafelhouder*, p. 106.

51. Federico Cannelloni, *Credito e Pegno, Famiglie e Nazioni: I Lombardi Tra Piemonte e Paesi Bassi (ca. 1380-1500)*, tesi di dottorato, Università degli Studi di Padova; Katholieke Universiteit Leuven, 2015.

52. Frattarelli Fischer, *Vivere fuori dal ghetto*, p. 105; Giuseppe Marcocci, *Itinerari Marrani. I Portoghesi a Livorno nei secoli dell'età Moderna*, in *Livorno 1606-1806*, p. 405.

53. Salvatore Foa, *La politica economica della casa Savoia verso gli ebrei dal Sec. XVI fino alla Rivoluzione Francese,* in «La Rassegna mensile di Israel», 27 (1961), 4, pp. 17-32.

di origine biblica erano comuni anche fra i calvinisti. I Lus sembravano infatti aderire a questa confessione, come dimostrano gli atti di matrimonio e battesimo che registrarono presso la Nieuwe Kerk di Amsterdam.[54] Non possiamo escludere la possibilità di una loro conversione all'arrivo nei Paesi Bassi, forse giudicata conveniente in una fase in cui la rinomata tolleranza olandese verso la popolazione ebraica non si era ancora pienamente concretizzata.[55] A causa della mancanza di prove evidenti, è difficile classificare la famiglia Lus in una categoria specifica con un'identità chiara e ben definita. Sembra piuttosto che la loro identità sia il risultato di molteplici influenze, intrecci culturali e migrazioni. Fu probabilmente questo aspetto, segno di una notevole capacità di adattamento, a consentire loro di integrarsi più agevolmente in vari contesti culturali, politici ed economici. Tra questi, il porto di Livorno rappresentò una cornice ideale, offrendo loro le maggiori opportunità.

Le prime attestazioni dei Lus nel porto toscano risalgono al 1599, quando il granduca Ferdinando I concesse a Isaac Lus, figlio di Sion, i privilegi di cittadino insieme ad un passaporto per la sua nave *Il Paradiso*.[56] Tali documenti riportano tuttavia come questi risiedesse stabilmente in città già da lungo tempo e ulteriori carte ne provano il possesso di case e botteghe lungo via Ferdinanda, la strada principale.[57] È quindi probabile che il primo contatto con Livorno sia avvenuto alcuni anni prima, in concomitanza della pubblicazione delle Livornine e dei primi acquisti di grano nella Repubblica olandese da parte del Granduca.[58] Il coinvolgi-

54. Il 22 novembre 1603 Abraham Lus si sposò con Margriete Balbyaen, figlia di un altro importante prestatore dei Paesi Bassi di origini italiane. Nel 1608 venne battezzato il figlio nato da questa unione, Peter Lus, e nel 1609, Sion Lus celebrò qui il terzo matrimonio con Susanna Essings, figlia di Jan Essings, revisore dei conti del consiglio di guerra di Breda. SA Amsterdam, Bronvermelding Ondertrouwregister, archiefnummer 5001, inventarisnummer 762A, blad p.191; SA Amsterdam, DTB Dopen, archiefnummer 5001, inventarisnummer 39, blad p.172, aktenummer DTB 39

55. Gérard Nahon, *Amsterdam Metropoli Occidentale Dei Sefarditi Nel XVII° Secolo*, in «La Rassegna mensile di Israel», 49 (1983), pp. 162.

56. ASF, MdP, 294, c. 37; ivi, 6429, c. 92.

57. ASF, Notarile Moderno, 4051, 47; ivi, 2193, cc. 98v-102v; ASPO, CP, 2516, cc XXV, XXVI, 28.

58. La diffusione e la fortuna delle Livornine nel Nord Europa rimangono argomento di studio e saranno approfonditi in altri saggi nel presente volume. Per quanto riguarda la Repubblica Olandese, una copia del privilegio del 1593 è conservata presso l'archivio cittadino di Amsterdam, insieme ad altri documenti relativi alla comunità ebraica locale (fig.

mento dei Lus in questo commercio è attestato anche successivamente, risultando essi i mandanti di numerosi carichi dai Paesi Bassi, spesso su espressa richiesta di Ferdinando I.[59] Da Livorno, dove le politiche granducali garantirono una notevole facilità di integrazione, questi mercanti riuscirono infatti ad avvicinarsi alla corte granducale, divenendone in breve tempo fidati agenti commerciali e fondamentali informatori. Fra il 1599 e il 1600, Isaac Lus risulta il destinatario di due grandi carichi di legname norvegese giunti a Livorno, acquistati poi dal commissario granducale per la flotta e per i cantieri di ampliamento del porto.[60] Inoltre, a riprova della fiducia che il mercante era riuscito a guadagnarsi presso la corte medicea, alla sua partenza per i Paesi Bassi nel maggio 1601 venne incaricato della consegna di alcune lettere di Ferdinando I all'ambasciatore toscano a Parigi.[61] Dal ritorno di Isaac Lus ad Amsterdam possiamo notare l'inizio di uno scambio epistolare abbastanza frequente fra la sua famiglia e Firenze. In queste lettere non si trattavano soltanto affari commerciali specifici richiesti o offerti al granduca, ma furono inviate anche notizie sulla guerra nei Paesi Bassi e sul commercio olandese.[62] Quale centro dei traffici della Repubblica, Amsterdam era infatti un importante snodo di circolazione delle notizie, cui il granduca fu molto interessato.[63] Ad accrescere ulteriormente il valore delle informazioni dei Lus contribuiva il fatto che Ferdinando I non poteva disporre ancora di propri rappresentanti o altri mercanti toscani all'interno dei confini della Repubblica. Questa famiglia ne costituì il primo e unico canale d'accesso fino al 1605, come vedremo.

20A). È plausibile che i Lus, come altri mercanti della regione, siano stati ulteriormente incentivati a trasferirsi nel Mediterraneo a causa di questa circolazione. SA, 334 Archief van de Portugees-Israëlietische Gemeente, 1353.

59. ASF, MdP, 2138, c. 496; Si contano altre sette navi navi inviate solo nel 1604 con segale o grano da Amsterdam a Livorno nei contratti di trasporto stipulati ad Amsterdam. SA, 30452 Inventaris van het Archief van S. Hart toegang op de notariële archieven; 143.

60. ASF, MdP, 2138, c. 276; SA, 30452 Inventaris van het Archief van S. Hart, 143, 1 gennaio 1600.

61. ASF, MdP, 903, c. 125

62. ASF, MdP, 912, c. 43; Isaac Lus a Ferdinando I de' Medici, ottobre 1602: «Hieri veddi passare per Dergon 138 prisonni cosi spagnioli che italiani che sciavi salvati dalle sei galere del Federigo Spinola il quale è anegato con tutta la sua galera et gente cioè mi ha referito il Capitano spagnolo detto Malvago et gli capitani di queste nave di guerra sansa che si habbi potuto salvare alcuno la quale galera era ricca di denari gioie».

63. Lesger, *The Rise of the Amsterdam Market and Information Exchange*.

Tornando all'inserimento dei Lus nell'area mediterranea e in Italia, possiamo osservare come questo non si limitasse alla sola Livorno, risultando notevolmente più diffuso. I contratti di trasporto indicano altri porti della penisola come Genova, La Spezia, Viareggio, Civitavecchia, Napoli o Trapani fra le destinazioni frequentate dalle navi dei Lus, almeno occasionalmente.[64] Inoltre, una lapide commemorativa conservata presso il Rijksmuseum di Amsterdam attesta che un altro dei figli di Sion, Jacob, morì ad Alessandria d'Egitto nel 1599 (fig. 18).[65] Probabilmente egli scomparve durante un viaggio commerciale, forse in compagnia del fratello Isaac, committente della lapide. Si tratta comunque di una delle prime testimonianze della presenza "olandese" in tale area.[66] La destinazione più frequentata dai Lus dopo Livorno fu però Venezia, coinvolta nell'acquisto di ingenti quantitativi di cereali nei Paesi Bassi come il Granducato di Toscana. Grazie ai passati traffici con Anversa, la Serenissima rappresentava un importante riferimento per il commercio dai Paesi Bassi e ospitava la più importante comunità fiamminga della penisola italiana. Analogamente a Livorno, la distanza dalla Spagna e le garanzie di tolleranza e sicurezza che venivano offerte contribuirono a renderla una destinazione prediletta dai mercanti della Repubblica Olandese.[67]

Fu dunque ampio il raggio d'azione dei Lus nel Mediterraneo, ma solo Livorno ne rappresentò una base stabile. La minore distanza dalla Repubblica Olandese, i privilegi granducali uniti forse alla minore concorrenza rispetto alla piazza veneziana contribuirono probabilmente a questa scelta. Diverse le interpretazioni su di essi in questo contesto. Marie-Christine Engels, ne ha voluto vedere la prima testimonianza di insediamento "olandese" nella città; Lucia Frattarelli Fischer e Giuseppe Marcocci, ne hanno invece visto i primi segni di una presenza sefardita.[68] Questo richiama in

64. Vedere i contratti presenti a nome di Sion Lus in: SA, 30452 Inventaris van het Archief van S. Hart, 143.

65. La lapide riporta anche lo stemma della famiglia Lus, un luccio, da cui probabilmente il loro nome. Rijksmuseum, Amsterdam, BK-BFR-201.

66. Contatti stabili fra i mercanti olandesi e l'Impero Ottomano iniziarono solamente dopo la stipula delle capitolazioni nel 1612. Klaas Heeringa, *Bronnen tot de geschiedenis van den Levantschen handel 1590-1826,* vol. 1, 's-Gravenhage, M. Nijhoff, 1910-1966, p. 155.

67. Maartje van Gelder, *Trading Places: The Netherlandish Merchants in Early Modern Venice*, Leiden, Brill, 2009.

68. Engels, *Merchants, Interlopers, Seamen and Corsairs*, p. 62; Frattarelli Fischer, *Vivere fuori dal ghetto*, p. 105; Marcocci, *Itinerari Marrani,* p. 405.

causa la questione della loro identità. Difficile, infatti, stabilire quanto i Lus si sentissero effettivamente "olandesi" o "fiamminghi", quanto invece piemontesi o di qualsiasi altra identità vera o fittizia. Nei primi atti che riportano la presenza di Isaac nel porto toscano, questi viene identificato sia come "originario di Piemonte", sia come "fiammingo". Ad ogni modo l'appartenenza all'una o l'altra comunità era una questione che spesso concerneva il loro rapporto con il potere, in questo caso quello del granduca. Visti i sempre più consistenti traffici fra la Toscana e la Repubblica Olandese, insistere sulla loro provenienza "fiamminga" poteva essere un modo per ingraziarsi le autorità granducali in vista di future cooperazioni. Inoltre, nella navigazione in zone dove la probabilità di incontrare navi spagnole o portoghesi era maggiore, risultava forse più conveniente presentarsi come "piemontesi" o altro, eludendo così eventuali rischi di attacchi o di accuse al granduca di complicità con i nemici della Spagna.

Per quanto riguarda la loro fede, non sono attestate frequentazioni di luoghi di culto o comunità religiose specifiche a Livorno. Tuttavia, un vecchio inventario dell'archivio arcivescovile di Pisa, relativo al fondo dell'Inquisizione, attesta l'esistenza di «un piego di lettere del cardinale di S. Severina, arcivescovo di Pisa «[...] in causa d'Isaac Lux mercante in Livorno».[69] La documentazione è riconducibile al periodo 1596-1603, i primi anni della sua presenza in città, ma purtroppo risulta mancante. Dalle liste dei processi, non pare ne sia mai stato intentato alcuno contro il Lus e non sappiamo pertanto quali motivi avessero sollecitato l'Inquisizione a muoversi contro di lui. Lucia Frattarelli Fischer è a favore di un'accusa di criptogiudaismo, date le supposte ascendenze sefardite della famiglia.[70] Seguendo questa interpretazione, il Lus si sarebbe presentato come cristiano all'arrivo nel porto di Livorno, ma una volta allacciate relazioni con altre famiglie ebraiche del porto sarebbe quindi tornato a praticare i riti della propria fede avita.[71] Non erano rari, infatti, i ritorni all'ebraismo per quegli individui convertiti forzatamente come i sefarditi portoghesi, una volta giunti in contesti più tolleranti. Nel 1595 lo stesso arcivescovo di

69. AAPi, Inquisizione, 3 (1596-1603), c. 702v.

70. Frattarelli Fischer, *Vivere fuori dal ghetto*, p. 105.

71. Le dimensioni ancora limitate del porto di Livorno agevolavano i contatti e le interazioni tra le diverse comunità. Considerato che la prima sinagoga della città fu istituita nella casa di Maggino di Gabriello, in via Ferdinanda, è plausibile che Isaac Lus, risiedendo nella stessa strada, vi avesse avuto dei contatti. Frattarelli Fischer, *L'Arcano del mare*, p. 61.

Pisa lamentava come vi fossero stati numerosi casi di apostasia da parte di nuovi cristiani a Livorno, con grande preoccupazione del papa, e auspicava il pronto arresto dei colpevoli da parte del granduca.[72] Intenzionato a difendere i propri interessi economici e la propria sovranità, Ferdinando I si era prodigato spesso a difesa degli abitanti di Livorno contro le ingerenze del pontefice e dell'Inquisizione.[73] Tuttavia, con le leggi Livornine si era accordata la totale protezione granducale solo a coloro che si fossero dichiarati ebrei al momento dell'arrivo a Livorno, anche se battezzati forzatamente fuori dalla Toscana.[74] Per chi invece si fosse dichiarato cristiano e in seguito fosse tornato all'ebraismo non vi sarebbe stata alcuna tutela.[75] Un'accusa altrettanto credibile nei confronti di Isaac Lus potrebbe essere stata quella di eresia, considerati i trascorsi calvinisti della famiglia nei Paesi Bassi. Tuttavia, sebbene la tolleranza verso i protestanti fosse legata al rispetto di rigide norme comportamentali, pochi furono i casi di repressione violenta e quello del Lus non sembra rientrare fra essi.[76]

Purtroppo, non vi è alcuna menzione di interrogatori o processi nelle lettere scambiate fra la famiglia Lus e la corte fiorentina. Al contrario, un passaporto concesso dal granduca ad Abraham il 12 maggio 1603 sembra complicare ulteriormente il quadro. In questo documento, a testimonianza dell'affidabilità del mercante, si ricordava la ormai lunga conoscenza che si aveva del fratello, affermando che: «Havendo Isac Lussio già da più anni abitato nella nostra terra e porto di Livorno e vi tiene casa aperta per il traffico [...] et vissuto sempre cattolicamente».[77] Difficile dire quanto di vero vi fosse in tale dichiarazione, o quanto invece il granduca contribuisse anch'esso alla dissimulazione della reale fede del mercante. È probabile

72. ASF, Mediceo del Principato, 3772, Carlo Antonio Dal Pozzo, Arcivescovo di Pisa, a Ferdinando I de' Medici, 25 febbraio 1595.

73. Lisa Kaborycha, *'We Do not Sell Them This Tolerance': Grand Duke Ferdinando I's Protection of Jews in Tuscany and the Case of Jacob Esperiel,* in «Sixteenth Century Journal», XLIX/4 (2018), pp. 987-1018.

74. Livornina, 1593, Clausola III: «Vogliamo ancora, che per detto tempo non si possa esercitare alcuna inquisitione, vessita, denuntia, o' accusa contra di uoi, o' di uostre famiglie, ancora che per il passato sia uscito fuori del dominio nostro come Christiano, o' hauutone nome.»

75. Engels, *Merchants, Interlopers, Seamen and Corsairs*, p. 40.

76. L'unico caso documentato di utilizzo della tortura da parte dell'Inquisizione a Livorno fu quello dell'inglese Thomas Hunt, accusato di aver criticato l'adorazione delle immagini sacre e i pellegrinaggi. Villani, *Una finestra mediterranea sull'Europa*, p. 160.

77. ASF, MdP, 72, c. 262, 12 maggio 1603, a c. 263 minuta della stessa patente.

che i Lus si fossero presentati come cattolici al loro arrivo a Livorno e pertanto riconosciuti come tali dalla corte granducale. È altrettanto plausibile che Ferdinando preferisse presentare i suoi collaboratori e sudditi come cattolici anziché ebrei o protestanti e cercasse di proteggerli nel caso di eventuali incontri con navi spagnole lungo la rotta o di un eventuale attracco in porti dove l'Inquisizione aveva maggiore controllo.

In conclusione, la questione circa l'identità e la fede dei Lus risulta controversa e non facilmente risolvibile. Ciò che invece emerge con chiarezza è il loro trasformismo e capacità di adattamento alle diverse situazioni. In un periodo contrassegnato da intensi conflitti, spesso di matrice religiosa, come i decenni a cavallo fra il Cinque e Seicento, queste abilità si rivelavano necessarie per chiunque operasse su orizzonti culturalmente e religiosamente vari come i mercanti. La capacità di dissimulazione rappresentava infatti un indiscutibile vantaggio nelle pratiche commerciali, consentendo di interagire con facilità con la più disparata serie di interlocutori. L'abilità di rendersi "altro" da sé risultava utile quindi anche all'interlocutore, nel nostro caso il granduca, che poté usufruire dei servizi dei Lus senza timore di accuse di eccessiva complicità con eretici, ebrei o nemici della Spagna. Tuttavia, queste pratiche potevano comportare dei rischi, come forse accadde anche ai Lus, l'Inquisizione era pronta a colpire chiunque cadesse in fallo. Nonostante ciò, la situazione creatasi a Livorno dalla fine del XVI secolo, in nome dello sviluppo e del pacifico svolgimento degli affari, consentì ai Lus, come molti altri nuovi abitanti del porto, di svolgere liberamente le proprie attività e, in alcuni casi, di avvicinarsi con facilità alla corte medicea.

3. *Dalla Moscovia alle Indie. La parabola dei Lus*

Nei primi del Seicento, Livorno era un porto in rapida crescita. La sua condizione di città "nuova", non vincolata a stratificati equilibri economici e sociali, offriva agli imprenditori locali e stranieri uno spazio sostanzialmente libero in cui poter avviare o trasferire con facilità le proprie attività.[78] Insieme alle Livornine, Ferdinando I concesse patenti e privilegi a coloro che intendevano introdurre nel suo porto nuove attività produttive o commerci particolari. In questo scenario, i Lus si distinsero tanto per

78. Tazzara, *The Free Port of Livorno*, pp. 56-57.

l'ampiezza dei loro traffici, quanto per la varietà delle proposte che offrirono al granduca, dimostrando una notevole intraprendenza e una singolare connessione con la corte di Ferdinando I. La loro determinazione nel conquistare una posizione di rilievo sul mercato si combinò alle ambizioni di Ferdinando I di inserire la Toscana in circuiti commerciali sempre più estesi, dando vita a collaborazioni fruttuose. Queste iniziative, situate in un momento storico di crescente interconnessione fra le varie aree del globo, portarono Livorno e la Toscana a confrontarsi con scenari inusitati.

La crescente competizione sul mercato di Livorno generata dal progressivo arrivo di mercanti stranieri spinse i Lus a cercare spazi esclusivi per mantenere elevati i margini di guadagno. Sfruttando il solido rapporto di fiducia con Ferdinando I, tentarono di ottenere alcuni monopoli per l'esportazione e l'importazione di merci da e verso la Toscana. Promettendo notevoli vantaggi per il traffico del granducato, cercarono più volte di assicurarsi l'esclusiva per l'importazione del grano e alcuni tipi di pesce salato nordico, tra i prodotti più caratteristici del mercato olandese, e per l'esportazione di olio d'oliva toscano verso i Paesi Bassi.[79] Promossero inoltre alcune imprese produttive, fra cui l'installazione di una raffineria di sale a Livorno in collaborazione con il fiammingo Abraham van Tongerloo. Questo impianto, realizzato da artigiani olandesi inviati appositamente dal Nord, doveva lavorare il sale raccolto sulle coste toscane e da altre zone del Mediterraneo, per poi esportare il prodotto raffinato verso i Paesi Bassi o il Baltico.[80] Qui la richiesta di sale risultava costantemente alta per le necessità di conservazione dei prodotti della fiorente industria ittica.[81] È evidente che i Lus cercassero di collegare il mercato toscano e quello olandese attraverso scambi e produzioni complementari con l'obiettivo di razionalizzare i trasporti e massimizzare i profitti. Tuttavia, nonostante gli sforzi, sembra che tali iniziative non godettero di particolare successo. Nessun monopolio fu concesso loro dal granduca,

79. ASF, MdP, 921, c. 187, Ivi, 923, c. 756; ivi, 927, c. 433

80. ASF, MdP, 919, c. 361, 23 ottobre 1603: «Il S. Abram Van Tongherloo fiammingo il quale fino di maggio passato a Livorno propose a S.A.S. n.ro S.re il negozio di raffinare il sale et l'ingegnio di mascinare con facilità, che presto a Livorno saranno cinque strumenti havendoli fatto venire a quello mi dicie».

81. Sul commercio del sale e l'industria ittica olandese: Israel, *Dutch Primacy in World Trade*, pp. 22-23; *Beyond the Catch: Fisheries of the North Atlantic, the North Sea and the Baltic, 900-1850*, a cura di Louis Sicking, Darlene Abreu-Ferreira, Leiden, Brill, 2009.

forse per mantenere quanto più possibile libero il commercio di Livorno e limitare la loro influenza sul mercato. Inoltre, la concorrenza dei raffinatori della Repubblica Olandese, che già importavano sale dalle Indie, ostacolò l'esportazione di quello toscano.[82]

La rete commerciale dei Lus si estendeva però ben oltre i confini dei Paesi Bassi e del Mediterraneo. Seguendo le più recenti rotte delle navi olandesi, furono infatti le loro audaci iniziative verso la Russia e le Indie a sancirne l'unicità nel panorama livornese e ad attirare maggiormente le attenzioni di Ferdinando I.

Russia

Le prime attività in Russia della famiglia Lus sono attestate nel 1599, quando Sion inviò tre navi da Amsterdam verso il porto di Arcangelo sul Mar Bianco.[83] Questa era una rotta commerciale molto recente, aperta nel 1553 dagli inglesi che circumnavigarono per la prima volta la Scandinavia. Da allora, si sostituì sempre più alle tradizionali vie d'accesso al mercato russo attraverso il Baltico. Inglesi e olandesi, dominanti su questa nuova direttrice, acquistavano cuoio, caviale, segale, grano, pellicce, canapa, cordame e cera, introducendo sul mercato russo prodotti di lusso, metalli preziosi, perle, tessuti di seta, lana e, quando possibile, spezie dalle Indie.[84] La specialità dei Lus era il commercio delle perle, la cui esportazione ad Arcangelo connetteva due importanti direttrici dell'espansione olandese. Le gemme venivano raccolte nelle acque tropicali del Mar Rosso, del golfo Persico, dei Caraibi e dell'Oceano Indiano, regioni in cui le navi della Repubblica avevano di recente esteso la loro presenza.[85] Da Arcangelo mercanti inglesi e olandesi riuscirono quindi ad infiltrarsi profondamente

82. ASF, MdP, 4259, c. 9, 6 dicembre 1605: «In materia di sale dubito che questi ss.ri stati non aconsentiranno mai, che di altrove ne venghi rafinato in questi paesi per essere questi un neg.o qua di consideratione et che dà il pane a numero grande di persone».

83. SA, 30452 Inventaris van het Archief van S. Hart, 143, contratti stipulati in data: 07/04/1599, nave De Hoope; 08/04/1599, nave Die Drie Coningen; 22/06/1599 nave Die Seeridder.

84. Simon Hart, *Amsterdam Shipping and Trade to Northern Russia in the Seventeenth Century*, in «Mededelingen van de Nederlandse Vereniging Voor Zeegeschiedenis», 26 (1973), p. 26; Jarmo Kotilaine, *Russia's Foreign Trade and Economic Expansion in the Seventeenth Century: Windows on the World*, Leiden, Brill, 2005, p. 95.

85. Wijnroks, *Handel tussen Rusland en de Nederlanden, 1560-1640*, p. 316.

nel territorio russo, costituendo le prime comunità nei principali centri dell'interno, fra cui Mosca, da cui gestivano il rifornimento delle merci e i rapporti con la corte degli zar. Anche Sion Lus acquistò case e magazzini sia nel porto che nella capitale russa, la cui gestione era affidata al figlio minore Matheus e ad alcuni agenti.[86] Dopo aver caricato merci russe, le sue navi salpavano da Arcangelo prima dell'inverno, indirizzate verso l'Europa occidentale e il Mediterraneo. Fra le destinazioni programmate iniziò a comparire sempre più il porto di Livorno, dove i Lus intravidero le migliori prospettive di crescita.

Nei secoli precedenti, i contatti fra la Russia e la Toscana erano stati rarissimi. Le vie di collegamento erano state il Baltico e la Polonia, e sempre per mezzo di intermediari. È infatti registrato un solo caso di una nave proveniente dalla Russia arrivata a Livorno prima del 1600.[87] L'avvento di olandesi e inglesi negli anni '90 del XVI secolo e soprattutto l'arrivo dei Lus garantirono un collegamento più regolare, e i prodotti dal mercato russo iniziarono a comparire più frequentemente sulle banchine di Livorno. In una delle prime lettere indirizzate da Isaac Lus alla corte granducale nell'agosto 1601, troviamo menzione di un certo affare riguardante i «cuoi di Moscovia» e l'imminente arrivo di una nave da duemila salme dalla Russia con una grande quantità di merci.[88] Sembra dunque che il granduca si servisse già in questa fase di tali mercanti per fare acquisti nell'estremo nord, ma la loro collaborazione condusse ad ulteriori sviluppi.

Nel novembre 1601, Sion Lus fece richiesta agli Stati Generali delle Province Unite per un passaporto destinato al figlio Abraham, diretto verso Mosca.[89] Lo scopo del viaggio venne rivelato solo nel maggio del 1603, quando il Lus fece ritorno in Italia. Con sé aveva una lettera da parte dello zar Boris Godunov (r. 1598-1605) e un carico di pellicce di zibellino, entrambi destinati a Ferdinando I de' Medici. La missiva, opportunamente tradotta da Abraham, attestava l'amicizia fra i due sovrani e concedeva alla famiglia

86. Hart, *Amsterdam Shipping and Trade to Northern Russia in the Seventeenth Century,* p. 27.

87. Braudel, Romano, *Navirees et Marchandises à l'entrée Du Port de Livourne (1547-1611)*, p. 51.

88. ASF, MdP, 904, c. 253, 9 Agosto 1601.

89. Nicolas Japikse, *Resolutiën der Staten-Generaal 1576-1630,* n. 30, vol. XI: *1600-1601*, Den Haag, Martinus Nijhoff, 1941, p. 692 no. 298, 26/11/1601.

Lus, in quanto suddita del granduca, di commerciare liberamente, ovvero senza pagamenti di dazi, nell'intero territorio russo.[90]

Pur avendo già una stabile presenza in tale mercato, il Lus si era presentato in veste di rappresentante di un sovrano straniero con l'intento di ottenere ulteriori vantaggi rispetto ai mercanti concorrenti. Contemporaneamente, il granduca sfruttò la familiarità e i contatti che i Lus già avevano sul territorio russo per introdursi in questo nuovo contesto che prometteva vantaggi commerciali e politici. Lo zar era visto dall'Europa cattolica come un potenziale alleato nei conflitti contro gli Ottomani e, sebbene l'iniziativa dei Lus non perseguisse scopi politici, possiamo comunque considerarla come il primo contatto "diplomatico" tra il Granducato di Toscana e la monarchia russa.

Non doveva esserne però l'unico. Dopo aver stabilito i primi rapporti con la corte dello zar e con le porte del mercato russo aperto, Abraham Lus preparò un secondo viaggio con obiettivi più ambiziosi. Nelle lettere di raccomandazione inviate dal granduca si pregava lo zar di concedere a tutti i mercanti toscani il libero accesso ai porti russi. Per i Lus, invece, si chiedeva il permesso di raggiungere Astrakhan sul Mar Caspio per acquistare caviale e "morona" (carne di storione) da trasportare poi in Italia e in particolar modo a Livorno.[91] Il caviale era uno dei prodotti più richiesti dal mercato russo, specialmente nella penisola italiana, dove veniva consumato in grandi quantità dalle élites e dalle corti. In passato, questo prodotto giungeva dal Mar Nero attraverso Costantinopoli, ma l'irrigidimento dei rapporti con l'Impero Ottomano aveva reso questa via più difficoltosa. Tale commercio era quindi molto redditizio, con guadagni spesso venti volte superiori il costo d'acquisto.[92] La sua raccolta diretta nel Caspio avrebbe con-

90. ASF, MM, 102, ins. 8, f.2, 3; Ivi, 102, ins 9, giugno 1602. «Essendo Comparso innanzi alla maestà imperiale di noy Borisso Fedrovizo signore di tutta la Russia la Persona di Abramo Lussio, mandato con lett.re de V.A.S.ma alla nostra Imperial maestà [...] habbiamo concesso secondo la domanda di esso Abramo, Al Padre Sione Lussio et a soi figlioli Abramo, Isaach et Matia di potersene venir nel n.ro Impero, et arrivare stare intrare et partire a i n.ri porti di Moscovia et Castel Archangelo con le nave cariche di ogni sorte di marcantie et fare ogni libero traffico et la n.ra Sacra Imperial maestà col ser.mo Fedro Borisovizo signore di tutta la Russia con Vostra Altezza Serenissima Ferdinando Gran Duca di Toscana et Duca di Fiorenza, vogliamo tenere Amicitia».

91. ASF, MM, 102, ins. 8, f. 8, 13 maggio 1603.

92. Sul consumo di caviale e pesce salato in Italia in Età moderna vedere: Giorgio Dell'Oro, Emanuela Scarpellini, *Il pesce del principe, il caviale del vescovo: pesce, pesca e mercato ittico a Milano (secoli XVI-XX),* Milano, Book Time, 2015; Maria Lucia De

sentito ai Lus di ottenere prezzi migliori e di superare così la concorrenza. Per ritagliarsi un ulteriore spazio esclusivo, Abraham richiese al Granduca anche il monopolio sull'importazione della morona in Toscana per dieci anni, con la pena della confisca del carico e pesanti sanzioni a chiunque trasgredisse.[93] L'iniziativa dei Lus avrebbe quindi garantito loro importanti vantaggi ma allo stesso tempo, avrebbe offerto nuove prospettive commerciali per tutti i mercanti toscani e quindi maggiori opportunità di crescita anche a Livorno.[94] Dunque, per facilitare l'ottenimento dei privilegi commerciali e ricambiare i doni ricevuti, Ferdinando consegnò al Lus alcuni preziosi oggetti da recapitare al sovrano russo fra cui vasi in pietre dure, reliquie e medicine miracolose dal suo guardaroba personale.[95]

Nonostante l'appoggio granducale, le notevoli distanze e i conseguenti alti costi di trasporto spinsero i Lus alla ricerca di collaboratori per suddividere le spese e massimizzare i guadagni dei loro traffici. Prima di ripartire per i Paesi Bassi e da qui in Russia, Abraham Lus fece infatti tappa a Venezia, dove riuscì a stabilire una nuova compagnia commerciale con il mercante veneziano Francesco Morosini. Questi era presumibilmente una vecchia conoscenza della famiglia dai tempi degli acquisti di grano ad Amsterdam della Serenissima.[96] Il contratto, stipulato il 10 giugno 1603, prevedeva una durata di 4 anni e un capitale condiviso di 30.000 lire fiamminghe, da impiegare per l'acquisto di merci sul mercato russo, da rivendere poi nei porti di Livorno e Venezia.[97] Qualche mese dopo, tenta-

Nicolò, *Del mangiar pesce fresco, 'salvato', 'navigato' nel Mediterraneo. Alimentazione, mercato, pesche Ancestrali (Secc. XIV-XIX)*, Bologna-Pesaro, Museo della Marineria Washington Patrignani, 2019.

93. ASF, MM, 102, ins. 8, c. 6, maggio 1603. La morona era probabilmente un prodotto meno conosciuto sul mercato italiano, a differenza del caviale. Per quest'ultimo non fu richiesto il privilegio dell'importazione esclusiva, perché avrebbe danneggiato gli interessi di troppi mercanti, sia olandesi che toscani. Il monopolio per il commercio della morona venne quindi effettivamente concesso e registrato in ASF, Pratica Segreta, 190, c. 69, 24 maggio 1603.

94. Fu probabilmente per la volontà di non precludere possibili commerci ai propri sudditi che Ferdinando non concesse il monopolio sull'importazione di caviale ai Lus, ma solo quello della morona, registrato in ASF, Pratica Segreta, 190, c. 69, 24 maggio 1603.

95. ASF, MdP, 67, c. 205, 21 maggio 1603.

96. To Schulting, Beverley Jackson, *Sant'Agata Morosina, an Argosy: An Episode in the Commercial, Diplomatic and Artistic Relations between Venice, Amsterdam and London, 1595-1609*, Firenze, Centro Di, 2005.

97. ASV, Notarile, Callegarini, 3155, c. 245, 10 giugno 1603.

rono di coinvolgere anche il fiorentino Riccardo Riccardi con una formula analoga, questa volta però senza successo.[98] Nei mesi successivi si segnalò comunque un deciso aumento nell'arrivo di navi provenienti da Arcangelo a Livorno, molte delle quali indirizzate proprio agli agenti dei Lus.[99]

Abraham Lus tornò ad Amsterdam nel luglio del 1603, ma, anziché intraprendere personalmente il viaggio verso la Russia, inviò le lettere e i doni del granduca al fratello Matheus, già presente sul posto per gestire gli affari di famiglia.[100] Considerate le lunghe distanze, si cercò di allietare l'attesa dell'esito della spedizione offrendo a Ferdinando I ulteriori prospettive commerciali. Sia Abraham che Isaac insistettero infatti sulle opportunità di inserimento nel mercato persiano, origine di preziose sete e altri prodotti dell'Estremo Oriente, verso cui le vie fluviali russe fino al Mar Caspio rappresentavano strategici canali d'accesso.[101] In quegli anni, inoltre, la Persia dei Safavidi rappresentava una delle direttrici principali dello sforzo diplomatico di Ferdinando I in ottica anti-ottomana.[102] In tal senso, il percorso russo avrebbe garantito un ingresso più agevole per i rappresentanti del granduca. Nonostante i privilegi di commercio per tutti mercanti toscani vennero effettivamente concessi dallo zar Boris Godunov nel 1605 (fig. 19), l'instabile situazione geopolitica russa e le crescenti difficoltà economiche dei Lus interruppero qualsiasi progetto ulteriore.[103]

A partire dal 1605, la concorrenza dei mercanti olandesi sul mercato moscovita e la cattura di alcune navi da parte dei corsari barbareschi nel Mediterraneo causarono gravi perdite alla famiglia Lus.[104] A queste complicazioni si aggiunse, nell'estate dello stesso anno, la morte dello zar Boris Godunov e di suo figlio Fedor, seguita da ripetuti conflitti tra i pre-

98. ASF, Mannelli, Galilei, Riccardi, 345, 1, 28 gennaio 1604.

99. Il solo Sion Lus inviò dal 1599 al 1605 non meno di trentuno navi ad Arcangelo da Amsterdam, di queste, almeno nove si diressero a Livorno. Per maggiori dettagli vedere i contratti conservati in SA, 30452 Inventaris van het Archief van S. Hart, 143, e le portate di navi giunte a Livorno in ASF, Ufficiali di Sanità, 134; ASF, MdP, 2138.

100. ASF, MdP, 917, c. 629, 19 agosto 1603.

101. ASF, MdP, 924, c. 123, 4 luglio 1604; ivi, 928, c. 82, 7 marzo 1606.

102. Sulle relazioni fra il Granducato di Toscana e la Persia Safavide: Davide Trentacoste, *The Marzocco and the Shir o Khorshid: The Origin and Decline of Medici Persian Diplomacy (1599-1721)*, in «Cromohs – Cyber Review of Modern Historiography», 24 (2021), pp. 21-41; Davide Trentacoste, *Granducato Di Toscana e Persia Safavide. Informazione, politica e diplomazia mediterranea e levantina nel XVII secolo*, tesi di dottorato, Università di Teramo-Université de la Sorbonne nouvelle – Paris III, 2021.

103. ASFi, *Miscellanea Medicea*, filza 102, ins. 9, c. 1.

104. ASF, MdP, 919, c. 361, 23 ottobre 1603.

tendenti al trono russo. Questo periodo di instabilità, noto come "Periodo dei Torbidi", rese insicure le rotte commerciali e danneggiò i mercanti stranieri. A darne notizia al Granduca fu proprio Abraham Lus che richiese una lettera di raccomandazione per il nuovo zar detto il "Falso Dimitri", nella speranza di vedersi confermati i privilegi commerciali concessi alla famiglia dal sovrano precedente.[105] Nonostante i tentativi di contrastare le perdite l'accumulo di ingenti debiti costrinse i Lus a dichiarare bancarotta nel 1606 e abbandonare ogni affare sul mercato russo, svendendo ai propri concorrenti tutte le proprietà a Mosca e Arcangelo.[106]

Negli stessi anni, nella speranza di compensare le perdite in Russia, i Lus tentarono progetti forse ancor più ambiziosi, cercando di realizzare il desiderio del granduca Ferdinando I di collegare Livorno ai mercati delle Indie.

Indie

Nei tumultuosi anni finali del Cinquecento, i Lus, come molti altri mercanti della Repubblica Olandese, intensificarono la loro partecipazione ai commerci con le Indie. Abbiamo già menzionato il coinvolgimento di Sion nel mercato delle perle fin dal 1599, attività funzionale ai suoi traffici con la Moscovia. Negli stessi anni sono inoltre attestati anche i suoi contatti con Pieter Van der Hagen, Balthasar de Moucheron, Jacques l'Hermite e Melchior van Kerkhoven, tutti personaggi di spicco di alcune delle compagnie commerciali che cominciarono a fiorire nella Repubblica dopo il successo delle prime spedizioni nell'Atlantico e nell'Oceano Indiano.[107] Dalla fusione di queste emerse nel 1602 la Compagnia Olandese delle Indie Orientali (VOC, Veerenigde Oostindische Compagnie), creata con lo

105. ASF, MdP, 930, c. 784, 22 agosto 1605. Sui conflitti scoppiati in Russia in seguito alla morte dello Zar Boris Godunov e sull'ascesa del falso Dimitri: Maureen Perrie, *The Cambridge History of Russia,* Cambridge, Cambridge University Press, 2006, p. 284.

106. Wijnroks, *Handel tussen Rusland en de Nederlanden, 1560-1640*, pp. 358–60. SA, 30452 Inventaris van het Archief van S. Hart, 143, 3 febbraio 1606.

107. Femme S. Gaastra, *De geschiedenis van de VOC*, Amsterdam, Amsterdam University Press, 2016, pp. 17-22. Inoltre, sembra che uno dei figli di Sion avesse investito nella fallimentare spedizione nelle Indie Orientali dell'ammiraglio olandese Jacques Mahu del 1598, conclusasi con il naufragio di tre navi, un'altra bloccata in Giappone, e l'ultima tornata ad Amsterdam nel 1600 con un misero carico. Il fallimento della missione fu un disastro finanziario per tutti gli investitori. Frederick Casparus Wieder, *De Reis van Mahu en de Cordes door de Straat van Magalhães naar Zuid-Amerika en Japan 1598-1600,* Gravenhage, M. Nijhoff, 1923, p. 6.

scopo di coordinare gli sforzi e ridurre la competizione interna. Amsterdam ne divenne la sede principale e subentrò progressivamente ad Anversa quale principale mercato di redistribuzione dei beni asiatici e americani in Europa. Sulla scia di questa espansione commerciale, i Lus non solo diventarono anch'essi azionisti della VOC ma, nell'ottobre del 1603, organizzarono perfino una propria spedizione verso i Caraibi. Questa era costituita dalla nave *de Hoope* (La Speranza), allestita da Sion Lus con un carico di tessuti, armi e vini.[108] Ritorneremo più avanti sugli esiti del suo viaggio.

I successi commerciali olandesi nelle Indie, così come la rapida crescita di Amsterdam incoraggiarono il granduca Ferdinando I e i suoi sudditi ad intensificare la collaborazione con i mercanti della Repubblica oltre al commercio dei grani. Ad esempio, il fiorentino Bartolomeo Corsini, grande operatore sul mercato inglese, riuscì a diventare un importante azionista della VOC.[109] Questi riuscì persino a convincere il granduca ad investirvi ventimila scudi, utilizzando un suo contatto ad Amsterdam come prestanome.[110] Ma furono ancora una volta i Lus i principali canali di accesso al mercato olandese, cui le navi della Compagnia rifornivano sempre più regolarmente di prodotti esotici e preziosi. Da Amsterdam, nei primi anni del Seicento, riferirono spesso al granduca e altri mercanti fiorentini sugli ultimi arrivi del mercato, organizzandone gli eventuali acquisti e spedizioni verso la Toscana. Non era poi raro che inviassero in dono alcuni oggetti e *naturalia* destinati ad arricchire le collezioni medicee come pappagalli, ebano, sete, porcellane e gioielli.[111]

108. Il contratto di trasporto è conservato presso SA, 30452 Inventaris van het Archief van S. Hart, 143, contratto registrato il 15/10/1603. Mentre un elenco dettagliato del carico della nave venne inviato al fiorentino Riccardo Riccardi nella speranza di una sua partecipazione finanziaria, si trova presso, ASF, Mannelli, Galilei, Riccardi, 345, 1, 26 ottobre 1603.

109. A. Bicci, *Italiani ad Amsterdam nel Seicento,* in «Rivista Storica Italiana», 102, 3 (1990), p. 902.

110. ASF, MdP, 902, c. 107, 9 marzo 1602.

111. ASF, MdP, 911, c. 225, 28 settembre 1602, Isaac Lus a Camillo Finali: «[...] partiranno con il primo tempo con diversi altri vaselli [...] con li quali mando a Vostra Altezza Serenissima: nove barili di sturione marinato della pesca di Sua Eccellenza di Nassau molto delicato et due pelle durso bianco grandissime et un bellissimo pappagallo delle Indie orientali di colore rosso testa aminata et altri vari colori con la sustansa dun altro molto bellissimo compro ancora per me vivo per mandare a Vostra Altezza Serenissima, ma è morto di poi haverlo compro et sono di altra forma de gli papagalli ordinari». ASF, MdP, 933, c. 659, 5 febbraio 1606, Abraham Lus a Belisario Vinta: «Come avevo nuova qua duna nostra nave che a di arrivar costi di Wes India et avevamo dato in nota alla sua partenza di qua si

In questi anni, i Lus furono anche tra i personaggi coinvolti nel processo del celebre mercante e viaggiatore fiorentino Francesco Carletti. Dopo un lungo itinerario attraverso Nuova Spagna, Filippine, Giappone, Cina e India iniziato nel 1594, Carletti venne catturato a bordo di una nave portoghese al largo dell'Isola di Sant'Elena da alcuni corsari olandesi. Riconosciuto come suddito di un sovrano amico, visti i correnti rapporti commerciali fra la Repubblica e il Granducato, fu rilasciato una volta giunto nei Paesi Bassi. Tuttavia, non riuscì a recuperare le sue preziose merci, che includevano doni destinati a Ferdinando I dall'Estremo Oriente e che erano stati giudicati una preda legittima.[112] Durante il lungo processo avviato da Carletti per riottenere i suoi beni, il granduca sostenne la sua causa attraverso numerose lettere di protesta inviate alle autorità olandesi. I Lus, dal canto loro, fornirono sostegno e aggiornamenti regolari sullo sviluppo della situazione.[113]

Il processo Carletti fu un arduo banco di prova per Ferdinando I, deciso a difendere gli interessi di un proprio suddito su uno scenario internazionale, e necessitato a confrontarsi per la prima volta con l'espansione oceanica olandese. Al fine di ottenere giustizia e probabilmente eliminare parte dei concorrenti sul mercato, i Lus consigliarono al granduca di sequestrare le navi dei mercanti della Repubblica presenti nel porto di Livorno.[114] Tuttavia, l'attitudine diplomatica di Ferdinando e la sua volontà di non intaccare in alcun modo la libertà dei traffici di Livorno, lo fecero deviare da questi consigli e cercare invece una soluzione di compromesso. Dopo numerosi sforzi, che coinvolsero anche la corte francese di Enrico IV di Borbone e Maria de' Medici, nipote del granduca, Francesco Carletti riuscì infine ad ottenere un risarcimento per le merci sequestrate.[115] Avendo rifiutato gli inviti a partecipare a future spedizioni nelle Indie sia dalla VOC che dal re

era possibile di poter trovar qualche rare oselli o Bestie, overo altre cose simile che l'avesse di comprarle e presentarle da parte del mio padre a Sua Altezza Serenissima»

112. Le vicende del Carletti sono note e abbondantemente studiate. Ancora fondamentale il lavoro di Gemma Sgrilli, *Francesco Carletti, Mercante e Viaggiatore Fiorentino (?1573-1636)*, Bocca San Casciano, Licinio Cappelli, 1905; in Brege, *Tuscany in the Age of Empire* se ne offre la più recente analisi nel più ampio contesto delle ambizioni globali del Granduca Ferdinando I de' Medici.

113. ASF, MM,.94, ins. 25, c. 1, Abraham Lus a Belisario Vinta: «[...] una lettera al mio fratello Isaac Luz che habia cura de la causa del suo Francisco Carletti e che lui habia da diusar di suo conseillo e che questo sia la volonta di Sua Altezza Serenissima».

114. ASF, MdP, 921, c. 287, 22 gennaio 1604, Abraham Lus a Belisario Vinta.

115. Sgrilli, *Francesco Carletti*, p. 406.

di Francia, Carletti fece ritorno a Firenze nel giugno 1606.[116] Qui decise di offrire al granduca il ricco patrimonio di conoscenze sulla navigazione e il commercio nelle Indie acquisito durante il suo viaggio, poi compendiato nei suoi celebri *Ragionamenti*.[117] L'esperienza vissuta da Carletti, unita ai sempre più frequenti resoconti dei successi commerciali e militari olandesi nelle Indie, indussero il granduca Ferdinando a vedere nella Repubblica Olandese la porta d'accesso ai mercati tanto agognati. In questo scenario, i Lus avrebbero giocato nuovamente un ruolo fondamentale.

In una relazione databile tra la fine del 1604 e i primi mesi del 1605, che possiamo attribuire a Isaac o Abraham Lus, venne presentato al granduca Ferdinando un progetto che rispondeva alle sue intenzioni di «negoziare per via del mare di Olanda nelle Indie Orientali».[118] Sull'esempio delle più recenti spedizioni della VOC, si illustravano dunque i preparativi necessari ad inviare navi verso l'Oceano Indiano, fornendo informazioni precise sulle spese e guadagni previsti, sulle merci da caricare e sulle destinazioni. Amsterdam, dove la disponibilità di navi e ciurme era assai migliore e conveniente rispetto all'Italia, sarebbe quindi stata la base di partenza delle future spedizioni. Da qui, le navi noleggiate o acquistate dal granduca, cariche di merci olandesi, sarebbero salpate verso le Indie Orientali, da cui avrebbero fatto poi ritorno a Livorno cariche di spezie. Una volta in Italia, sarebbero state nuovamente caricate di allume, olio, riso e sale, prodotti locali, da rivendere nei Paesi Bassi e completare così il viaggio.[119] Venne inoltre aggiunta una sezione che illustrava le modalità del commercio col Brasile, dove il granduca avrebbe potuto rifornirsi dello

116. Francesco Carletti, *Ragionamenti di Francesco Carletti*, a cura di Monia Carnevali, Roma, UniversItalia, 2019, p. 232.

117. Il resoconto del viaggio di Carletti venne pubblicato solo postumo a Firenze nel 1701 da Lorenzo Magalotti col titolo *Ragionamenti sopra le cose da lui vedute ne' suoi viaggi*.

118. ASF MM, 97, ins. 89, c. 3: «Per Introdurre il negozio delle Indie Orientali […] Piacendo a S.A.S. negotiar per via de mar de Hollanda nelle Indie Orientali, che fin qui è riuscito negotio di grand'utilità».

119. ASF MM, 97, ins. 89, c. 3: «Per avansare besognerebbe comprar o far fabricar la nave in Holanda et spedire di là del tutto et mandarle et spedite che fussero, di la a drittura per dette Indie Orientali con pienissimo ordine et provisione quali poi si potrebbino alla tornata far venire de drittura qui a Livorno con lor pieno carico de pepi et altre droghe et specerie […] Et a Livorno scaricati che fussero se poterebbino recarricar per Holanda Londra o Hable de Grace con Alumi o per Holanda con sale risi et oleo et altre mercansie et di poi lor ritorno in detti luoghi farle allestir et spedir di novo per dette Indie […].»

zucchero necessario alla raffineria che pianificava di stabilire a Livorno in quegli anni.[120]

Sull'esempio dei viaggi in Russia di pochi anni prima, si vede come i Lus cercassero di istituire un sistema di scambi organico e bilanciato, in questo caso tra il mercato olandese, le Indie e Livorno, che avrebbe consentito di ottenere lauti guadagni sia a loro che al granduca. Si proposero quindi quali principali coordinatori di queste iniziative, prendendo in carico tutte le merci che sarebbero passate da Amsterdam e Livorno, per lasciare così al granduca il solo onere dell'investimento iniziale. In cambio di questi servizi, si sarebbero accontentati di tenere un quarto dei proventi. L'affermazione di questi traffici avrebbe reso Livorno il principale mercato dei prodotti coloniali nella penisola italiana e i Lus vi avrebbero conseguito una notevole influenza.

Sorvolando sull'ultima clausola del progetto dei Lus, Ferdinando I sembrò seguire le loro indicazioni. A gennaio 1605, come indicato nella relazione, spedì segretamente un proprio agente ad Amsterdam, il fiammingo Jan van der Neesen, che prese alloggio nella casa dei mercanti.[121] Questi era un uomo fidato del granduca, impiegato negli anni precedenti in missioni di spionaggio e commercio in Germania, Inghilterra e Francia, prevalentemente per l'acquisto di grani.[122] Inoltre, nei suoi periodi a Firenze, Van der Neesen era stato spesso l'intermediario dei Lus presso la corte,

120. *Ibidem*: «Dissegnando ancora S. A. S. sopra il susditto negotio di traficar in Brasilia per introdur a Livorno la rafineria de succari il che riuscirebbe de bonissimo guadagno et caussarebbe crescemento de traffico nel ditto luogo et tutto suo paese».

121. *Ibidem*: «[...] casu che S. A. S. trovasse buono di mandare in ditta Holanda uno o doi de soj fideli ministri per averne cura del tutto et aministrar il detto in Compagnia nostra, le poterà fare et accio il tutto reste secretto et per non scoprir il disegno di S. A. S se poterà far alloggiar in casa nostra sotto nome di mercanti forestieri raccomandati da me».

122. Van der Neesen è una figura ancora poco conosciuta. Originario di Dendermonde, vicino Anversa, entrò al servizio del cavaliere e mercante fiorentino Niccolò Venerosi Pesciolini nel 1587, durante un soggiorno nelle Fiandre di quest'ultimo. Istruito nell'arte della mercatura, Van der Neesen passò poi al servizio di Ferdinando I de' Medici, che nel 1602 lo inviò in incognito in Germania per acquistare grandi partite di grano da inviare a Livorno. Guadagnatosi la fiducia del granduca, nel gennaio del 1605 venne incaricato di recarsi nei Paesi Bassi. Per maggiori informazioni su Van der Neesen vedere: Niccolò Venerosi Pesciolini, *La Travagliosa e Miserabil Vita del Cavaliere Niccolò de' Venerosi Pesciolini de' Conti de Strido,* a cura di Marina Macchio e Giovanni Cipriani, Firenze, Nerbini, 2011; *Tra Fiandre e Italia: Rubens 1600-1608: regesto biografico-critico*, a cura di Raffaella Morselli, Roma, Viella, 2018.

per la quale curava buona parte della corrispondenza con i Paesi Bassi. Data la sua provenienza fiamminga, l'arrivo dell'agente nella Repubblica Olandese non avrebbe destato sospetti, al contrario di un qualsiasi altro toscano. Suo principale incarico fu quello di informatore sulla situazione economica e politica della regione, sui principali eventi della guerra in corso con la Spagna, sui commerci della Compagnia delle Indie e qualsiasi altra cosa che «importa a un Principe».[123] Affiancando i Lus, l'agente operò sul mercato di Amsterdam per comprare grano e altri prodotti di cui si fosse presentata buona occasione d'acquisto.

La sua presenza aveva pure un altro scopo, più segreto. Il granduca lo incaricò infatti di riferire sulla situazione economica dei Lus e sui commerci che questi conducevano in Russia e in altre zone del mondo.[124] Nonostante l'ormai consolidato rapporto con i mercanti, era necessario accertarsi della loro fedeltà e della loro stabilità economica prima di affidare loro la gestione dei progetti commerciali del Granducato. È proprio dalle lettere di Van der Neesen che infatti veniamo a conoscenza delle crescenti difficoltà affrontate dai Lus a partire dal 1605. Oltre alla rovina dei loro traffici in Russia, la nave inviata verso le Indie Occidentali nel 1603, la *Speranza*, era tornata ad Amsterdam in forte ritardo sui tempi programmati, costringendoli a ripagare con il carico i numerosi debiti accumulati nel frattempo, ma non fu sufficiente.[125] Le loro cambiali iniziarono ad essere rifiutate in tutta Europa e i loro beni a Venezia e Livorno vennero sequestrati dai creditori.[126] Per tentare di rimanere a galla, più volte Sion Lus e i figli

123. ASF, MdP, 67, c. 231, 11 gennaio 1605, Belisario Vinta a Jan van der Neesen: «Et andandovene in Fiandra vogliamo che con la v.ra industria, et pratica vi conduciate con buoni passaporti da non vi potter intervenire di gratia veruna, né Paesi Bassi in luogo donde possiate ragguagliare di quel che vi diremo per curiosità n.ra, et per quel che importa ad ogni Principe, saper quel che passi in qualsivoglia regione, anche lontana».

124. ASF, MdP, 4750, c. 665, 6 maggio 1605, Marcello Accolti a Jan Van der Neesen: «Intendere da i Lus con bel modo qualche particulare del negotio che hanno in Moscovia, che mercanzia vi mandano et in che habbino i rifrutti [...].»

125. ASF, MdP, 4750, c. 722, , 31 maggio 1605, Jan Van der Neesen a Belisario Vinta: «Questo Luz è cascato molto di credito su questa piazza mediante il loro modo di negotiare quella bastonata, che dissi, che hebbono in Zelanda di quel Balbiani, che tuttavia è in prigione, se ritrova, che importa di 40 mila scudi, pure questo povero vecchio si ha impegnando di gravi interesse ogni cosa per dare sadisfattione, ma ci vuole de buono a trovare una simile somma».

126. SA, 30452 Inventaris van het Archief van S. Hart, 143, 24 maggio 1606. ASV, Notarile, Catti, 3382, c. 500, 3 ottobre 1606.

si appellarono al granduca affinché concedesse loro un prestito di alcune decine di migliaia di scudi ma invano.[127]

Nonostante ciò, continuarono a servire il granduca quali suoi agenti da Amsterdam, parallelamente o insieme al Van der Neesen, sperando di ottenere una nuova commissione per risollevare le proprie sorti. Seguendo il progetto illustrato al granduca, iniziarono quindi a cercare vascelli adeguati alla navigazione oceanica, trovandone uno particolarmente adatto nel gennaio del 1606. Questa era una grande nave da guerra chiamata *il Grande Leone d'Olanda*, già utilizzata in alcune spedizioni nell'Atlantico dalla Repubblica e messa in vendita per le eccessive dimensioni per le basse acque olandesi.[128] Dopo alcuni mesi di valutazione, da Firenze venne inviato l'ordine d'acquisto al Van der Neesen, preferito ai Lus a causa delle loro incertezze economiche.[129] Si cercò quindi di mantenere l'anonimato del reale acquirente, finalizzando l'acquisto nel giugno 1606, a nome di alcuni mercanti fiorentini non specificati. La nave fu quindi ribattezzata *Livorna*, in omaggio alla più grande opera del granduca Ferdinando, e si iniziò a prepararne la partenza.[130]

Da una lettera di Francesco Carletti, da poco tornato a Firenze e prontamente posto dal granduca a guida dei propri progetti, destinata a Van der Neesen, apprendiamo che la nave fosse destinata a prendere la via dell'Oriente, e in particolare dell'India, verso il portò di Khambat sulla costa occidentale.[131] Qui i mercanti toscani imbarcati a Livorno, fra cui forse lo stesso Carletti, avrebbero acquistate pietre dure, tessuti di cotone e gioielli e non spezie come suggerito dai Lus, sperando così di evitare scontri o discussioni sia con i portoghesi che con la VOC. Forse nella speranza di ulteriori spedizioni future, venne chiesto al Van der Neesen di sincerarsi

127. ASF, MdP, 934, c. 687, aprile 1606: «Il sborso che desideramo da Sua Altezza Serenissima saria di Scudi 50 mila et per cautela darassimo gli apresso pegni [...].»

128. ASF, MdP, 927, c. 270, 28 gennaio 1605. La nave, chiamata anche *Hollandse Tuyn* (*Il Giardino Olandese*) venne rappresentata da Hendrik Cornelisz Vroom (fig. 17).

129. ASF, MdP, 299, c. 213, 17 giugno 1606.

130. Per ulteriori dettagli sull'acquisto della nave Livorna, chiamata anche Galeone Livorno, vedere: Bomboni, *Il Galeone Livorno*.

131. ASF, MdP, 67, f. 279,1 settembre 1606: «Che mandi quanto se gli è chiesto con altro per acconciare internamente la Nave per farle fare il viaggio [...] perché la Nave col suo Petaccio andrà in Cambaia, a pigliare Pietre per la Cappella di Sua Altezza, et anco per caricare cose che si ritrovino in detta Cambaia, dalla quale si caveranno molte Tele bambagine, che qua' hanno buon esito et un buon' guadagno, le quali tele ad ogni modo ci vengono per via di Portogallo».

che la nave fosse adatta a navigare anche nello Stretto di Malacca e lungo le coste della Cina.[132]

Stabiliti i piani si cercò di eludere i sospetti dei mercanti e delle autorità olandesi caricando la nave di grani, come usualmente avvenuto in passato. Tuttavia, la maschera cadde molto presto.

Alla fine di settembre del 1606, poco prima della partenza da Amsterdam, le autorità olandesi ordinarono l'arresto della *Livorna,* giustificando la decisione con l'impellente necessità di vascelli da guerra per contrastare una flotta spagnola in arrivo.[133] Sia Van der Neesen sia i Lus, che pur non coinvolti direttamente non potevano ignorare i preparativi di una spedizione che loro stessi avevano ideato, mossero invece le loro accuse alla Compagnia delle Indie. I suoi ministri avrebbero infatti impedito la partenza della nave per la preoccupazione di un suo utilizzo nelle Indie Orientali, dove avrebbe costituito una seria minaccia ai loro affari.[134] Seguirono dunque le proteste da parte di Ferdinando I, che si rivelò infine quale principale interessato. Analogamente al processo di Carletti, nella disputa vennero coinvolti i reali di Francia, nella speranza che usassero la propria influenza sulla Repubblica per ottenere il rilascio della nave.[135]

In questa fase si compì l'ultimo atto della storia dei Lus al servizio di Ferdinando I. Pur dichiarandosi sempre fedeli e promettendo aiuto nella risoluzione del caso, anch'essi finirono sul banco degli imputati. Fu Van der Neesen a rivelare che i mercanti erano profondamente risentiti per il loro mancato coinvolgimento nell'acquisto e nella preparazione della nave *Livorna,* accusandoli velatamente di aver suggerito alla VOC di ordinarne l'arresto come rivalsa per il torto subito.[136] D'altra parte, i Lus si lamentarono col granduca dell'incapacità del fiammingo nell'affrontare la questione con le autorità olandesi, proponendosi ancora una volta come suoi rappresentanti per cercare una soluzione.[137] Nonostante questi screzi, sia i Lus sia Van der Neesen suggerirono al granduca la via della rappresaglia, forzando la liberazione della nave attraverso il sequestro delle navi olande-

132. ASF, MdP, 67, c. 315.

133. ASF, MdP, 4750, c. 704, 27 settembre, 1606.

134. ASF, MdP, 4750, c. 762, 28 settembre 1606; Ivi, c. 768, 9 ottobre, 1606; Ivi, 937, c. 765, 14 ottobre, 1606; Ivi, c. 799, 17 ottobre, 1606.

135. Bomboni, *Il Galeone Livorno*, p. 70.

136. ASF, MdP, 67, c. 268, 5 luglio 1606.

137. ASF, MdP, 938, c. 668, 5 dicembre, 1606.

si a Livorno. Tuttavia, come nel caso del Carletti, Ferdinando I non volle in alcun modo compromettere la reputazione e la "libertà" del suo porto.[138]

La strategia diplomatica di Ferdinando fu nuovamente vincente e grazie alle pressioni dei sovrani francesi la nave venne finalmente liberata l'11 dicembre 1606.[139] Tuttavia, l'esito non fu del tutto favorevole ai piani del granduca. La condizione imposta dalla Repubblica per il rilascio della *Livorna* fu infatti il divieto di navigare oltre il Capo di Buona Speranza, zona d'operazioni esclusiva della VOC, precludendo così ogni possibilità di un inserimento commerciale toscano nelle Indie Orientali.[140] La nave lasciò quindi i Paesi Bassi dopo l'inverno e raggiunse Livorno alla fine di aprile del 1607.[141] Una volta integrata nella flotta da guerra medicea, non navigò mai più oltre lo Stretto di Gibilterra.[142] Fu probabilmente una valutazione dei rischi a far desistere Ferdinando dal perseguire la strada per le Indie attraverso la Repubblica Olandese. Il granducato non aveva i mezzi né l'autorità per sostenere autonomamente un commercio su tali distanze, in aree ancora fortemente contese. Le strade alternative tentate negli anni successivi non portarono a risultati significativamente differenti.

Il caso della Livorna segnò la definitiva uscita dei Lus dalle grazie di Ferdinando I. Il tracollo economico che subirono dal 1606 li rese soggetti non più utili alla sua causa. Progressivamente estromessi da Livorno, le loro proprietà finirono nelle mani di altri mercanti olandesi sempre più influenti sulla piazza.[143] Lasciarono quindi anche Amsterdam per trasferitisi nella più modesta Breda, dove mantennero un banco di prestiti e ridussero drasticamente i propri traffici.[144] Le loro tracce si perdono nel terzo decennio del Seicento, con Sion Lus ormai ritiratosi dagli affari e probabilmente

138. ASF, MdP, 67, c. 283, 3 novembre 1606: «[...] non sarranno mai per via di rappresaglie nel nostro porto di Livorno per che non intindiamo di toccar per questo in modo nessuno le Franchigie che godono nel sudetto n.ro porto i Mercanti et Faccendieri di costà».

139. ASF, MdP, 67, c. 802, 11 dicembre 1606.

140. Nicolas Japikse, *Resolutiën der Staten-Generaal 1576-1630*, Deel 13, 's Gravenhage, Martinus Nijhoff, 1957, p. 811, 16 dicembre 1606.

141. BNCF, Capponi, 261.1, c. 182, 30 aprile 1607.

142. La nave *Livorna* venne infatti impiegata nell' ambizioso tentativo di conquista dell'isola di Cipro da parte di Ferdinando I de' Medici nell'estate del 1607, per poi continuare in azioni corsare nel Mediterraneo Orientale negli anni successivi, distinguendosi per la sua efficacia. Bomboni, *Il Galeone Livorno,* pp. 74 e ss.

143. Engels, *Merchants, Interlopers, Seamen and Corsairs*, p. 137.

144. Versprille, *Sion Luz, Tafelhouder,* p. 117.

deceduto, il figlio Abraham che aveva preso le redini degli affari di famiglia e Isaac che operava come intermediario per la Repubblica Olandese in Nord Italia.[145]

Conclusioni

La storia della famiglia Lus e la loro collaborazione con il granduca Ferdinando I rappresentano un capitolo significativo della storia della Toscana, un periodo segnato dai tentativi dei Medici di ampliare i propri orizzonti politici ed economici e trasformare il porto di Livorno in un importante crocevia del commercio globale. Le leggi "Livornine" furono l'apice della lungimiranza e del pragmatismo del terzo granduca, fondamentali per la creazione di una società multiculturale e multireligiosa, strettamente interconnessa alle rotte del commercio internazionale. L'arrivo di mercanti e imprenditori stranieri, fra cui i Lus, attratti dalla tolleranza e dalle opportunità offerte dall'emergente porto toscano, portò a fruttuose collaborazioni con la corte di Firenze che plasmarono il panorama e la storia.

I Lus, incarnando quell'essenza cosmopolita tipica di Livorno, videro nell'insediamento a Livorno e nel legame con l'ambizioso Ferdinando I un'importante occasione per espandere i propri affari. Il granduca, parimenti, riconobbe nei Lus partner ideali per la realizzazione dei propri progetti di grandezza, sfruttando le loro conoscenze e i loro network commerciali globali e superando le barriere di fede, provenienza o appartenenze politiche in nome dello sviluppo commerciale. La collaborazione di queste forze condusse a imprese ambiziose, che permisero alla Toscana di confrontarsi per la prima volta con la Russia e con la rampante Repubblica Olandese, fino a programmare una vera stagione globale toscana. Sebbene tali iniziative non abbiano avuto successo a lungo termine, i contributi dei Lus furono emblematici di una stagione di apertura, sperimentazione e collaborazione tra forze eterogenee e multiculturali, che aprirono nuove strade e opportunità per Livorno.

Dopo la caduta dei Lus e la morte di Ferdinando I, Livorno continuò la sua crescita inesorabile, un fenomeno eccezionale nel contesto di stagnazione economica che caratterizzò l'Italia e l'Europa continentale nei decenni centrali del XVII secolo. L'eredità delle Livornine si rivelò deter-

145. Engels, *Merchants, Interlopers, Seamen and Corsairs*, pp. 55; 138.

minante, grazie alla partecipazione di forze economiche internazionali che garantirono la prosperità del porto. La scelta della prima ambasciata russa in Italia di approdare a Livorno nel 1656, l'appalto del commercio del tabacco affidato a una compagnia di ebrei e l'apertura della prima raffineria di zucchero brasiliano da parte di mercanti olandesi sono solo alcuni esempi della trasformazione di Livorno in un vero crocevia globale.[146] Questa evoluzione affonda le sue radici negli eventi analizzati in questo saggio, nel pragmatismo e nella lungimiranza di Ferdinando I e nella collaborazione con personaggi "globali" come i Lus.

146. Villani, *Ambasciatori Russi a Livorno*; Lucia Frattarelli Fischer, *Reti locali e reti internazionali degli ebrei di Livorno nel Seicento*, in *Commercial Networks in the Early Modern World*, a cura di Diogo Ramada Curto, Anthony Molho, Fiesole (FI), European University Institute, 2002, p. 162; Engels, *Merchants, Interlopers, Seamen and Corsairs*, p. 274.

Stefano Villani*

La Livornina e gli inglesi

1. *Una copia della Livornina*

Nel primo volume della serie toscana delle *State Papers* degli archivi nazionali britannici – SP 98/1 – si trovano le copie in italiano sia del bando popolazionista del 13 febbraio 1592, con cui si invitavano i forestieri a stabilirsi a Livorno offrendo loro «grazie e privilegi»,[1] sia della Livornina del 10 giugno 1593.[2]

Sin dalle ricerche di Bernard Cooperman sulla comunità ebraica di Livorno e di quelle di Elena Fasano su Ferdinando I si è sempre pensato che questa copia della Livornina fosse stata ufficialmente mandata da Ferdinando I alla regina Elisabetta.[3] In effetti, eccezion fatta per la presenza

* Ringrazio per l'aiuto che, a vario titolo, mi hanno dato Davide Boerio, Bernard Cooperman, Daniele Edigati, Lucia Frattarelli Fischer.

1. National Archives (d'ora in poi NA), SP 98/1, cc. 41r-43v, 13 febbraio 1591 [ab Inc.]. Per il decreto del 13 febbraio 1592 vedi Gino Guarnieri, *Livorno medicea nel quadro delle sue attrezzature portuali e della funzione economica-marittima. Dalla fondazione civica alla fine della dinastia medicea (1577-1737)*, Livorno, Giardini, 1970, pp. 259-260 (doc. 4).

2. NA, SP 98/1, cc. 91r-99v, 10 giugno 1593. Cfr. *List and Analysis of State Papers, Foreign Series Elizabeth I. Preserved in the Public Record Office,* vol. IV, *May 1592-June 1593*, a cura di Richard Bruce Wernham, London, Her Majesty's Stationary Office, 1984, pp. 364-379; cfr. anche ivi, p. 63.

3. Bernard Dov Cooperman, *Trade and Settlement. The Establishment and Early Development of the Jewish Communities in Leghorn and Pisa (1591-1626)*, PhD diss., Harvard University, 1976; Elena Fasano Guarini, *Ferdinando I de' Medici, Granduca di Toscana*, in *Dizionario biografico degli Italiani*, Roma, Istituto dell'Enciclopedia Italiana, 1960-2020 (d'ora innanzi DBI), vol. 46, 1996, *s.v.*

dei privilegi del 1593 in questo volume delle *State Papers*, non vi è alcun elemento su cui basare questa ipotesi che, a un'indagine più accurata, sembra, allo stato delle conoscenze, puramente congetturale.

La presenza di questi documenti nella serie SP 98, di per sé stessa, infatti, non dice nulla su quando siano arrivati a Londra dato che molti dei volumi di questa serie, incluso il primo che contiene questa copia della Livornina, sono stati assemblati nell'Ottocento, dopo che, negli anni '50 dell'Ottocento, le carte dello *State Papers Office*, vennero riversate nel *Public Record Office*, il vecchio nome degli Archivi nazionali britannici. In questi volumi venivano spesso messe insieme carte sciolte dalla provenienza più disparata, seguendo un ordine cronologico e tematico. In particolare, in quello che abbiamo menzionato, vi è traccia di almeno due precedenti numerazioni delle pagine ad indicare per l'appunto spostamenti dei documenti avvenuti prima della sistemazione definitiva in ordine cronologico e della rilegatura di questo volume. Peraltro vi sono buone ragioni per sospettare che la Livornina non facesse nemmeno parte delle *State Papers*. Questo documento infatti presenta solo il timbro ottocentesco del «Public Record Office» e non quello con la scritta «Her Majesty's State Papers Office» che è presente, da solo o insieme all'altro, su molti altri pezzi di questo volume. Questo indurrebbe a pensare che sia questo sia gli altri documenti che presentano solo il timbro del «Public Record Office» siano confluiti in quella serie pur non provenendo dallo *State Papers Office*, dove ragionevolmente si sarebbe dovuto trovare un documento inviato attraverso canali ufficiali alla regina Elisabetta.[4] Giova peraltro ricordare come in nessuna delle lettere di Ferdinando I alla sovrana inglese di cui siamo a conoscenza si faccia menzione dell'invio della Livornina (come, apparentemente, in nessun altro documento di quel volume).

Allo stato della ricerca non abbiamo dunque alcun elemento certo per stabilire né quando questa copia sia stata effettivamente mandata in Inghilterra né attraverso quali canali. Come vedremo nelle pagine seguenti, un'ipotesi suggestiva è che sia stata portata a metà Seicento quando in occasione dei dibattiti sulla riammissione degli ebrei che ne erano stati banditi dall'Inghilterra alla fine del XIII secolo, si menzionarono esplicitamente i privilegi della nazione ebraica di Livorno.

4. Ringrazio Ruth Selman, dei National Archives di Londra, per questa osservazione e per le informazioni riguardanti la serie SP 98.

2. *Menasseh ben Israel (1655)*

La richiesta di permettere agli ebrei di poter tornare in Inghilterra proveniva dal rabbino di Amsterdam Menasseh ben Israel che, spinto da ispirazioni messianiche, aveva scritto in questo senso al Parlamento inglese nel 1651. L'Inghilterra era allora una Repubblica e, nel clima millenaristico che aveva seguito la decapitazione di Carlo I nel 1649, il Parlamento dimostrò un grande interesse per questa proposta. Venne così dato vita a un comitato con il compito di esaminare la questione, a capo del quale venne messo lo stesso Oliver Cromwell, il leader militare che aveva portato alla sconfitta dell'esercito realista e che nel 1653 diventerà il Protettore dell'Inghilterra. Menasseh poté andare in Inghilterra solo nell'autunno del 1655, dove si unì a lui l'ebreo livornese Raffaele Supino, che partecipò agli incontri che questi ebbe con le autorità inglesi. Supino ebbe probabilmente un ruolo di primissimo piano nell'orchestrare questa campagna di propaganda a favore della riammissione degli ebrei, forse anche con il consenso delle autorità granducali.

Appena arrivato a Londra, Menasseh fece pubblicare il suo appello a Cromwell in favore della riammissione degli ebrei: *To His Highness the Lord Protector of the Common-Wealth of England, Scotland, and Ireland, the Humble Addresses of Menasseh Ben Israel*. Dopo aver negato le tradizionali accuse lanciate contro gli ebrei di praticare l'usura, di essere colpevoli di infanticidio rituale e di tentare la conversione dei cristiani al giudaismo, Menasseh passava poi a dimostrare come gli ebrei fossero fedeli ai governi degli stati in cui risiedevano. La sua conclusione era che per l'Inghilterra sarebbe stato estremamente vantaggioso dal punto di vista economico permettere agli ebrei di risiedervi, come dimostrava l'esperienza dei paesi europei dove gli ebrei erano tollerati. Tra gli esempi figuravano in maniera preminente Livorno e la Toscana.[5] Menasseh metteva in evidenza la generosità e liberalità che il Granduca dimostrava nei loro confronti, con la concessione di «loro propri tribunali e di «molti altri privilegi» di cui,

5. Stefano Villani, *Tra messianismo e commercio: Raffaele Supino, la riammissione degli ebrei in Inghilterra e il movimento di Sabbatai Zevi a Livorno*, in, *I Supino. Una dinastia di ebrei pisani fra mercatura, arte, politica e diritto (secolo XVI-XX)*, a cura di Franco Angiolini, Monica Baldassarri, Pisa, Pacini, 2015, pp. 27-44; Id., *Between Information and Proselytism: Seventeenth-Century Italian Texts on Sabbatai Zevi, Their Various Editions and Their Circulation, in Print and Manuscript*, in «DAAT: A Journal of Jewish Philosophy & Kabbalah», 82 (2016), pp. LXXXVII-CIII.

significativamente, Menasseh diceva di aver copia con sé («besides many other Priviledges, whereof I my self have the Copies in hand»).[6] Si trattava, quasi certamente, della Livornina del 1593.

Gli incontri tra Menasseh e i comitati incaricati da Cromwell di affrontare la questione non portarono a una decisione formale ma, di fatto, il divieto di residenza cessò del tutto e fin da subito si costituì una comunità ebraica a Londra che, tra la fine del Seicento e primi del Settecento, vide significativamente anche la presenza di alcuni membri della famiglia Supino. Poiché, come abbiamo detto, non si può con certezza stabilire se la copia conservata nel primo volume delle *State Papers* riguardanti la Toscana sia arrivata a Londra nel Cinquecento, è suggestivo pensare che possa trattarsi della copia fatta avere da Menasseh (e Supino) a Cromwell e alle autorità inglesi.

Quel che è certo che la Livornina del 1593, vista come documento fondativo della comunità ebraica di Livorno, venne esplicitamente evocata in Inghilterra un secolo dopo la missione di Menasseh nei dibattiti sul cosiddetto *Jewish Bill*, ovvero la legge per la naturalizzazione degli ebrei che venne presentata nel 1753 per permettere agli ebrei residenti in Gran Bretagna di ottenere la naturalizzazione. Ricevuto il consenso reale il 7 luglio 1753 (26 Geo. 2. c. 26), questo provvedimento venne abrogato nel 1754 (27 Geo. 2. c. 1) in seguito alle polemiche antisemite che aveva provocato. Nelle discussioni infiammate del tempo spiccano due anonimi pamphlets, il cui autore, che si presentava solo come «Philo Patriae», può certamente essere identificato nell'ebreo Joseph Salvador, discendente di una famiglia sefardita stabilitasi a Londra a fine Seicento.[7] Nel secondo di questi pamphlet – *Further Considerations on the Act to Permit Persons Professing the Jewish Religion to Be Naturalized by Parliament* – Salvador, dopo aver accennato alle negative conseguenze economiche della cacciata degli ebrei

6. Ivi, pp. 87-88.

7. *Further Considerations on the Act to Permit Persons Professing the Jewish Religion to Be Naturalized by Parliament. In a Second Letter from a Merchant in Town to His Friend in the Country*, London, R. Baldwin, 1753. Sull'identificazione dell'autore in John Salvador vedi Edgar R. Samuel, *The Jews in English Foreign Trade. A Consideration of the 'Philo Patriae' Pamphlets of 1753*, in *Remember the Days: Essays on Anglo-Jewish History Presented to Cecil Roth*, a cura di John M. Shaftesley, London, Jewish Historical Society of England, 1966, pp. 123-125. In generale sui dibattiti intorno al *Jewish Bill* del 1753 vedi Todd M. Endelman, *Jews of Georgian England 1714-1830*, Ann Arbor, University of Michigan Press, 1999, pp. 24-26, 59, 88-91.

dalla Spagna menzionava, come controesempio, il successo della piazza di Livorno.[8] In una nota l'autore citava esplicitamente (in inglese) l'articolo 29 della Livornina del 1593 che concedeva agli ebrei tutti i privilegi di cui godevano i mercanti cristiani, di Pisa e Firenze, mettendo in evidenza che non venivano obbligati a portare alcun segno distintivo e che veniva loro concessa la possibilità di comprare beni immobili.[9] Il passo e la nota riguardante Livorno di questo pamphlet verranno ripresi da Charles Egan, un secolo dopo, durante le discussioni del *Jewish Disabilities Bill* del 1848, la legge che consentiva agli ebrei di poter giurare senza far riferimento alla religione cristiana.[10]

Al di là dello stabilire quando il governo inglese abbia per la prima volta avuto conoscenza della Livornina, una storia del suo impatto sulla vita della comunità britannica di Livorno non può che partire dalla questione se la nascita della Nazione inglese di Livorno sia da mettere direttamente in relazione con l'emanazione dei privilegi del 1593.

3. *La Nazione inglese e i privilegi del 1593*

Gli ultimi decenni del Cinquecento videro lo sviluppo dei rapporti mercantili tra Toscana e Inghilterra e le nuove possibilità di commercio indussero capitani e mercanti inglesi a non considerare Livorno solo luogo di transito e a stabilirsi in città. Già nel 1596 gli inglesi che vivevano in città chiesero che Raymond Dawkins venisse riconosciuto come loro console stabile. Lo stesso anno vennero eletti anche il console francese e quello tedesco.[11] La nomina dei consoli marca la nascita delle nazioni. Quelle delle comunità cristiane si affiancarono a quella ebraica, anche se, come mette in evidenza Daniele Edigati in un importante e denso saggio sulla *«Livornina» e la tolleranza religiosa in Toscana nell'età moderna*, solo quella ebrea era una nazione suddita dotata di diritti: le altre comunità, pur organizzate in nazioni, rimanevano "forestiere". Alla nazione inglese dunque (come peraltro anche a quella francese e a quella olandese-alemanna) non veniva

8. *Further Considerations*, p. 13.

9. *Ibidem*.

10. Charles Egan, *The Status of the Jews in England: From the Time of the Normans, to the Reign of Her Majesty Queen Victoria, Impartially*, London, R. Hastings, 1848.

11. Lucia Frattarelli Fischer, *L'Arcano del mare. Un porto nella prima età globale: Livorno*, Pisa, Pacini, 2018, pp. 39-40, 69.

garantita «autonoma giurisdizione sui propri membri». Non costituendo un "corpo politico" solo il principe poteva decidere se applicare o meno anche a loro i benefici della Livornina.[12]

Dopo la conclusione della guerra anglo-spagnola si fermarono in città alcuni dei corsari inglesi che erano rimasti disoccupati.[13] Con l'ascesa al trono inglese di Giacomo I, si manifestò una maggiore attenzione all'Italia e l'ambasciatore inglese a Venezia Henry Wotton si farà spesso interprete delle esigenze dei residenti o dei viaggiatori britannici in Toscana.[14] Una presenza inglese importante in Toscana fu quella di Robert Dudley, anche se su quale sia stato il suo ruolo effettivo nella vita della nazione inglese di Livorno ulteriori ricerche dovrebbero essere fatte.[15] Probabilmente a partire agli anni '20 vi era ormai una stabile comunità di mercanti inglesi, ed è possibile che

12. Daniele Edigati, *La «Livornina» e la tolleranza religiosa in Toscana nell'età moderna*, in *Le minoranze religiose nel diritto italiano ed europeo. Esperienze del passato e problematiche contemporanee*, a cura di Daniele Edigati, Alessandro Tira, Torino, Giappichelli, 2021, pp. 45-78. Cfr. anche Carlo Mangio, *'Nazioni' e tolleranza a Livorno*, in «Nuovi studi livornesi», 3 (1995), pp. 11-21: 12; Marcella Aglietti, *L'istituto consolare tra Sette e Ottocento: funzioni istituzionali, profilo giuridico e percorsi professionali nella Toscana granducale*, Pisa, ETS, 2012, pp. 34-35. Cfr. anche Jean-Pierre Filippini, *La nation française de Livourne (fin XVII-fin XVIII siècles)*, in *Dossiers sur le commerce français en Méditerranée orientale au XVIIIe siècle*, Paris, Presses Universitaires de France, 1976, 235-248, in part. pp. 246-247; Francesca Trivellato, *The Familiarity of Strangers. The Sephardic Diaspora, Livorno, and Cross-Cultural Trade in the Early Modern Period*, New Haven, Yale University Press, 2009, p. 79 (trad. it. *Il commercio interculturale. La diaspora sefardita, Livorno e i traffici globali in età moderna*, Roma, Viella, 2016).

13. Cesare Ciano, *Corsari inglesi a servizio di Ferdinando I*, in *Gli inglesi a Livorno e all'Isola d'Elba*, atti del convegno (Livorno-Portoferraio, 27-29 settembre 1979), Livorno, Bastogi, 1980, pp. 77-82.

14. Brett Auerbach-Lynn, *"Addomesticare" gli inquisitori, costruire la libertà. Lo stato mediceo e il Sant'Uffizio a Pisa e Livorno, 1591-1655*, in *La città delle Nazioni. Livorno e i limiti del cosmopolitismo (1566-1834). Studi dedicati a Lucia Frattarelli Fischer*, a cura di Andrea Addobbati, Marcella Aglietti, Pisa, Pisa University Press, 2016, pp. 51-92, cfr. anche pp. 73, 76, 78; Anna Maria Crinò, *Trenta lettere inedite di sir Henry Wotton nell'Archivio di Stato di Firenze*, in «Rivista di letterature moderne e comparate», n. s., VI (1955), pp. 106-125.

15. John Temple Leader, *Vita di Roberto Dudley duca di Nortumbria, illustrata con lettere e documenti finora inediti*, Firenze, G. Barbera, 1896; Clara Errico, Michele Montanelli, *L'architetto navale Roberto Dudley e la sfortunata vicenda del suo vascello Orsa minore*, in «Nuovi studi livornesi», 20 (2013), pp. 221-248; Cesare Ciano, *Roberto Dudley e la scienza del mare in Toscana*, Pisa, ETS, 1987; Frattarelli Fischer, *L'Arcano del mare*, pp. 91-93; Giovanni Santucci, *I Medici, l'altro e l'altrove. Robert Dudley nella Toscana di primo Seicento*, di prossima pubblicazione in *L'incontro col "diverso". Il viaggio come*

intorno a quegli anni si possa datare la costituzione formale della *English Factory* di Livorno: la cronologia non è chiarissima anche perché, a differenza di quelle di Lisbona e Cadice, quella di Livorno non fu mai ufficialmente incorporata.[16] Altri inglesi, intorno a quegli anni, dettero vita a manifatture, come Humphrey Aldington che nel 1615 ottenne un privilegio per dar vita a una fabbrica di birra, o come Roberto Vanenz (probabilmente Wansley) che mise su una raffineria di zucchero Livorno. Altri aprirono locande.[17]

Se la maggior parte dei primi inglesi che si stabilì a Livorno era cattolica, con la crescita della comunità mercantile giunsero anche i primi protestanti che divennero presto la maggioranza. La presenza inglese sempre più spesso marcò la varietà del panorama religioso. Già intorno al 1595/96 sappiamo ad esempio che il rabbino di origine portoghese Immanuel Aboab ebbe una disputa religiosa con un inglese («un Ingléz muy docto») a Pisa intorno all'interpretazione cristologica di un passo veterotestamentario: Dt 18, 15: «Dio farà sorgere per voi, dai vostri fratelli, un profeta come me». È un passo ripreso negli Atti degli Apostoli (At 7, 36) e non si può escludere che l'inglese fosse un cattolico, ma tutto farebbe pensare che si trattasse di un protestante.[18] Dagli anni '10, sempre più spesso si trovano nomi inglesi nella documentazione dell'Inquisizione.[19] Si tratta di britannici che abiuravano al protestantesimo, quasi sempre perché avevano deciso

scoperta dell'alterità in Occidente e tra Occidente ed aree extraeuropee 1600-2000, a cura di Cinzia Maria Sicca, Pisa, Pisa University Press.

16. Hayward colloca la nascita della *British Factory* intorno al Settecento, Horace A. Hayward, *Gli inglesi a Livorno al tempo dei Medici*, in *Livorno e il Mediterraneo nell'età medicea*, Livorno, Bastogi, 1978, pp. 268-273, in part. p. 272. In effetti la comunità mercantile inglese di Livorno era già conosciuta come una *Factory* nel Seicento, cfr. per esempio Giovanni Torriano, *The Italian Reviv'd: Or, the Introduction to the Italian*, London, J. Martyn, 1689, p. 71.

17. Cfr. Gino Guarnieri, *Livorno marinara*, Livorno, Tip. Benvenuti e Cavaciocchi, 1962, p. 174; Giovanni Cipriani, *Un privilegio livornese del 1615*, in *Gli inglesi a Livorno*, pp. 369-370.

18. *Nomología o Discursos Legales* de Imanuel Aboab, a cura di Moisés Orfali, Salamanca, Ediciones Universidad de Salamanca, 2007, p. 229. Su Aboab vedi Bernard Cooperman, *Identities Constructed: Immanuel Aboab before the Inquisition in Pisa*, di prossima pubblicazione in un *Festschrift* dedicato a Moisés Orfali.

19. Barbara Donati, *Tra Inquisizione e Granducato. Storie di inglesi nella Livorno del primo Seicento*, Roma, Edizioni di Storia e Letteratura, 2010; Stefano Villani, *Unintentional Dissent: Eating Meat and Religious Identity among British in Early Modern Livorno*, in *The Roman Inquisition: Centre versus Peripheries*, a cura di Katherine Aron-Beller, Christopher Black, Leiden-Boston, Brill, 2018, pp. 373-394.

di passare il resto della loro vita in Italia, o di britannici da tempo diventati cattolici che inavvertitamente manifestavano un'ambiguità religiosa, magari mangiando carne durante i giorni di precetto, o di britannici che avevano manifestato pubblicamente idee eterodosse, passano il sottile limite della tolleranza religiosa concessa ai protestanti.[20]

Proprio la questione dei limiti che non era consentito attraversare apre l'importantissima questione di quale sia stata effettivamente l'importanza dei privilegi del 1593 per la nascita e crescita delle comunità protestanti di Livorno.[21] L'Inquisizione, almeno fin dagli anni '20 del Seicento, era consapevole del ruolo fondamentale che questa normativa aveva nel proteggere non solo gli ebrei ma anche i protestanti.[22] Va però messo in evidenza che i presupposti per la nascita della comunità inglese erano in essere già prima della Livornina. Sia che gli inglesi fossero inizialmente compresi nella categoria «altri» sia che non lo fossero è indubbio che, se non altro, nella prassi di fine Cinquecento e di tutto Seicento, godettero di libertà assai ampie. L'ambiguità legale però segnò sempre i rapporti tra gli inglesi e le autorità granducali. E nonostante i privilegi del '93 venissero rinnovati da ogni Granduca al momento della sua ascesa al trono è significativo che nella seconda metà del Seicento Cosimo III manifestasse ancora dei dubbi sulla liceità per un principe cattolico di far insediare nel suo territorio mercanti stranieri eretici.[23]

La storia della nazione inglese di Livorno è dunque anche la storia dei tentativi di estendere i limiti della tolleranza concessa ai protestanti. In

20. Villani, *Unintentional Dissent*, pp. 373-394; Id., *Dalla Gran Bretagna all'Italia: Narrazioni di conversione nel Sant'Uffizio di Pisa e Livorno*," in *La città delle Nazioni*, pp. 81-98.

21. Corey Tazzara, *The Free Port of Livorno and the Transformation of the Mediterranean World 1574- 1790*, New York, Oxford University Press, 2017, p. 104.

22. Archivio Congregazione per la Dottrina della Fede, SO, *St.St.*, M4-b (1), cc. 371-378, ivi., cc. 379-380 (copia degli articoli 3, 10, 11, 17, 18, 20, 25, 26, 42 della Livornina); significativamente, nel quadro di un'indagine sulla presenza a Livorno di mercanti protestanti, da Firenze si faceva avere a Roma una copia a stampa di *Deliberatione fatta d'ordine di S.A. Serenissima [...] sopra l'essentioni, et Privilegij di nuovo concessi. A tutti quelli che andaranno ad habitare, & habitassino nella Terra di Livorno, & suo Capitaneato, questo di 13 di Febbraio 1591. In Firenze*, In Fiorenza, Appresso Domenico Magliani stampator ducale, 1591, cc. 386-389.

23. Archivio di Stato di Firenze (d'ora in poi ASFi), *Miscellanea Medicea*, 375, ins. 66, cc. 1-135; cfr. anche ivi, 3666, ins. 30, cc. 181-187; Lucia Frattarelli Fischer, *Vivere fuori dal ghetto. Ebrei a Pisa e Livorno (secoli XVI-XVIII)*, Torino, Zamorani, 2008, p. 52.

particolare questa tensione si manifestò in due ambiti che sono stati ampiamente studiati negli ultimi anni. Il primo la richiesta di far risiedere in città un ministro protestante e la seconda quella di garantire ai morti inglesi una decorosa sepoltura in un cimitero recintato. Provvedimenti di espulsione nei confronti di ecclesiastici anglicani che avevano servito come ministri della comunità si successero nel 1644, nel 1645, nel 1649, nel 1666, nel 1668 e nel 1670 in un alternarsi di periodi di tacita tolleranza verso la presenza di ministri anglicani e di polemiche anche molto aspre. E fu solo alla fine del 1707 – dopo un ennesimo braccio di ferro tra il residente diplomatico inglese e le autorità toscane – che venne concesso a un ministro religioso di risiedere a Livorno come cappellano della comunità inglese. La Livornina del 1593 nell'articolo 20 concedeva agli ebrei di poter tenere una sinagoga a Pisa e Livorno e dunque, per analogia, si sarebbe dovuto permettere ai protestanti di avere la loro cappella: una posizione che peraltro sembra essere stata sempre quella della autorità toscane, sempre disposte a chiudere un occhio qualora si fosse evitato di dare pubblico scandalo. Un analogo alternarsi di tacite concessioni e di polemiche caratterizzò la richiesta di poter recintare l'appezzamento di terra dove fin dalla fine del Cinquecento venivano sepolti gli inglesi protestanti. L'Inquisizione si opponeva decisamente a questa concessione, da una parte per enfatizzare anche in maniera simbolica l'indegnità di chi moriva al di fuori della Chiesa cattolica e dall'altra per timore che un muro potesse nascondere cerimonie protestanti. Apparentemente fu solo nel 1706 che il cimitero poté essere recintato da un'alta e folta siepe e solo nel 1746 si consentì la costruzione di un muretto e di una cancellata di ferro.[24]

In maniera plastica, la situazione venne delineata in uno scambio avvenuto tra l'auditore Lelio Talentoni e il nuovo inquisitore di Pisa nel dicembre 1644. Questi aveva infatti fatto pubblicare «alli quattro Predicatori di questa Città il solito editto generale del S. Offizio contro gl'eretici». Appena l'ufficiale granducale lesse che si imponeva di denunziare tutti gli eretici di cui si avesse notizia, temendo potesse esserci chi «o per zelo di conscienza, o per emulatione, o per propria malignità» avesse dato infor-

24. Cfr. Stefano Villani, *«Cum scandalo catholicorum...». La presenza a Livorno di predicatori protestanti inglesi tra il 1644 e il 1670*, in «Nuovi studi livornesi», 7 (1999), pp. 9-58; Id., *Alcune note sulle recinzioni dei cimiteri acattolici livornesi*, in «Nuovi studi livornesi», 11 (2004), pp. 35-51. Sui cimiteri vedi ora Lucia Frattarelli Fischer, *La parola e il marmo. Cimiteri acattolici di Livorno dal Seicento a oggi / Word and Marble. Non-Catholic Cemeteries of Livorno from the 17th Century to the Present*, Pisa, ETS, 2024.

mazioni che potevano «mettere sottosopra la natione inglese, fiamenga, e forse ebrei» si recò subito dall'Inquisitore per ribadire che le nazioni straniere godevano della protezione del Granduca. L'inquisitore gli «rispose con molto affetto» non solo «che non intendeva di disgustare alcuno» ma «che sapeva benissimo che in questa Città di porto mercantile, ci erano negotianti d'ogni natione, tolerati da Sua Altezza e che dissimulerà mentre s'asterranno da esercitare publicamente quelli atti detestati da Santa Chiesa, che possono essere di scandalo alli Cattolici».[25] Da Firenze si ribadì esplicitamente che alle nazioni straniere non sarebbe mai mancata la «protezione» del Granduca che non avrebbe mai permesso «alcuna novità di lor pregiudizio».[26]

Allo stesso modo, a distanza di un anno, nel settembre 1645 quando si seppe che il vicario dell'inquisitore si apprestava ad «andare di persona a bordo delle navi inglesi per visitarle e fare la cerca dei libri proibiti» il console Morgan Read – che, peraltro, era un cattolico – inoltrò una protesta a «nome dei mercanti e capitani di nave» che «molto si erano turbati della novità». Anche in questo caso il granduca Ferdinando II fece riferire al console che «lui e gli altri della sua nazione» non dovevano preoccuparsi e che non sarebbe stato «dato loro fastidio alcuno per questi conti» e che mai sarebbe stato dato il supporto della polizia «per perquisizioni nelle loro case e tanto meno sulle navi».[27]

Nel luglio 1723 un articolo pubblicato in Inghilterra dava notizia di una protesta formale del nunzio di Firenze che lamentava alcuni presunti abusi commessi da inglesi residenti a Livorno, quali l'invitare i cattolici alle loro cerimonie, far loro fare i padrini dei loro figli nei battesimi protestanti e mangiare con loro la carne durante i giorni di precetto. Apparentemente Cosimo III, avrebbe detto che spesso in passato vi erano state denunce di quel tipo ma che si erano sempre trovate infondate. Aggiungeva poi significativamente che gli inglesi e gli altri protestanti godevano di privilegi di cui non potevano essere privati («the English and other Protestants had certain Privileges which could not be taken from them»). L'autore dell'articolo commentava dunque che nonostante i tentativi dell'Inquisizione di

25. ASFi, *Mediceo del Principato*, 2159.

26. *Ibidem*.

27. ASFi, *Mediceo del Principato*, 2161, cc. 531, 703 per la lettera da Firenze del 20 settembre 1645; Auerbach-Lynn, *"Addomesticare" gli inquisitori*, pp. 51-92; Frattarelli Fischer, *L'Arcano del mare*, p. 87.

limitare i privilegi degli inglesi, il Granduca certamente non avrebbe fatto niente per non disgustare la nazione in virtù della quale Livorno era così fiorente.[28] Come mostrano i passi che abbiamo citato, è chiaro che nella prassi si concedesse la più ampia libertà religiosa agli inglesi cercando al contempo di mascherare il più possibile la loro diversità religiosa, fino al punto di renderla invisibile. Si trattava di una tolleranza religiosa che operava quindi nell'ambito privato, mentre nella sfera pubblica i protestanti residenti a Livorno dovevano il più possibile "mimetizzarsi".

Ricerche più specifiche andrebbero fatte, ma sembrerebbe che tutte le volte che sorsero dei problemi perché gli inglesi avevano superato consapevolmente o inconsapevolmente i limiti che le autorità religiose volevano imporre a queste comunità forestiere, si facesse solo un generico riferimento ai "privilegi" concessi dal Granduca senza però richiamare esplicitamente la Livornina del 1593. Significativamente in una disputa legale del 1680, si fece riferimento ad una petizione della nazione inglese che nel 1645 chiedeva l'esenzione delle tasse di successione, motivando la richiesta sulla base del fatto che i mercanti britannici allora a Livorno non possedessero beni immobili, evidentemente senza far riferimento ai privilegi del 1593 (il rescritto del Granduca fu favorevole agli inglesi: «Non si molesti per questa causa»).[29] A riprova dello status incerto degli stranieri residenti a Livorno, è significativo che anche in ambito più strettamente legale si fosse affermata nel Seicento la prassi di concludere le contese tra i forestieri attraverso la mediazione del console, in maniera informale e senza un passaggio in tribunale, registrando l'accordo delle parti con un atto notarile. Di questa possibilità fecero ampio uso anche gli inglesi.[30]

Riferimenti espliciti ai privilegi del 1593 sembrano essere stati sempre più frequenti a partire dalla seconda metà del Seicento, inizialmente

28. «Present State of Europe or The historical and political mercury», 35/7, July 1723, p. 203.

29. Garcia de Gironda, *Tractatus De Gabellis Cum Additione Decisionum Diversorum Tribunalium Ad Materiam Pertinentium*, Florentiae, typis Reg Celsit. apud Antonium Mariam Albizzini, 1710, vol. 2, *Decisiones Rotæ florentinæ aliorumque tribunalium ad materiam gabellarum, directuræ, et sportularum. Cum duplici indice argumentorum, et materiarum*, pp. 204-216.

30. Andrea Addobbati, *Until the Very Last Nail: English Seafaring and Wage Litigation in Seventeenth-Century Livorno*, in *Law, Labour and Empire. Comparative Perspectives on Seafarers, c. 1500-1800*, a cura di Maria Fusaro, Bernard Allaire, Richard J. Blakemore, Tijl Vanneste, Basingstoke, Palgrave Macmillan, 2015, pp. 43-60.

per questioni di natura patrimoniale. Ad esempio, un caso in cui l'appello alla Livornina fece giurisprudenza risale al 1676. Nell'agosto di quell'anno infatti il mercante inglese (protestante) Humphry Sidney, che per anni aveva operato nella piazza di Livorno, morì nella sua casa di Pisa senza che il suo testamento fosse stato letto e pubblicato nelle forme prescritte.[31] Il testamento apparentemente venne impugnato da una certa Elizabeth Gascoigne che, con ogni probabilità, viveva con il Sideny *more uxorio* e dall'Inghilterra si attivarono alcuni creditori del defunto. Il fratello David dall'Inghilterra si recò in Toscana per seguire il caso. Il caso venne discusso sia a Pisa che a Livorno quando, infine, Giuseppe Bruni in qualità di delegato granducale emise un Giudizio legale il 15 ottobre 1677 con cui si stabiliva la validità del testamento, pur essendo stato emesso da un eretico, facendo significativamente esplicito riferimento ai privilegi concessi alle nazioni acattoliche di Livorno «in hoc felicissimo statu [...] singulari Serenissimi Imperantis privilegio Hæbreis, Turcis & id genus infidelibus mercatoribus præterea omnibus testari indulgetur».[32]

Ancora nel 1680, intorno all'eredità dell'armeno Antonio Bogos Çelebi morto nel 1674, si aprì una discussione sull'applicabilità dell'articolo 21 della Livornina alla nazione inglese, esprimendo esplicitamente dei dubbi che questa potesse considerarsi inclusa nella categoria «altri» dell'intestazione dei privilegi.[33]

31. Su Humphrey Sidney cfr. Villani, *«Cum scandalo catholicorum...»*; David Williams, *David and Humphrey Sidney: Stuart Merchants and Litigants – Who Did They Think They Were?*, in «Essex Journal», 45/2 (2010), pp. 39-44.

32. Luigi Mansi, *Consultationum sive rerum iudicatarum*, VI, Lucae, 1688, cons. 529, n. 37, p. 328; cfr. anche Giovanni Paolo Ombrosi, *Rotae Florentinae Decisionum Thesaurus ex Bibliotheca Johannis Pauli Ombrosi,* Florentiae, ex typographia Bonducciana sub platea S. Apollinaris, 1767.

33. Garcia de Gironda, *Tractatus De Gabellis cum Additione Decisionum Diversorum Tribunalium ad Materiam Pertinentium*, Florentiae, typis Reg Celsit. apud Antonium Mariam Albizzini, 1710, vol. 2, *Decisiones Rotæ florentinæ aliorumque tribunalium ad materiam gabellarum, directuræ, et sportularum. Cum duplici indice argumentorum, et materiarum*, pp. 204-216 (Decisio XXXIX). Sull'eredità di Bogos, vedi Alessandro Buono, *Anton Bogos Celibì e le eredità ab intestato nella Toscana di fine XVII secolo*, in *Un mare connesso. Europa e mondo islamico nel Mediterraneo (secoli XV-XIX)*, a cura di Jake Dyble, Alessandro Lo Bartolo, Elia Morelli, Roma, Carocci, pp. 201-229; *Gli Armeni lungo le strade d'Italia*, atti del convegno internazionale (Torino, Genova, Livorno, 8-11 marzo 1997), Roma, Istituti editoriali e poligrafici internazionali, 1998, pp. 73, 76.

Che sulla questione permanessero delle zone d'ombra è dimostrato dal fatto che quando nel 1720 gli inglesi si appellarono alla Livornina, menzionando in particolar modo l'articolo 21, riguardo all'eredità di un certo Dr. Robert Alston, morto intestato a Livorno nel dicembre dell'anno precedente, la questione rimase a lungo in sospeso.[34] Significativamente, più o meno a distanza di un anno dalla morte dell'inglese, James Craggs, segretario di Stato per il Dipartimento del Sud, chiese copia di tutti e 44 gli articoli «of Porto Franco, granted by Ferdinando, 3rd Great Duke of Tuscany, anno 1593».[35] John Fuller si affrettò a farlo e il 3 gennaio 1721 inviò dunque una copia completa della Livornina in italiano che è dunque conservata tra le *State Papers* dei National Archives di Londra (e che, per quanto ci risulta, non è mai stata citata dalla storiografia).[36]

Non è chiaro, allo stato attuale della ricerca, come si sia risolta la vicenda, ma ancora una volta sembra che l'applicabilità dei privilegi del 1593 alla nazione inglese non venisse considerato un dato acquisito. Di lì a poco, l'arrivo in Toscana della dinastia lorenese si caratterizzò per un'opera centralizzatrice e modernizzatrice che si manifestò in un attacco ai privilegi di località e dei corpi particolari. In questo senso andava la richiesta fatta nel 1748 dal Richecourt ai non toscani residenti a Livorno di dichiararsi sudditi toscani quando presentavano una memoria e un documento rivolto alle autorità. I britannici, vedendo minacciati i loro privilegi, protestarono formalmente e la decisione venne ritirata.[37] Ma, significativamente, proprio

34. NA, SP 98/24, su Alston vedi John Ingamells, *A Dictionary of British and Irish Travellers in Italy, 1701-1800*, New Haven, Yale University Press, 1997, p. 17. Per la documentazione toscana vedi ASFi, *Mediceo del Principato,* 4238, lettere del novembre 1715, Ivi, 4239, lettere del Montemagni al residente inglese D'Avenant, 2 apr. e 7 maggio 1720, D'Avenant a Montemagni, 20 apr. 1720.

35. NA, SP 98/24, John Fuller a James Craggs (Secretary of State for the Southern Department), 21 ott. 1720; Edward Gould a James Craggs,10 nov. 1720 (Gould allegava alla sua lettera una traduzione inglese dell'articolo 5 Livornina, ripresa dalle contestazioni che aveva fatto gli inglesi residenti a Livorno ai *Commissioners of Trade*, circa 20 anni prima).

36. NA, SP 98/24, la copia della Livornina era allegata alla lettera di Fuller a Craggs del 3 gen. 1721. Insieme ad essa Fuller inviò anche copia della corrispondenza con Rinuccini. Il 7 gennaio 1721, prima dell'arrivo della copia integrale della Livornina, Gould aveva inviato copia, in italiano, dell'articolo 21.

37. Carlo Mangio, *La memoria presentata dalla 'Nazione Inglese' di Livorno in occasione dell'inchiesta del 1758*, in *Gli inglesi a Livorno*, pp. 58-65; *L'Italia del Secondo Settecento nelle Relazioni Segrete di William Hamilton, Horace Mann e John Murray*, a cura di Gigliola Pagano de Divitiis, Vincenzo Giura, Napoli, Edizioni scientifiche italiane,

intorno a queste questioni, ancora nel 1781, in una memoria del progovernatore Giuseppe Francesco Pierallini si diceva che l'articolo 21 della Livornina valeva solo per i sudditi e per gli ebrei e non potesse «adattarsi agli altri nazionali che non sono dell'istessa condizione».[38]

La colletta universale e un'altra copia della Livornina

Un'altra questione di natura fiscale in cui si fece esplicito riferimento a una violazione dei privilegi del 1593 dando per assodato il fatto che ne usufruissero anche gli inglesi, avvenne in relazione alla colletta universale del 1692. Il 21 giugno di quell'anno, per far fronte ai costi imposti alla Toscana dalla guerra della Lega d'Augusta, Cosimo III istituì una colletta universale dello 0.5 % sul reddito. Venne richiesto di pagare quest'imposta anche agli stranieri che avevano beni o che operavano in Toscana.[39] Le nazioni straniere chiesero di essere esentate sulla base dei privilegi di cui avevano sempre goduto e, come si legge in una ricostruzione di queste trattative fatta dalla nazione inglese di alcuni anni dopo, già a partire dall'«anno seguente» si stabilì «che questa tassa» dovesse essere pagata solo dai sudditi toscani e non anche ai «forestieri». Nel 1699 però, ignorando la prassi degli anni precedenti, venne nuovamente chiesto ai mercanti stranieri di Livorno di pagare l'imposta. Il 27 ottobre di quell'anno il residente inglese a Firenze Lambert Blackwell a nome di «tutti i mercanti della nazione inglese abitante nella città di Livorno» scrisse a Coriolano Montemagni, primo Segretario di Stato di Cosimo III, per protestare contro la «nuova imposizione del mezzo per cento» e per chiedere un'esenzione adducendo «li privilegi concessili dal Ser.mo Ferdinando Granduca di Toscana di Gloriosa memoria fino del'Anno 1593». Blackwell sosteneva le ragioni dei mercanti inglesi erano molto efficaci essendo fondate «in un privilegio assoluto concessoli con modo speciosissimo dal predetto Ser.mo Ferdinando Granduca di Toscana, sì come in un continuato possesso di godere detto privilegio per lo spazio di più di centosei anni che non pare

1997, p. 81. Cfr. anche Furio Diaz, *I Lorena in Toscana – La Reggenza*, Torino, Utet, 1988, pp. 111-113.

38. Archivio di Stato di Livorno, *Governo Civile e militare di Livorno*, *Copialettere Civili*, 972, cc. 95v-98r, lettera dell'11 maggio al segretario granducale Francesco Seratti, cit. in Paolo Castignoli, *Studi di Storia. Livorno dagli archivi alla città*, Livorno, Belforte, 2001 pp. 98, 100.

39. Furio Diaz, *Il Granducato di Toscana: I Medici*, Torino, Utet, 1976, p. 492.

soggetto ad alcuna limitazione». Si metteva poi in evidenza «il vantaggio» che portavano «li predetti mercanti più d'ogn'altra nazione alla detta città di Livorno, come è molto ben noto». Nel dossier che è conservato presso l'Archivio di Stato di Firenze, nelle carte riguardanti i rapporti anglo-toscani, subito dopo questo documento, si trova un documento dove si trova una trascrizione degli articoli 1, 5, 36, 43 e 44 della Livornina del 1593, che probabilmente furono allegati dal Blackwell alla sua protesta.[40] Della questione venne direttamente investita l'Inghilterra e la protesta dei mercanti di Livorno venne inoltrata al conte di Jersey, segretario di Stato per il Dipartimento del Sud, che nel dicembre inoltrò la petizione ai *Commissioners of Trade* (un organo creato nel 1696 per promuovere il commercio).[41]

Il 9 maggio 1700 Blackwell rinnovò la sua protesta al Montemagni a nome del re d'Inghilterra. La sua lettera enfatizzava l'importanza dei privilegi del 1593 affermando che erano stati concessi dal «Granduca Ferdinando di gloriosa memoria per stabilire un commercio generale nei suoi dominij» per mezzo del quale tanto lui, quanto «i suoi successori» dichiarano il «Porto di Livorno libero e franco, a tutti i forestieri che volessero negoziarvi, o abitare». Si metteva poi in evidenza come il quinto articolo esplicitamente garantisse ai mercanti che si fossero stabiliti lì di non essere molestati «con tassa o imposizione di qualsivoglia sorte, reale o personale (al riservo dell'ordinarie gabelle) sotto qualsivoglia protesto». Uno specifico riferimento alla durata prevista dei privilegi enfatizzava chiaramente come fossero ancora in vigore: «Questi privileggi et essenzioni furono nel principio concessi per venticinque anni, e così successivamente per sempre fin'alla pubblica revocazione, in qual caso i mercanti forestieri sarebbero avvisati cinque anni prima, acciò potessero ritirare i loro effetti». Significativamente Blackwell metteva in evidenza come fosse stato proprio in virtù di questi privilegi che «diversi mercanti inglesi» si erano «stabiliti a Livorno» godendo «per cento anni» «il benefizio di questo Bando, senza

40. ASFi, *Mediceo del Principato*, 4236, lett. 27 ott. 1699; 9 mag. 1700; vedi anche ASFi, 2268, lettere del Provveditore della dogana al Segretario di Stato Panciatichi, 23 ott. 1699, al Segretario di Stato Montauti, 27 feb., 13 mar., 10 apr., 16 apr. 1700 cit. in Jean Pierre Filippini, *Il Porto di Livorno e la Toscana (1676-1814)*, Napoli, Edizioni scientifiche italiane, 1998, vol. 1, p. 81. Cfr. anche ivi, vol. 2, p. 424.

41. *Calendar of State Papers, Domestic Series, of the Reign of William III, 1699-1700, Preserved in the Public Record Office*, London, His Majesty's Stationery Office, 1937, p. 314. Cfr. anche *Journals of the House of Commons*, vol. 13, *1699-1702*, London, His Majesty's Stationery Office, 1803, p. 723.

molestia veruna». La lettera finiva ammettendo che l'imposta non fosse affatto gravosa ma che il sovrano inglese non poteva accettare una così palese violazione dei diritti della comunità mercantile inglese di Livorno:

> E benché questa tassa importa una somma piccola, S. M.tà prendendola per un'infrazione dei privilegi accordati ai suoi sudditi in virtù del Porto Franco, e dubitando delle conseguenze, mi ha comandato di farne premurose instanze all'A. V. S. ma acciò che l'A. V. resti servita di commandare che la sudetta tassa sia levata, e li privilegi confirmati, nella guisa che furono concessi dal Grand Duca Ferdinando I di Gloriosa memoria, nel mese di giunto 1593; per il benefizio del traffico e reciproco comercio, e per maggiormente stabilire quella bona corrispondenza che è sempre stata tra Sua Maestà e V. A. S.ma la quale sarà da me cultivata con tutto lo spirito in ogni occasione.[42]

La questione del pagamento della colletta universale ovviamente non riguardava solo gli inglesi. Probabilmente a causa di una protesta francese, alcuni anni dopo questo scambio politico-diplomatico con Blackwell venne posto il problema se «i figli dei forestieri nati» a Livorno fossero «compresi nei privilegi concessi dal Granduca Ferdinando I alle nazioni estere». Nel giugno 1709 il Granduca fece scrivere al governatore di Livorno chiedendo espressamente di fare «una diligente ricerca per riconoscere come siano concepiti i medesimi privilegi; et in caso che nei medesimi vi fussero compresi» i figli dei mercanti e come si fossero «governati in questi ultimi tempi». Il governatore rispose dopo alcuni giorni di aver fatto «ogni più segreta diligenza» per rispondere al quesito che gli era stato fatto e che avendo «ritrovati finalmente detti Priviliegij concessi dal Ser.mo Granduca Ferdinando I di gloriosa memoria dell'anno 1593 a tutti i mercanti di qualsivolia nazione» non era affatto chiaro se i figli dei mercanti nati a Livorno fossero compresi dei privilegi. Per chiar meglio la questione riportava poi gli articoli 5, 36, 43, 44 della Livornina (gli stessi, si noti, probabilmente allegati alla lettera di Blackwell di cui abbiamo parlato). Detto questo però il governatore metteva in evidenza come «dall'anno 1694 fin al 1699» fossero «stati sempre tassati per la colletta anche i figli dei forastieri nati e domiciliati in questa città» e che, mentre alcuni non avevano obiettato al pagamento di questa imposta, altri non avevano «volsuto pagare».[43]

La richiesta è estremamente significativa per varie ragioni. In primo luogo, come si vede, non solo a Firenze non avevano sottomano una copia

42. ASFi, *Mediceo del Principato,* 2221, minuta 21 aprile 1700.
43. ASFi, *Mediceo del Principato,* 2230, cc. n. n.

della Livornina del 1593 ma persino a Livorno il governatore aveva dovuto cercarne negli archivi una copia. Tutto farebbe pensare dunque che a partire dalla fine del Cinquecento i privilegi concessi agli ebrei fossero stati concessi nella prassi anche agli «altri» forestieri, non esplicitamente menzionati nel loro testo, ma che, probabilmente, fu solo a partire dalla fine del Seicento, con l'accresciuto prestigio britannico, che si volle avere una più solida base legale ai diritti che godeva la nazione inglese. La prassi aveva portato all'estensione dei privilegi anche per tutti quei forestieri che non erano espressamente indicati nell'intestazione della Livornina ed era giunto ora il momento di stabilirlo formalmente.[44]

Come ha messo in evidenza Edigati nel già citato saggio sulla Livornina, un caso del 1745 mostra come la questione di adattare esplicitamente il diritto alla prassi venisse acutamente sentito da Giulio Rucellai, Segretario del Regio Diritto. In quell'anno si presentò un caso analogo a quello di Humphry Sidney di quasi ottanta anni prima, poiché era stata messa in dubbio la legittimità di un'eredità che un genovese morto a Milano aveva lasciato allo scozzese «Ruberto Rutherfors», da tempo residente in Toscana (probabilmente si tratta di Sir Robert Rutherfurd che visse in Italia per quarant'anni, impiegato per gran parte di essi come agente della Russia a Livorno). Lo scozzese era protestante e Rucellai preparò sul caso una relazione che metteva in evidenza come la nazione inglese fosse tra quelle invitate dal Granduca nel 1593 e che per questo nessuno aveva in precedenza posto in dubbio la loro capacità negoziale, facendo esplicito riferimento al giudizio legale emesso nel caso di Sidney nel 1667 di cui abbiamo già parlato. Oltre a questo, pur ammettendo che la giurisprudenza di diritto comune e il diritto canonico stabilissero in maniera inequivocabile la perdita della cittadinanza degli eretici e la loro incapacità di agire come soggetti di diritto, Rucellai sostenne l'applicabilità alla "nazione forestiera" del diritto delle genti, appellandosi alla definizione di Grozio che definiva lo straniero che risiedeva in un

44. Già nel 1728, in relazione a una causa riguardante una truffa dall'ebreo Moyses Silvera de Mattos si scrisse espressamente che a Livorno i privilegi erano concessi a tutti i mercanti, sia cristiani che ebrei che di qualsiasi altra nazione o religione: *Raccolta delle decisioni della Ruota Fiorentina dal MDCC al MDCCCVIII, Disposte per ordine cronologico*, a cura di Bartolommeo Artimini, Celso Marzucchi, Firenze, L. Marchini, 1700; Giuseppe Lorenzo Maria de Casaregi, *Discursus Legales De Commercio*, Florentiæ, Typis Bernardi Paperini, 1729, vol. III, pp. 407-415 (Discursus 182),

posto come “subditus temporarius” e quindi soggetto alle leggi di chi esercitava la sovranità in quel territorio.[45]

Sulla base della relazione di Rucellai, il 23 ottobre 1745 Pompeo Neri, a nome del Consiglio di Reggenza inviò al Governatore di Livorno questo documento «sopra la competenza de Privilegj ai Nazionali Inglesi» che val la pena citare per intero:

> I Negozianti Britannici Commoranti in Livorno avendo fatto ricorso al Consiglio di Reggenza a causa d’alcune difficoltà incontrate ultimamente da un loro Nazionale in Pisa, ove per essere egli di Religione Anglicana si pretende incapace di una Successione deferitali per Testamento d’un Cattolico Romano, il Consiglio medesimo per quiete, e sicurezza della Nazione Inglese, e per regola de’ Casi avvenire ha stimato opportuno di dichiarare, come essendo indubitato che per i Privilegj concessi al Porto di Livorno dal Serenissimo Gran Duca Ferdinando Primo, e per la pratica costante di tutta la Toscana, non possono li Nazionali Inglesi esser sottoposti in questi Stati alle pene imposte dalle Nostre Leggi agl’Eretici, così non possono dirsi privati in verun modo della Testamentaria Fazzione attiva, e passiva, e sono in conseguenza, e sono stati reputati capaci della Successione, e di tutti gli altri Benefizj del diritto Comune, toltine i casi in cui per le Nostre Leggi Statutarie si vieta il passaggio di dette Successioni nelle Persone Forestiere.
> Mi ha comandato perciò il medesimo Consiglio di partecipare tale dichiarazione a V.E. affinché Ella la faccia registrare nella Segreteria di cotesto Governo e ne faccia dar copia autentica quando le sia richiesta a’ Nazionali Inglesi, e a qualunque altro occorra.[46]

4. *L’articolo 26 della Livornina*

Se, come abbiamo visto, nel Seicento i dibattiti e i conflitti sulla questione delle libertà religiose della comunità inglese si svilupparono attorno

45. ASFi, *Auditore dei benefici ecclesiastici e segreteria del regio diritto*, 321, cc. 318-330; cfr. ivi, cc. 380-410. Su questa vicenda vedi Edigati, *La «Livornina» e la tolleranza religiosa in Toscana nell’età moderna*; Id., *Rucellai, Giulio*, in DBI, vol. 89, 2017, s.v. Su Robert Rutherfurd (1719-1794) vedi William Kenneth Rutherford, Anna Clay (Zimmerman) Rutherford, *Genealogical history of the Rutherford family*, [Lexington], W.K. Rutherford, 1986, vol. 1, p. 12.

46. *Collezione degl’ordini municipali di Livorno corredata delli statuti delle sicurtà, e delle più importanti rubriche delli statuti di mercanzia di Firenze*, Livorno, Carlo Giorgi, 1798, pp. 267-268.

alle due questioni della presenza di un ministro della Chiesa d'Inghilterra per la comunità e sulla possibilità di avere un vero e proprio cimitero, nel Settecento, la nazione inglese dovette fronteggiare alcuni casi di ragazze che, fuggite di casa, volevano convertirsi al Cattolicesimo.[47] Abbiamo notizia di episodi di questo tipo nel 1703, nel 1704, nel 1715, 1721, nel 1762.[48] In tutti questi casi si assistette a un braccio di ferro tra gli inglesi protestanti di Livorno che chiedevano la restituzione delle bambine e delle ragazze e le autorità religiose e politiche toscane che rivendicavano il diritto di queste straniere ad abbandonare l'eresia e abbracciare la vera fede, arrivando a sostenere, nel caso di una bimba di appena sette anni e mezzo, che la maturità superiore all'età l'avesse spinta a una decisione consapevole.[49] A questi episodi di ragazze o bambine fuggite di casa per convertirsi se ne possono aggiungere altri simili. Nell'ottobre del 1735, ad esempio, un'orfana che, convertitasi al cattolicesimo una decina di anni prima, dopo che, dopo aver manifestato insofferenza per le regole cattoliche (a Livorno si diceva che vivesse da eretica) aveva deciso di tornare in Inghilterra. Il vicario dell'Inquisizione chiese e ottenne dal governatore di Livorno di bloccarla, suscitando un caso diplomatico con scambi di proteste formali tra i diplomatici britannici allora in Italia e le autorità politiche toscane.[50] Nel 1758 si tentò di trasferire in un convento la quindicenne nata da madre cattolica e dal protestante Giorgio Renner (probabilmente di Brema).[51]

47. ASFi, *Mediceo del Principato,* 2221; ASFi, *Mediceo del Principato*, 2246, cc. 121,124, 130 Alessandro del Nero a Carlo Rinuccini, 6 febbraio c. 985 26 giugno 1722.

48. Stefano Villani, *Donne inglesi a Livorno nella prima età moderna*, in *Sul filo della scrittura. Fonti e temi per la storia delle donne a Livorno*, a cura di Lucia Frattarelli Fischer, Olimpia Vaccari, Pisa, Plus, 2005, pp. 377-399.

49. ASFi, *Miscellanea Medicea,* 332, ins. 1. Cfr. anche ASFi, *Mediceo del Principato*, 4239, cc. 178, 184-197, 200-212; Ivi, 2245, lett. di Alessandro del Nero a Carlo Rinuccini, 6 ott. 1721. Cfr. anche ASFi, *Mediceo del Principato*, 4224, cc. n. n., minute del Montemagni al Pucci, 24 ott., 12 dic. 19 dic., 26 dic., 1721, 2 gen. 1722, lettere di Vincenzo Pucci a Montemagni del 17 nov., 24 nov., 1 dic, 8 dic. 1721; Ivi, 4225, minuta 6 feb. 1722 etc. Archivio Arcivescovile di Pisa, *Carteggio e atti vari relativi a Livorno*, 2, lettera di Coriolano Montemagni all'arcivescovo di Pisa, 31 dic. 1721.

50. ASFi, *Mediceo del Principato,* 2261, cc. n. n., 31 ott. 1735. Cfr. anche ASFi, *Mediceo del Principato*, 2261, cc. n. n., 12 dicembre 1735.

51. Carlo Mangio, *Mantenute, malmaritate, prostitute, apostate: l'occhio vigile della Reggenza lorenese sulle donne di Livorno*, in *Sul filo della scrittura*, pp. 217-237, in part. pp. 233-235.

Ognuna di queste vicende meriterebbe una ricerca specifica ma un primo sondaggio delle fonti farebbe pensare che in tutti questi casi non sia mai stato fatto uno specifico riferimento ai privilegi del 1593, nemmeno quando la ragazza aveva meno di tredici anni (l'età minima, secondo l'articolo 26 della Livornina, sotto la quale era vietato di battezzare i bambini ebrei senza il consenso dei genitori). Che la normativa del 1593 riguardante il battesimo degli ebrei potesse essere estesa ai protestanti era peraltro cosa di cui si aveva una certa consapevolezza. Ad esempio nel 1668 in relazione al caso di una bambina ebrea di Livorno di sette anni che, con la scusa che avesse apparentemente espresso la volontà di essere battezzata era stata sottratta ai genitori, il Granduca costituì una commissione in cui esplicitamente si disse che una decisione che avesse stabilito la legalità di questo provvedimento avrebbe avuto drammatiche conseguenze per tutti gli acattolici che vivevano in città. Uno dei membri di questa commissione, Flavio Guglielmi mise in evidenza come una deroga su questo avrebbe creato un precedente che sarebbe poi stato usato contro i «Persiani, Olandesi, Inglesi e altri mercati forestieri» che fidandosi dei privilegi concessi «circa 80 anni prima» (la Livornina, per l'appunto) si erano stabiliti a Livorno, soprattutto considerando che non erano «come gli hebrei tollerati dal pontefice nel suo Stato». All'importanza dei «privilegi che avevano attratto in buona fede i mercanti forestieri di Livorno» fece cenno anche Ferrante Capponi. I dibattiti portarono alla pubblicazione di un bando che, pur abbassando di fatto ai sette anni l'età consentita per battezzare bambini che volessero convertirsi, stabiliva però per la prima volta pene precise e severe per chi avesse rapito bambini «sotto pretesto di volerli ridurre alla santa fede cristiana».[52] Nel 1742, di fronte a un ennesimo caso di due giovani ebrei, Rucellai affermò chiaramente che si trattava di una questione che riguardava «tutte le nazioni», a cui doveva essere data assicurazione che i privilegi sarebbero stati «inviolabilmente osservati».[53]

L'applicazione dell'articolo 26 della Livornina venne esplicitamente evocata quando, nel 1763, si presentò l'ennesimo caso di un conflitto tra la nazione inglese e le autorità civili e religiose toscane riguardo alla

52. Lucia Frattarelli Fischer, *Sul battesimo dei bambini ebrei. Il caso di Livorno*, in *Salvezza delle anime, disciplina dei corpi. Un seminario sulla storia del battesimo*, a cura di Adriano Prosperi, Pisa, Edizioni della Normale, 2006, pp. 449-482.

53. ASFi, *Auditore dei benefici ecclesiastici, poi segretario del regio diritto*, 306, cc. 197-208v, 252 cit. in Frattarelli Fischer, *Sul battesimo dei bambini ebrei*, pp. 479-480.

conversione di giovani donne.[54] Nell'estate di quell'anno le tre figlie di Peter Gravier – un mercante ginevrino naturalizzatosi inglese e morto nel giugno di quell'anno – fuggirono di casa per convertirsi al cattolicesimo contro la volontà della madre, Julia: avevano 18, 15 e 11 anni. La figlia minore – Anna Gravier – non avendo ancora compiuto i tredici anni si rifugiò in un convento di Livorno e la madre chiese e ottenne il sostegno del residente inglese in Toscana Horace Mann che chiese subito l'applicazione dell'articolo. Questi, nel riferire di quanto era accaduto a Londra, mise subito in evidenza che quanto era avvenuto violava i privilegi («The 26th article "of the Privileges of Leghorne" fixes the age of thirteen years complete for young people to be permitted to embrace the Roman Catholic religion, and peremptorily prohibits their being taken from their parents, or received on that account»).[55] Significativamente Horace Mann in una lettera del 28 giugno al segretario di Stato per il Dipartimento del Sud espresse il timore che Francesco Stefano di Lorena potesse sostenere che i privilegi del 1593 non si applicassero agli inglesi dato che non erano citati espressamente nel preambolo.[56] Della questione venne direttamente investito Walpole.[57] Il consiglio di Reggenza, sulla base di una relazione del governatore di Livorno, di fatto stabilì che l'articolo 26 doveva applicarsi anche in relazione a questo caso e, infine, all'inizio del

54. Frattarelli Fischer, *Vivere fuori dal ghetto*, pp. 54, 217, 228; Carlotta Ferrara degli Uberti, *La "nazione ebrea" di Livorno dai privilegi all'emancipazione (1814-1860)*, Firenze, Le Monnier, 2007, p. 45; Marina Caffiero, *Battesimi forzati. Storie di ebrei, cristiani e convertiti nella Roma dei papi*, Roma, Viella, 2004, pp. 28, 41, 119, 120, 162, 163, 286, 337; Frattarelli Fischer, *Vivere fuori dal ghetto*, p. 54; Ead., *Ebrei a Pisa e Livorno nel Sei e Settecento tra Inquisizioni e garanzie granducali*, in *Le inquisizioni cristiane e gli ebrei*, tavola rotonda nell'ambito della Conferenza annuale della Ricerca (Roma, 20-21dicembre 2001), a cura di Adriano Prosperi, Roma, Accademia Nazionale dei Lincei, 2003, pp. 253-295.

55. Mann to Egremont, 20 Aug. 1763, SP 98/68, c. 222, trascrizione in Lisa Biasci, *I dispacci del Residente inglese a Firenze, Sir Horace Mann, alla Segreteria di Stato di Londra, negli anni della Reggenza 1763-1764*, tesi di laurea, relatore Anna Maria Pult Pult a.a. 1996-1997, pp. 228-229.

56. Mann to Halifax, 28 Jan. 1764, SP 98/69, c. 22.

57. Halifax to Mann, 25 May 1764, SP 98/69, c. 92.; cfr. anche ivi, c. 94; Mann to Halifax 31 Dec. 1763, SP 98/68, cc. 319-20; Halifax to Mann, 24 Feb. 1764, S.P. 98/69, c. 27; Mann to Halifax, 14 July, SP 98/69, c. 163. Cfr. *The Yale Edition of Horace Walpole's Correspondence*, a cura di Wilmer Shields Lewis, 48 voll., New Haven, Yale University Press, 1937-1983, vol. 22, p. 250.

1765, Anna Gravier fu imbarcata su una nave che la riportò in Inghilterra e al protestantesimo.[58]

La storia dell'estensione dei privilegi del 1593 ai non-ebrei può essere interpretata, come abbiamo visto, come la storia della contrapposizione tra quella che potremmo definire la Livornina formale e una Livornina materiale.[59] Il fatto che, come dimostra la corrispondenza di Mann con l'Inghilterra, ancora nel 1764 permanessero dei dubbi sul fondamento dei diritti della nazione inglese residente a Livorno, dimostra come i diritti degli inglesi si fossero sviluppati per più di 170 anni in una zona grigia. Significativamente, come esito di questi dibattiti, il 6 Settembre 1764 venne emanato un Motuproprio «per la dichiarazione ed osservanza in favore di tutti i Negozianti Forestieri de i Privilegj del 10 Giugno 1593» dal marchese Antoniotto Botta Adorno e da Francesco Siminetti che faceva chiarezza su questa fondamentale questione:

> Sua Maestà Imperiale volendo assicurare tutti i Negozianti Forestieri di qualsisia Nazione, e Religione stabiliti in Livorno che coerentemente ai Privilegj ad essi accordati i loro Figli, e Figlie, non siano ricevuti avanti che abbiano interamente compita l'età di tredici anni, e contro il consenso de' loro Genitori in veruna casa, ove si refugiassero col fine di professarvi una Religione differente da quella, nella quale sono nati, Comanda che chiunque in avvenire si troverà nella propria casa alcuno de' detti Ragazzi ivi refugiatosi a questo effetto, sia obbligato sotto le pene più rigorose da regolarsi secondo le circostanze de' casi a consegnarlo immediatamente, e senza che le sia permesso di fare ulteriore esame ai suoi Genitori, o a quelle Persone, dalle quali i detti ragazzi dependano.[60]

58. NA, SP 105/301, 24 June 1763; Ivi, SP 93/70, 8 January, 13, 16 Feb.1765. Per la relazione del Consiglio di Reggenza, ASFi, Consiglio di Reggenza, 91, ins. 4, cit. in Frattarelli Fischer, *Sul battesimo dei bambini ebrei*, p. 481. Per la bibliografia sul caso Gravier vedi Villani, *Donne inglesi a Livorno,* pp. 394-397. Cfr. anche Mangio, *Mantenute, malmaritate, prostitute, apostate*, in part. pp. 234-235; Francesca Avezzano Comes, *Ragioni di Stato e fede cattolica in una vicenda relativa a una giovane inglese convertitasi a Livorno nella seconda metà del sec. XVIII*, in *Gli inglesi a Livorno*, pp. 165-168. Cfr. anche Peter Earle, *The Earles of Liverpool: A Georgian Merchant Dynasty*, Liverpool, Liverpool University Press, 2021, p. 143.

59. Sul quella che, molto efficacemente Edigati definisce l'interpretazione variabile della Livornina, si veda in questo volume il suo saggio: *La «Livornina» e la tolleranza religiosa in Toscana nell'età moderna*.

60. *Collezione degl'ordini municipali di Livorno corredata delli statuti delle sicurtà, e delle più importanti rubriche delli statuti di mercanzia di Firenze*, Livorno, Carlo Giorgi, 1798, pp. 268-269. Cfr. Elena Bottoni, *Spazi e forme dell'esperienza religiosa femminile*

Nel 1768 Horace Mann mandò al conte di Halifax un'ampia relazione sulla Toscana, sulla base di un testo scritto appositamente per lui da Raimondo Cocchi. Parlando di Livorno non si manca di rilevare come il corpo mercantile inglese fosse, dopo quello degli ebrei, il più numeroso, il più ricco e il più rispettato («the English Body of Merchants after the Jews is the most numerous and the richest, and is the most respected of all»). Subito dopo quest'osservazione, un commento riguardo alla più perfetta tolleranza religiosa garantita dalla Livornina del 1593, è immediatamente seguito dalla rievocazione della vicenda Gravier, di cui però si metteva in evidenza l'esito positivo.[61]

5. *Libertà religiosa*

Giovanni Rosini nel romanzo *La Monaca di Monza* del 1829 scrisse riguardo a uno dei personaggi che sarebbe voluto andare «a Livorno darsi per fallito e prender quella patente che chiamavasi *Livornina*» ma che aveva cambiato idea per timore del Sant'Uffizio («Ma le braccia dell'Inquisizione arrivavano fin là né rispettavano i salvocondotti civili»).[62]

Si tratta di una delle prime volte in cui i privilegi del 1593 vengono chiamati Livornina. A quella data il testo del 10 giugno 1593 era ormai conosciuto non solo da quei pochi che aveva accesso alle copie manoscritte

a Livorno in età moderna, in *Livorno 1606-1806: luogo di incontro tra popoli e culture*, a cura di Adriano Prosperi, Torino, Allemandi, 2009, pp. 382-404, in part. p. 386.

61. La relazione, intitolata, *A Description of Tuscany with an Account of the Revenue of the Greatdutchy mede by the Kings command by Sir Horatio Mann His Majesty's Envoy Extraordinary at the Court of Florence MDCCLXVIII* è conservata manoscritta presso la Royal Library di Winsor (RL W, IB-6) ed è pubblicata integralmente in *L'Italia del Secondo Settecento nelle Relazioni Segrete di William Hamilton, Horace Mann e John Murray*, pp. 237-375 (in part. p. 285), cfr. anche ivi, p. 81. Per un'analisi di questa relazione vedi ivi, pp. 23-27, 76-97.

62. Giovanni Rosini, *La Monaca di Monza. Storia del Secolo XVII*, Venezia, Presso Gio. Battista Missiaglia, Dalla Tip. di Alvisopoli, 1829, p. 253. Livornina è un termine che, per quanto è dato sapere, non venne usato dai contemporanei, e che, significativamente, entrò in uso solo alla fine degli anni '20 dellOttocento, alla vigilia della sua abolizione (ancora più recente è l'uso degli storici di accoppiarlo al privilegio concesso per il tramite di Maggino nel 1591 usando la forma plurale di "livornine"); su questo vedi Stefano Villani, *Livorno: Diversis Gentibus Una*, in *Twelve Cities – One Sea. Early Modern Mediterranean Port Cities and Their Inhabitants*, a cura di Giovanni Tarantino, Paola von Wyss-Giacosa, Napoli, Edizioni Scientifiche Italiane, 2023, pp. 37-53.

ma a chiunque volesse leggerlo, dato che era stato pubblicati nel 1798 e, nuovamente, nel 1804.[63]

È significativo come Rosini nel suo passo metta in evidenza come i «salvacondotti civili» non mettessero a riparo dalle persecuzioni religiose. Chiaramente dopo la Rivoluzione francese e l'epoca napoleonica si vedevano tutti i limiti di un sistema che fondava le libertà delle minoranze religiose su un sistema di privilegi. Se fu solo con l'Illuminismo che la tolleranza divenne un valore fondante del vivere civile: è però certamente innegabile che nell'Europa di antico regime, quello livornese fu un sistema di pratiche di coesistenza assai avanzato.

In ambito inglese, l'eccezionale regime di libertà rappresentato da Livorno venne suggestivamente rievocato nel 1851 in occasione di un'indagine conoscitiva lanciata da Lord Palmerston, Segretario agli Affari Esteri britannico, sullo stato del protestantesimo nei paesi europei. Nell'agosto di quell'anno Palmerston inviò agli agenti e ai consoli britannici presso corti straniere una circolare in cui si chiedevano informazioni specifiche riguardo alla possibilità di costruire cappelle e cimiteri protestanti e su quali fossero le leggi riguardanti l'esercizio della religione protestante sia per i cittadini di quei paesi che per gli stranieri che vi risiedessero.[64] Peter Campbell Scarlet, a Firenze come *chargé d'affaires*, mandò in ottobre a Palmerston una formale risposta ai suoi quesiti, includendo anche un documento del ministro degli esteri toscano Andrea Corsini, duca di Casigliano, in cui questi faceva sì esplicito riferimento ai privilegi del 1593 mettendo però ben in evidenza che si trattava di un'eccezione che si applicava solo e unicamente a Livorno. A questa prima risposta alla circolare, il 16 dicembre 1851 seguì l'invio da parte di Campbell Scarlett, di una lunga nota sullo statuto legale dei protestanti in Toscana, scritta appositamente dal segretario della Chiesa britannica di Firenze C. W. Smith. Il documento chiariva come la situazione di Livorno fosse differente dal resto della Toscana, in

63. *Collezione degl'ordini municipali di Livorno corredata delli statuti delle sicurtà, e delle più importanti rubriche delli statuti di mercanzia di Firenze*, Livorno, Carlo Giorgi, 1798, pp. 237-256; Lorenzo Cantini, *Legislazione Toscana*, Firenze, S. Maria in Campo, 1800-1808, vol. 14, pp. 10-22.

64. Lord Palmerston, *Circular to British Agents at Foreign Courts, and to Consuls Discharging Political Functions, Foreign Office, August, 1851*, in *A Complete Collection of the Treaties, Conventions, and Reciprocal Regulations at Present Subsisting Between Great Britain and Foreign Powers*, a cura di Lewis Hertslet, Sir Edward Hertslet et al., 19 vols., London, Butterworth, 1827-1895, I, p. 131.

virtù della «carta liberale della tolleranza religiosa concessa dal Granduca Ferdinando I il 10 giugno 1593, grazie alla quale tutte le regioni di ogni nazione potevano liberamente essere praticate e luoghi di culto potevano essere eretti». Nel ricostruire la storia dei privilegi, si spiegava come questo provvedimento di «generosità inconsueta e straordinaria» fosse stato emanato per incoraggiare l'insediamento a Livorno di uomini di industria, ricchezza e impresa commerciale e che grazie a questo, da piccolo villaggio con poche centinaia di abitanti fosse diventato uno dei più importanti porti del Mediterraneo. La nota proseguiva poi ricordando come, rivolto in primo luogo agli ebrei di Spagna che fuggivano dalle persecuzioni, questo provvedimento avesse permesso a ebrei, levantini e persino turchi di praticare a Livorno la loro religione senza alcuna restrizione, completamente indenni dalle persecuzioni a cui erano sottoposti nelle altre parti d'Italia e persino della Toscana. Agli inglesi aveva poi consentito di costruire le loro chiese «non vincolati dalle umilianti limitazioni che erano state loro imposte in altre parti della Toscana» (a Livorno esistevano sia una chiesa anglicana che una chiesa della Chiesa libera scozzese). Smith però, in questo quadro positivo, chiariva però che qualunque forma di proselitismo protestante fosse proibita, per l'esplicito divieto contenuto dell'articolo 20 dei privilegi del 1593.[65]

Quest'ultima osservazione si inseriva nel clima di aspra reazione che, dopo la rivoluzione del '48, aveva seguito il ritorno di Leopoldo II in Toscana, ed ha un valore quasi profetico. Alcuni mesi dopo la nota di Smith, nell'agosto del 1852 infatti due pensionanti di Firenze, Francesco Madiai e Rosa Pulini, in seguito a una perquisizione domiciliare in cui erano strati trovati in possesso della Bibbia, vennero arrestati e condannati a quattro anni e otto mesi di reclusione ai lavori forzati a Volterra per Francesco e a tre anni e nove mesi per Rosa, da scontare a Lucca. Alla fine del processo che li condannò, il Regio Procuratore Generale Antonio Bicchierai nelle sue conclusioni del 7 giugno 1852, per dimostrare che mai in Italia si era permesso il proselitismo contro la Religione Cattolica, dopo aver rievo-

65. *A Complete Collection of the Treaties and Conventions, and Reciprocal Regulations at Present Subsisting between Great Britain and Foreign Powers: So far as They Relate to Commerce and Navigation; and to the Repression and Abolition of the Slave Trade*, a cura di Lewis Hertslet, vol. IX, London, Her Majesty's Stationary Office, 1856. Su Christopher Webb Smith cf. Tony Webb, *The Anglo-Florentines. The British in Tuscany, 1814-1860*, London, Bloomsbury Academic, 2020, pp, 33-4, 92, 117, 147, 227, 229, 281, 303, 305, 337, 338, 369, 386, 495, 523.

cato le norme del diritto romano contro proselitismo e apostasia, faceva esplicito riferimento all'articolo 20 della Livornina: «Scendendo in epoche meno remote, può ricordarsi come Ferdinando, terzo Granduca Mediceo, nell'accordare nel 10 *Giugno* 1593 i noti *privilegii* agli ebrei ed altri non cristiani per attirarli in Livorno ed in Pisa, fu cauto di disporre all'art. 20 ivi "Non dovete ardire voi sotto qualsivoglia modo *persuadere* al medesimo rito alcun cristiano; ed in tal caso vogliamo siate puniti severamente, e *conforme alle leggi* gastigati"».[66]

A distanza di più di due secoli mezzo, i privilegi venivano evocati non per espandere le libertà ma per limitarle. Ma ha forse un valore simbolico che sia stato grazie a una straordinaria campagna stampa in Inghilterra e grazie all'intervento dello stesso Lord Palmerston, che dopo la condanna dei coniugi Madiai, nel 1853 la loro pena verrà commutata in esilio.[67]

66. *Giudizio della Suprema Corte di Cassazione nella causa dei coniugi Francesco e Rosa Madiai condannati per proselitismo dalla corte regia di Firenze*, Firenze, Niccolai, 1852, p. 159.

67. Sul caso Madiai vedi Owain J. Wright, *The Religious 'Persecutions' in the Grand Duchy of Tuscany and British Sympathy for Italian Nationalism, 1851-1853*, in «History», 102 (2017), pp. 414-431; Simone Maghenzani, *Francesco e Rosa Madiai. «The prisoners of Jesus Christ»*, in *Scelte di fede e di libertà. Profili di evangelici nell'Italia unita*, a cura di Dora Bognandi, Mario Cignoni, Torino, Claudiana, 2011, pp. 26-28.

Livorno
Città delle Nazioni

documenti e immagini
a cura di Massimo Bomboni

Crediti fotografici

1, 17, 18: Rijksmuseum, Amsterdam
2: su concessione del Ministero della Cultura / Galleria degli Uffizi
3: su concessione del Ministero della Cultura / Palazzo Pitti
4: Museo San Pietro, Colle di Val d'Elsa
6, 7, 9, 10, 11, 13, 19, 21: su concessione del Ministero della Cultura / Archivio di Stato di Firenze
8 A, 8 B: Comunità Ebraica di Pisa
12 A, 12 B: Museo Ebraico Yeshivà Marin
14: Comunità Ebraica di Livorno
15: Archivio Piero Frati, Livorno
16: su concessione del Ministero della Cultura / Archivio di Stato di Pisa
20 A: Amsterdam City Archives
20 B: National Archives, London
22: su concessione del Ministero della Cultura / Archivio di Stato di Livorno
23: Comune di Livorno

Si ringraziano Lucia Frattarelli Fischer e le istituzioni che hanno collaborato per la realizzazione del dossier.

Fig. 1. Jacques Callot, *Ferdinando I sorveglia i lavori delle fortificazioni di Livorno*, 1616/20. Amsterdam, Rijksmuseum, RP-P-OB-20.627.

Fig. 2. Scipione Pulzone, *Ferdinando I de' Medici*, 1590. Firenze, Galleria degli Uffizi.

Fig. 3. Bernardino Poccetti, *Veduta di Livorno*, 1607-1609. Firenze, Palazzo Pitti, Sala di Bona.

Fig. 4. *Lorenzo Usimbardi auditore delle Riformagioni e segretario di Ferdinando I* ritratto da un anonimo pittore in veste di senatore. Colle di Val d'Elsa, Museo San Pietro.

Fig. 5. Meir Sarfati, alias Maggino Gabrielli, *Dialoghi di M. Gabrielli hebreo venetiano sopra l'utili sue inventioni circa la seta*, Roma, per gli heredi di Giovanni Gigliotti, 1588.

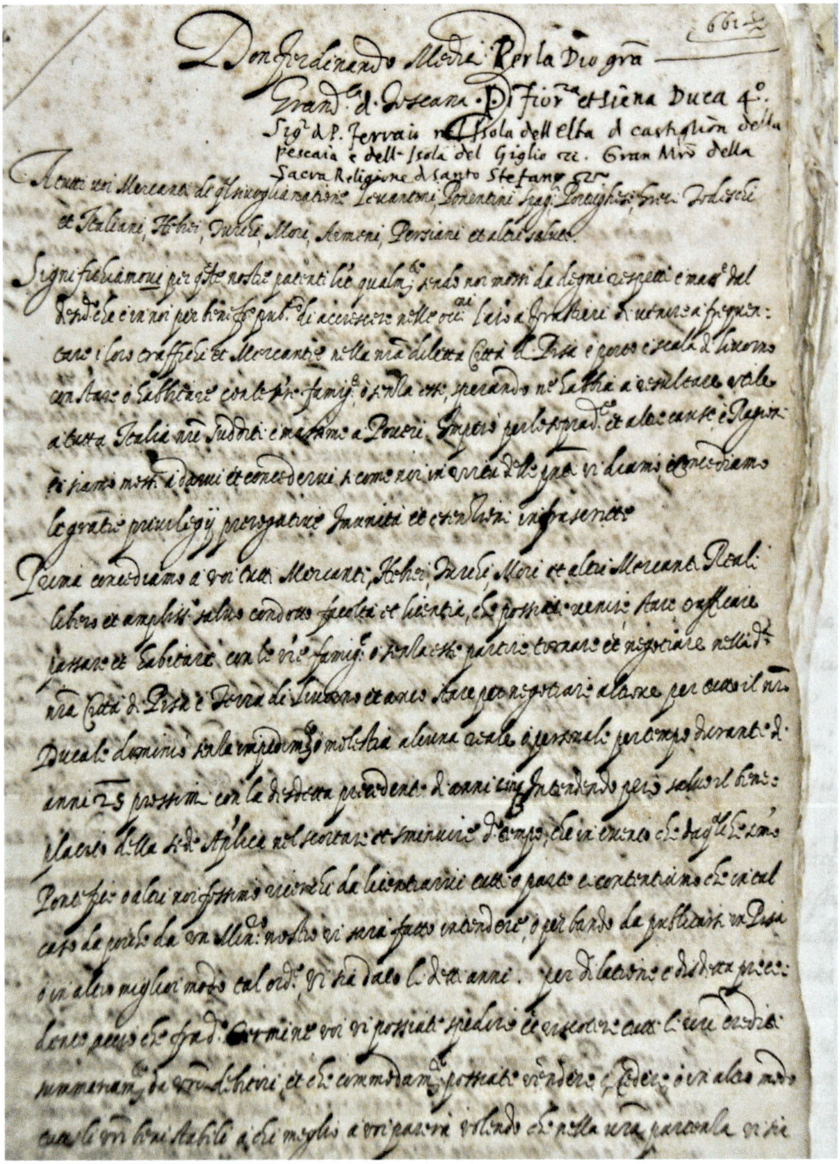

Fig. 6. Originale del privilegio ai mercanti levantini e ponentini firmato dal granduca Ferdinando I, 1° luglio 1591, carta iniziale, ASFi, *Auditore delle Riformagioni*, 18, ins. 661 ½.

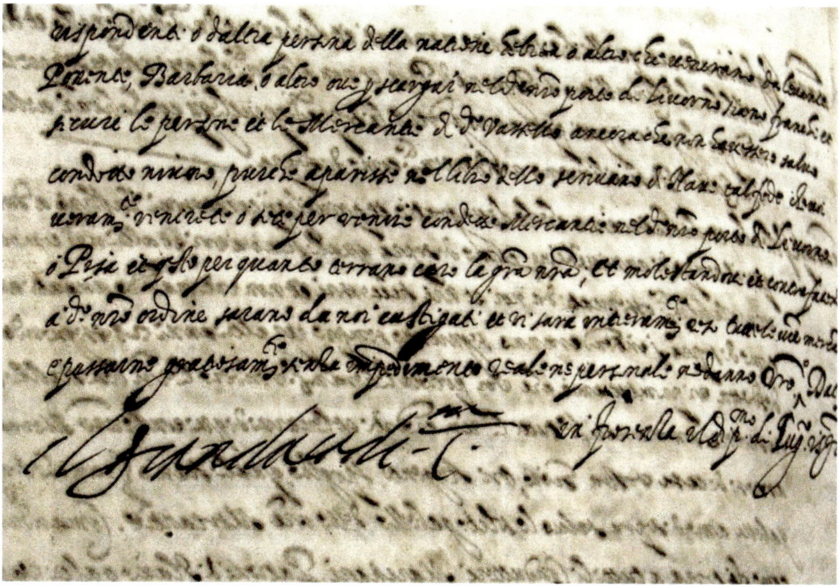

Fig. 7. Pagina finale del privilegio ai mercanti levantini e ponentini con firma autografa «Il Granduca di T[oscana]», 1° luglio 1591, ASFi, *Auditore delle Riformagioni*, 18, ins. 661 ½.
Fig. 8. *a sinistra*: A) Aròn ha-qòdesh, manifattura pisana, seconda metà del XVI secolo. Pisa, Comunità Ebraica inv. 09-00500673. *a destra*: B) Remonim (pinnacoli usati per ornamento del Sefer Torà), argento e corallo. Pisa, Comunità Ebraic

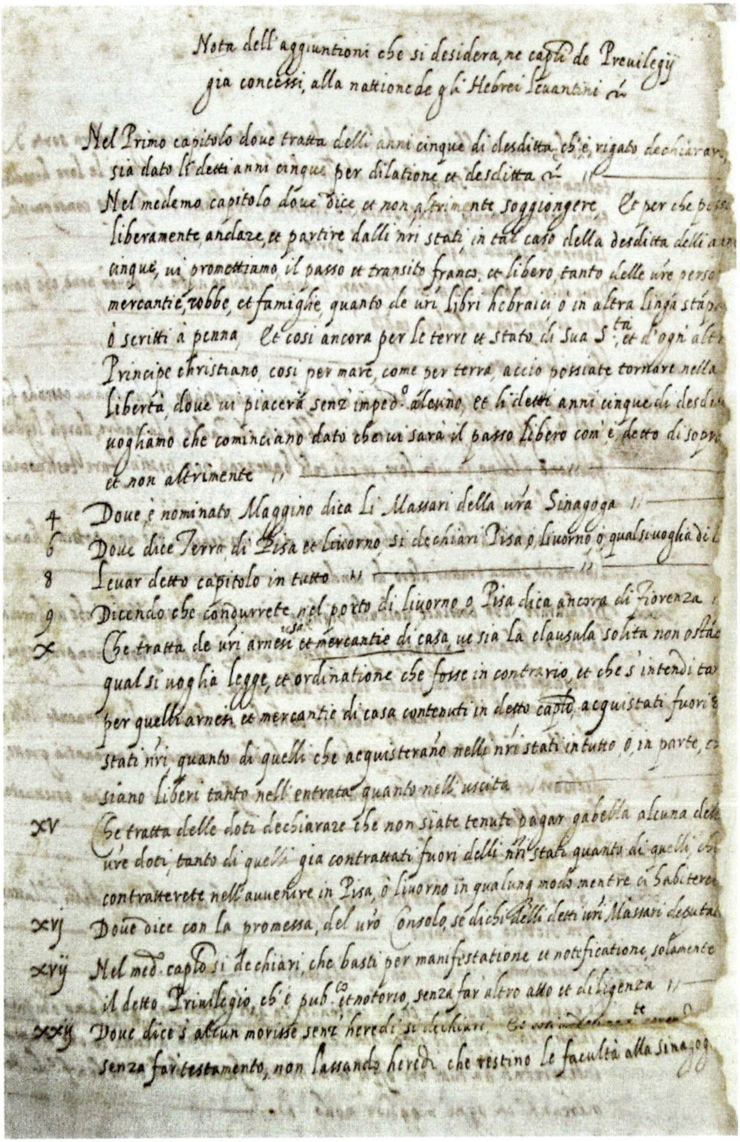

Nota dell'aggiuntioni che si desidera ne capli de Preuilegij già concessi alla natione de gli Hebrei Leuantini

Nel Primo capitolo doue tratta delli anni cinque di desdetta, ch'è rigato dechiarar, sia dato li detti anni cinque per dilatione et desdetta

Nel medemo capitolo doue dice et non altrimente soggiongere Et per che possiate liberamente andare, et partire dalli nri stati, in tal caso della desdetta delli anni cinque, ui promettiamo il passo et transito franco, et libero, tanto delle vre persone, mercantie, robbe, et famighe, quanto de vri libri hebraici ò in altra lingua stampati ò scritti à penna Et cosi ancora per le terre et stato di Sua S.tà et d'ogni altro Principe christiano, cosi per mare, come per terra, accio possiate tornare nella libertà doue ui piacerà senz'impedimento alcuno, et li detti anni cinque di desdetta uoghamo che comincino dato che ui sarà il passo libero com'è detto di sopra et non altrimente

4 Doue è nominato Maggino dica Li Massari della vra Sinagoga

6 Doue dice Terra di Pisa et Liuorno, si dechiari Pisa ò Liuorno ò qualsiuoglia di loro

8 Leuar detto capitolo in tutto

9 Dicendo che concurrete nel porto di Liuorno o Pisa dica ancora di Fiorenza

X Che tratta de vri arnesi usati et mercantie di casa, ue sia la clausula solita non ostante qualsi uoglia legge, et ordinatione che fosse in contrario, et che s'intendi tanto per quelli arnesi et mercantie di casa contenuti in detto capitolo, acquistati fuori di stati nri, quanto di quelli che acquisterano nelli nri stati in tutto ò in parte, et siano liberi tanto nell'entrata quanto nell'uscita

XV Che tratta delle doti dechiarare che non siate tenuti pagar gabella alcuna delle vre doti, tanto di quelli già contrattati fuori delli nri stati quanto di quelli che contratterete nell'auuenire in Pisa, ò Liuorno in qualunq modo mentre ci habiterete

XVJ Doue dice con la promessa, del vro Consolo, se dichi delli detti vri Massari deputati

XVIJ Nel med. cap.lo si dechiari, che basti per manifestatione et notificatione, solamente il detto Priuilegio, ch'è pub.co et notorio, senza far altro atto et diligenza

XXIJ Doue dice s'alcun morisse senz'heredi si dechiari, et che morendo senza far testamento, non lassando heredi che restino le facultà alla Sinagoga

Fig. 9. Modifiche concordate tra gli ebrei e il granduca da apportare ai capitoli del privilegio già concesso nel 1591, ASFi, *Auditore delle Riformagioni*, 19, ins. 100.

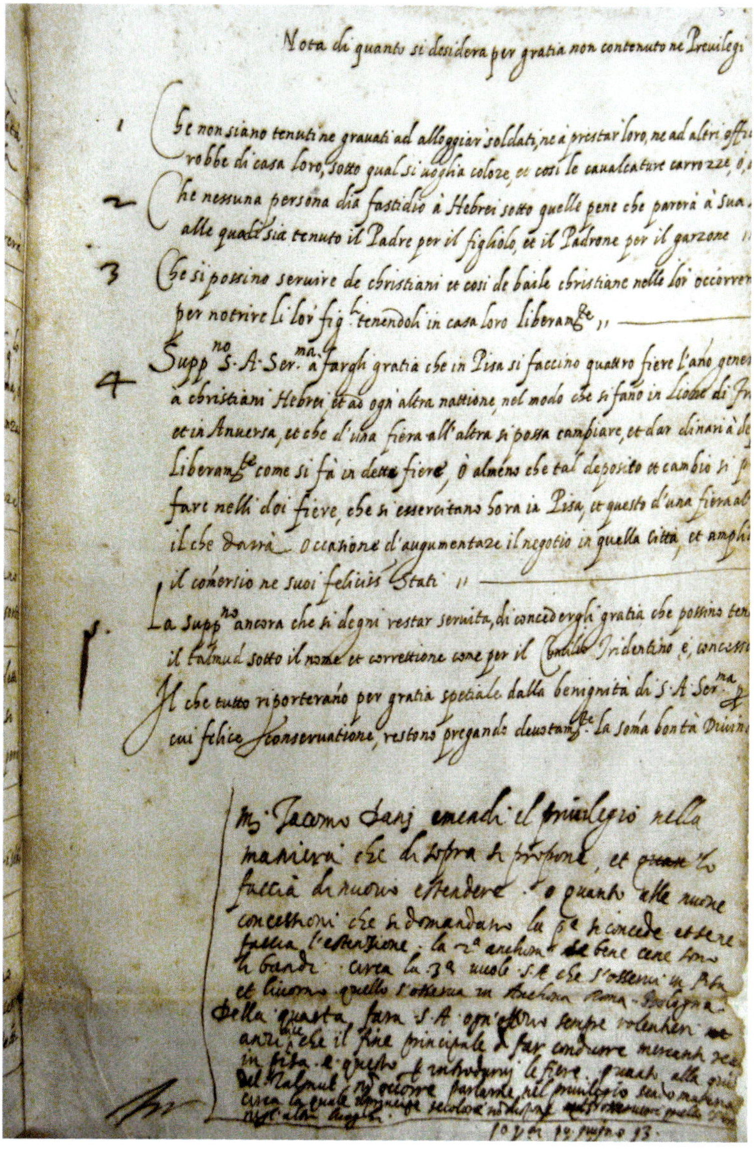

Fig. 10. Richieste non concordate e rescritto del granduca con cui incarica l'auditore Jacopo Dani di "estendere" un nuovo privilegio, 1° giugno 1593, ASFi, *Auditore delle Riformagioni*, 19, ins. 100.

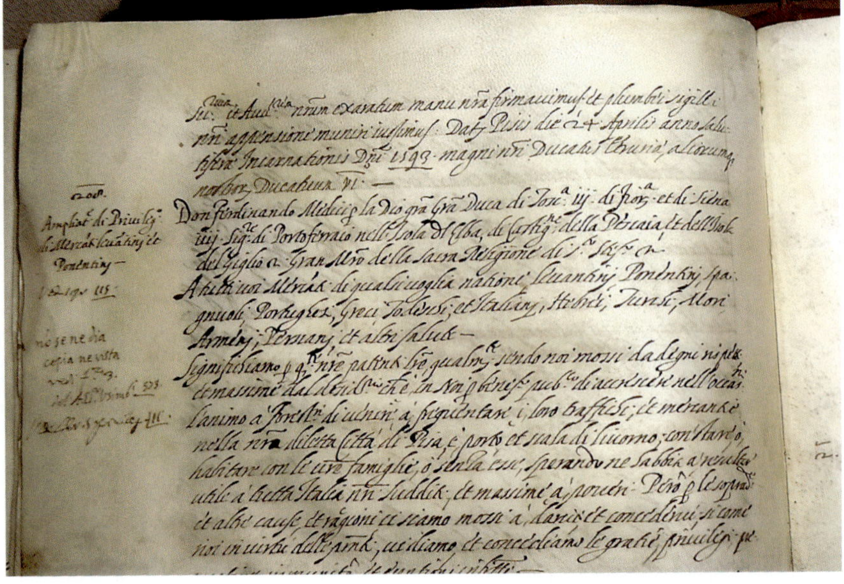

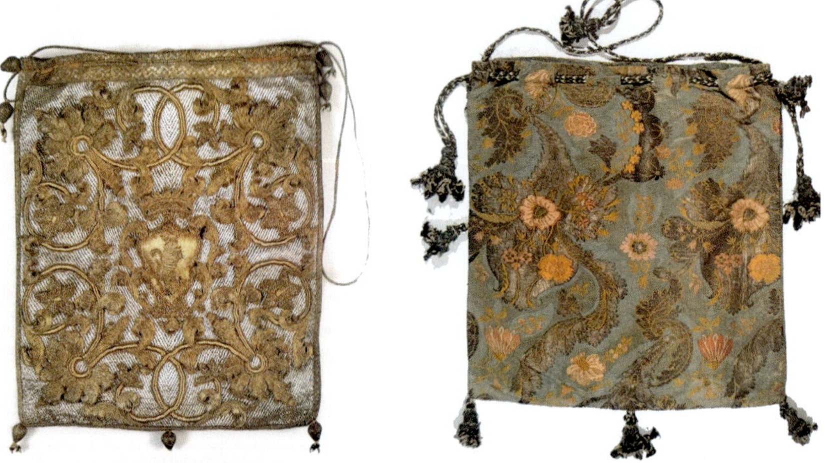

Fig. 11. Ordine «non se ne dia copia ne vista» in margine a «Ampliatione di Privilegi a mercanti Levantini e Ponentini», Livornina del 10 giugno 1593, ASFi, *Pratica Segreta*, 189, 196v.

Fig. 12 *a sinistra*: A) Borsa dei Massari, manifattura italiana, metà del XVII secolo, filato di seta e argento. Livorno, Museo Ebraico Yeshivà Marini. *a destra*: B) Borsa dei Massari, manifattura livornese, primo quarto del XVIII secolo, tessuto laminato d'argento, seta, oro e argento. Livorno, Museo Ebraico Yeshivà Marini.

millesimo quingentesimo nonagesimo quinto, Magni nostri Ducatus Etruriae, aliorumque nostrorum ducatuum, nono.

DON FERDINANDO MEDICI

per la Dio gratia Gran Duca di Tosc.a III. di Fiorenza, et di Siena Duca IIII. Principe di Capistrano, Sig.re di Portoferraio nell'Isola dell'Elba, di Castiglione della Pescaia et dell'Isola del Giglio, Granmastro della sacra Religione di S. Stefano etc.

18

Privilegio, et Esentioni a diversi mercanti Hebrei quale si è bollato col bollo di argento indorato pendente [illegible]

vedi al [illegible] 115 [illegible]

A tutti voi Hebrei Levantini, et italiani, che habitate di presente, et che per il passato habitavano nello stato di Milano, et altri come Francesi, Pollacchi, Ragusei, Levantini, Salonichesi, greci, moreschi, barbareschi Hebrei, che hora, o per tempo alcuno si trovino, o troveranno sotto qualsivoglia Principe, Republica, o, altri Potentati della Christianità, et ancora di Turchia, della Persia, o altri luoghi del mondo, significhiamovi per queste nostre patenti lettere qualmente sendo noi mossi a richieste, prieghi, et supplichè di Maggino Gabrielli Hebreo, et dal desiderio che habbiamo di ripopolare la nostra Città di Pisa, et la terra, et Porto di Livorno et d'accrescere nell'occasioni l'animo a forestieri di venirvi a frequentare li loro traffichi, et mercantie, et habitarvi, sperando ne habbia da resultare utile a tutta Italia, et havendo inteso l'animo vostro di tornarvi non solo ad habitare, ma a trattar mercantie, per darvi in ciò maggior ardire, in virtu della presente vi concediamo le gratie, privilegij, prerogative, immunità, et esentioni infrascritte.

1

In prima che voi Hebrei sopranominati habbiate libero, et amplissimo salvocondotto facultà, et licentia, di venire, trafficare passare, et habitare con le famiglie vostre, o, senza esse partire, tornare, et negotiare nella nostra alma Città di Pisa, et Porto, et scala di Livorno, et per mentre habiterete in detti luoghi possiate anco negotiare altrove per tutto il nostro ducal dominio, senza impedimento, o molestia alcuna reale, o personale per tempo durante d'anni venticinque prossimi con la disdetta precedente d'anni cinque, acciochè fra detto termine vi possiate spedire et riscuotere tutti i vostri crediti sommariamente dalli vostri debitori, et similmente possiate cedere renuntiare tutti i vostri beni stabili a chi meglio a voi parerà, Volendo che nella vostra partenza vi sia dato navi, et altri vasselli, come anco cavalli, et altre cose necessarie, non potendo alcuno alterare i prezzi ne condotti, o, noli soliti, et non altrimenti: Concedendovi ancora che i vostri arnesi, gioie, argenti, ori, et altre spoglie di casa vostra siano liberi, et franchi da ogni pagamento di gabelle, passi, guardie che vi sono nello Stato del Ducal dominio nostro tanto nell'entrata, quanto nell'uscita, salvo sempre il pagamento delle solite

Fig. 13. «Privilegio, et Esentioni a diversi mercanti hebrei ...», Livornina del 23 ottobre 1595, ASFi, *Pratica Segreta*, 190, 11v-15v.

Fig. 14. Moisè Del Conte, *L'antica Sinagoga di Livorno*, da un disegno del 1791. Livorno, Comunità ebraica. La Sinagoga è stata distrutta durante la Seconda guerra mondiale.
Fig. 15. Carlo Verico, *Antico Cimitero ebraico*, 1825. Livorno, Archivio Piero Frati.

Fig. 16. Bottega di Cornelis de Wael, *Darsena e porto di Livorno*, ante 1640. Pisa, Archivio di Stato.
Fig. 17. Hendrik Cornelisz Vroom, *La quattro alberi di Amsterdam "De Hollandse Tuyn" e altre navi di ritorno dal Brasile al comando di Paulus van Caerden*, 1605-1640. Amsterdam, Rijksmuseum, SK-A-1361. In primo piano il galeone *Livorno* durante il suo servizio per la marina olandese.

Fig. 18. Lapide di Jacob Lus, 1600. Amsterdam, Rijksmuseum, BK-BFR-201.

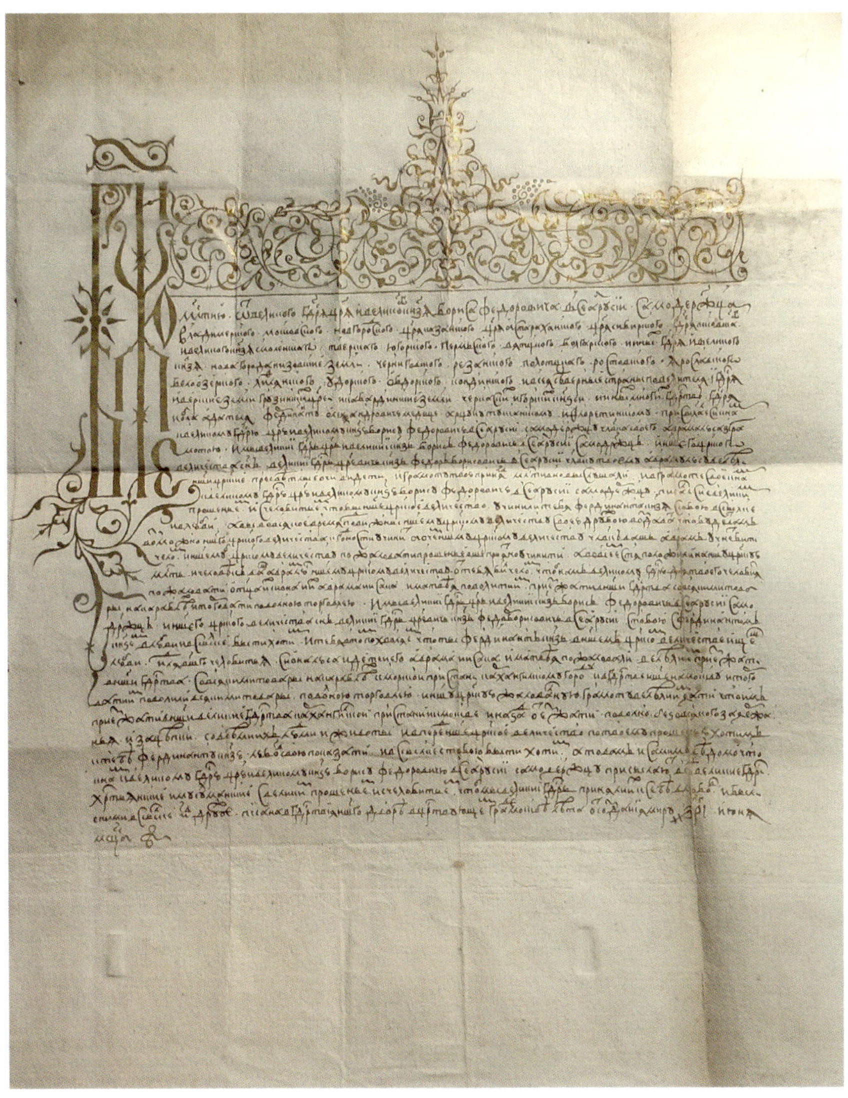

Fig. 19. Lettera dello zar Boris Godunov inviata a Ferdinando I de' Medici in cui concede i diritti di commercio a tutti i mercanti toscani, ca. 1605, ASFi, *Miscellanea Medicea*, filza 102, ins. 9, c. 1.

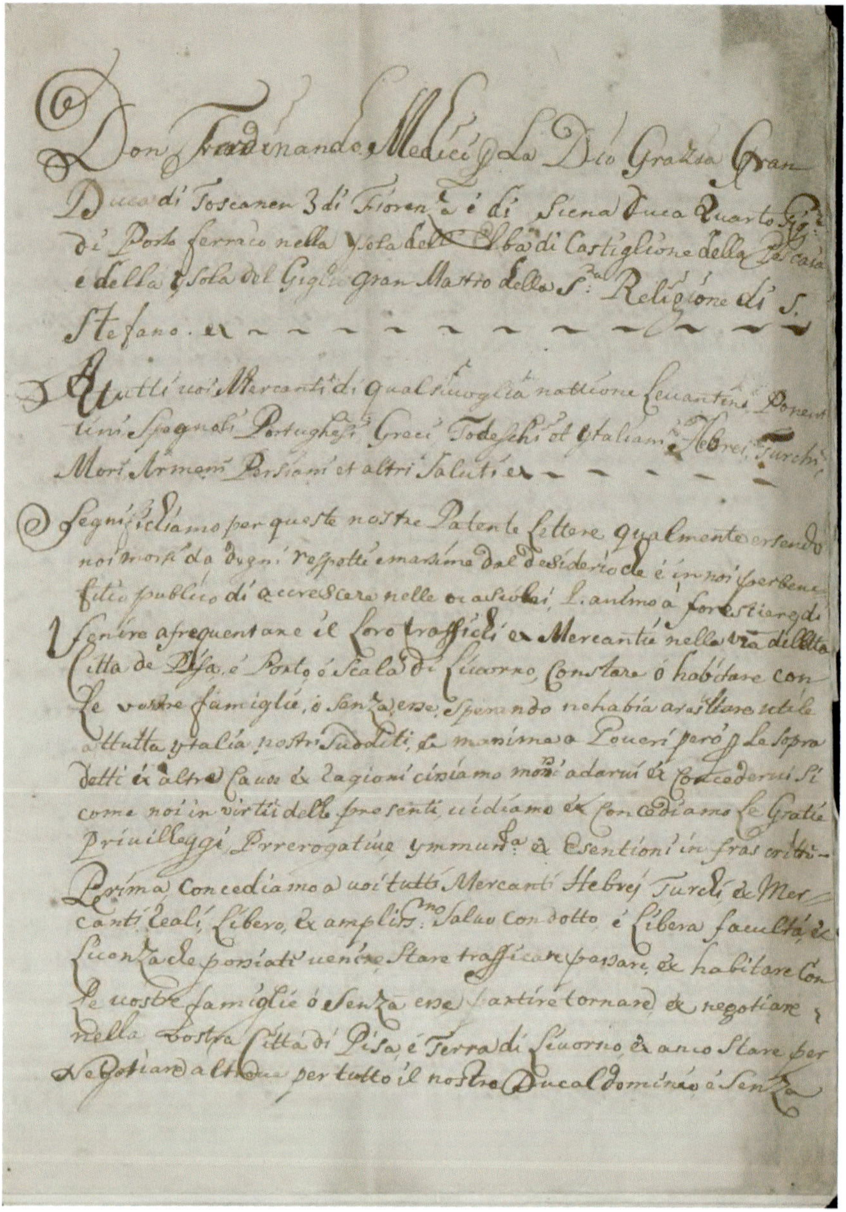

Don Ferdinando Medici per la Dio Grazia Gran
Duca di Toscana 3° di Fiorenza e di Siena Duca Quarto Sig.re
di Porto ferraio nella Ysola dell'Elba di Castiglione della Pescaia
e della Ysola del Giglio Gran Mastro della S.ta Religione di S.
Stefano. ~

A tutti voi Mercanti di qualsivoglia nattione Levantini Ponentini Spagnoli Portughesi Greci Todeschi et Ytaliani Hebrei Turchi
Mori Armeni Persiani et altri Salute ~

Segnifichiamo per queste nostre Patente Lettere qualmente essendo
noi mossi da degni respetti e massime dal desiderio che è in noi per benefitio publico di accrescere nelle vostr'i animo a forestieri di
venire a frequentare il loro traffichi e Mercantie nella via diletta
Citta de Pisa, e Porto, o Scala di Livorno, Constare o habitare con
le vostre famiglie, o senza esse, Sperando ne habia a risultare utile
a tutta Ytalia, nostri Sudditi, e massime a Poveri però per le sopra
detti et altre Cause et ragioni ci siamo mossi a darvi et Concedervi Si
come noi in virtù delle presenti vi diamo et Concediamo le Gratie
Privilleggi Prerogative ymmunità et Esentioni infrascritti-

Prima Concediamo a voi tutti Mercanti Hebrei Turchi e Mercanti Reali, Libero, et amplis.mo Salvo Condotto è Libera facultà et
Licenza che possiati venire Stare trafficare passare et habitare Con
le vostre famiglie ò Senza esse partire tornare et negotiare ;
nella vostra Citta di Pisa, e Terra di Livorno et anco Stare per
Negotiar altrove per tutto il nostro Ducal dominio e Senza

Fig. 20A. Copia della Livornina del 1593 presso l'Archivio cittadino di Amsterdam. GA, 334, 535.

257

91

Don Ferdinando Medicj per la Dio gratia Gran Duca di Toscana III
Di Fiorenza e dj Siena Duca quarto Signor dj Porto ferraio nell
Isola dell'Elba, di Castiglione della pescaia, e dell'Isola del Giglio &
Gran Maestro della Religione dj Santo Stefano &

A tuttj voi Mercantj di qualsivoglia Natione Levantinj Ponentinj
Spagnuolj, Portoghesj, Grecj, Todeschj et Italianj, Hebrej, Turchj,
Morj, Armenj, Persianj, et altrj Salute

Significhiamo per queste nostre patentj lettere qualmente essendo noi
mossi da degni rispettj e massime dal desiderio che è in noj per benefitio
publico d'accrescer nell'occasionj l'animo a forestierj dj venire a frequen
tare i loro traffichj e Mercanzie nella nostra diletta Città di Pisa, e
Porto e Scala dj Livorno con stare e habitare con le vostre famiglie
ò senza esse sperando ne habbia a resultare utile a tutta Italia
nostri Sudditj, e massime a poverj Però per le sopradette, et altre cause
e ragionj ci siamo mossj a darvj e concedervi, si come noi in virtù delle
presenti vi diamo e concediamo le gratie, privilegij, prerogative, immu
nità et esentionj infrascritte

P.a concediamo a voj tuttj Mercantj Hebrei, turchj, et altri Mercanti
reale, libero, et amplissimo Salvocondotto, e libera facultà e licenza
che possiate venire, stare, trafficare, passare, et habitare con le vostre
famiglie, ò senza esse, partire, tornare, e negotiare nella nostra Città dj

Fig. 20B. Una delle due copie della Livornina del 1593 presso i National Archives. Londra, NA, SP, 98/1, c. 91r.

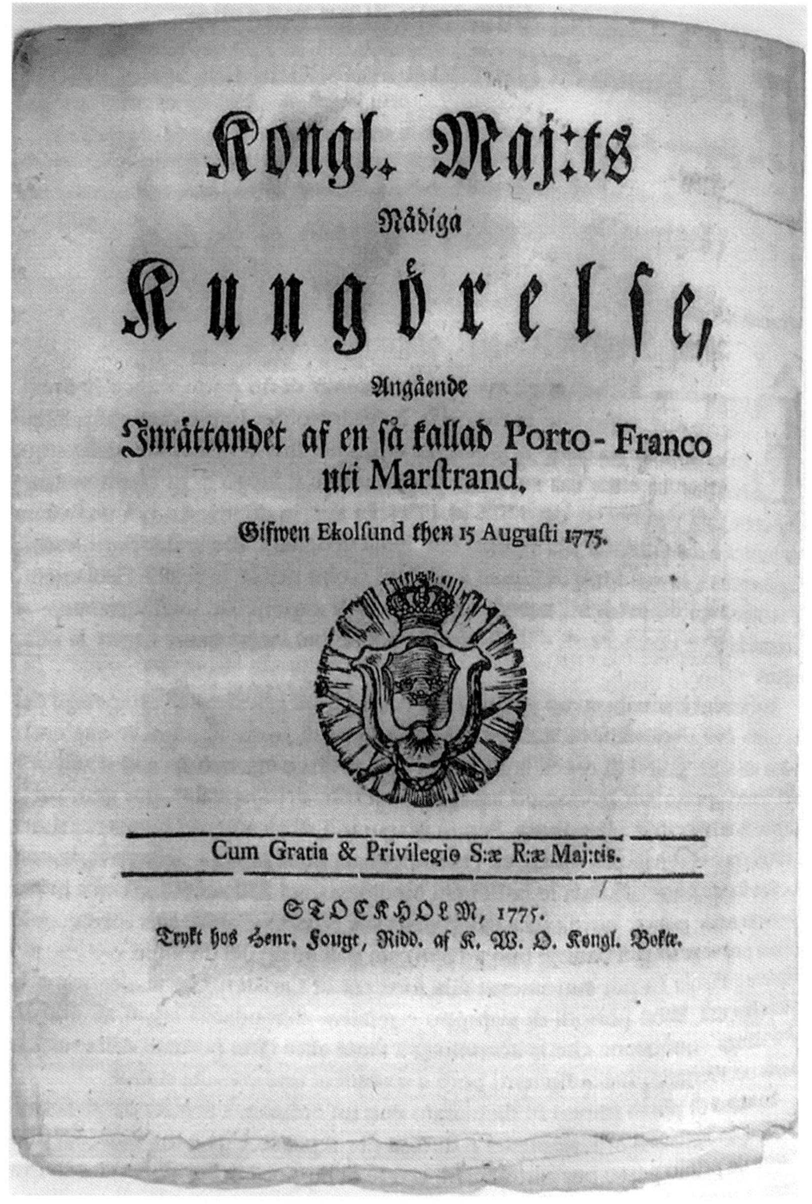

Kongl. Maj:ts

Nådiga

Kungörelse,

Angående

Inrättandet af en så kallad Porto-Franco
uti Marstrand.

Gifwen Ekolsund then 15 Augusti 1775.

Cum Gratia & Privilegio S:æ R:æ Maj:tis.

STOCKHOLM, 1775.
Tryckt hos Henr. Fougt, Ridd. af K. W. O. Kongl. Boktr.

Fig. 20C. Frontespizio dell'ordinanza ispirata alla Livornina con la quale nel 1775 si istituisce il porto franco di Marstrand e si invitano a risiedervi gli ebrei. Da J. Meijling, *La lenta diffusione di un modello: il porto franco da Livorno a Marstrand nel Settecento*, in «Nuovi Studi Livornesi», 17 (2010), p. 96.

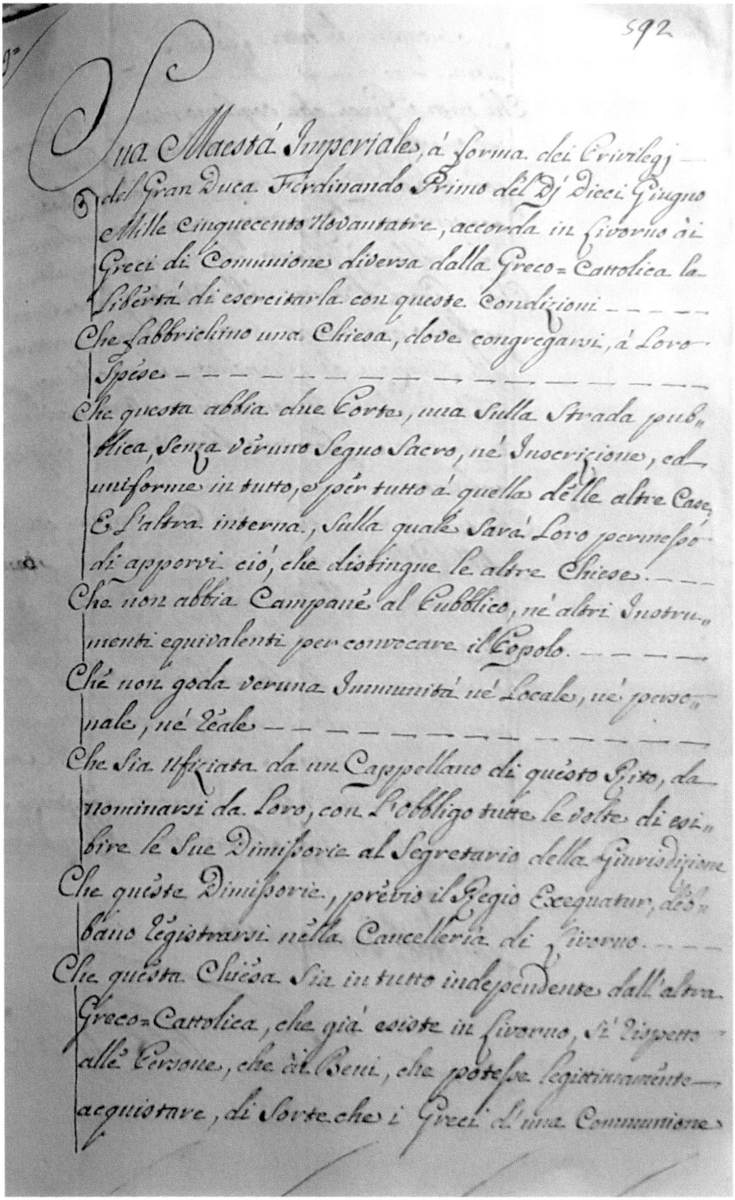

592

Sua Maestà Imperiale, à forma dei Privilegi del Gran Duca Ferdinando Primo del dì dieci Giugno Mille cinquecento Novantatre, accorda in Livorno ai Greci di Communione diversa dalla Greco=Cattolica la libertà di esercitarla con queste Condizioni — — — —

Che fabbrichino una Chiesa, dove congregarsi, à Loro Spese — — — —

Che questa abbia due Porte, una sulla Strada pubblica, senza veruno Segno Sacro, nè Inscrizione, ed uniforme in tutto, e per tutto à quella delle altre Case, E l'altra interna, sulla quale sarà Loro permesso di apporvi ciò, che distingue le altre Chiese. — — —

Che non abbia Campane al Pubblico, nè altri Instrumenti equivalenti per convocare il Popolo. — — — —

Che non goda veruna Immunità nè Locale, nè personale, nè Reale — — — —

Che sia Ufiziata da un Cappellano di questo Rito, da nominarsi da Loro, con l'obbligo tutte le volte di esibire le sue Dimissorie al Segretario della Giurisdizione

Che queste Dimissorie, previo il Regio Exequatur, debbano Registrarsi nella Cancelleria di Livorno. — — —

Che questa Chiesa sia in tutto independente dall'altra Greco=Cattolica, che già esiste in Livorno, sì rispetto alle Persone, che ai Beni, che potesse legittimamente acquistare, di sorte che i Greci dell'una Communione

Fig. 21. Motuproprio di Francesco Stefano di Lorena granduca di Toscana con il quale viene concessa ai greco-ortodossi di Livorno la chiesa della Santissima Trinità, in ASFi, *Regio Diritto*, 374, c. 592r, 14 luglio 1757.

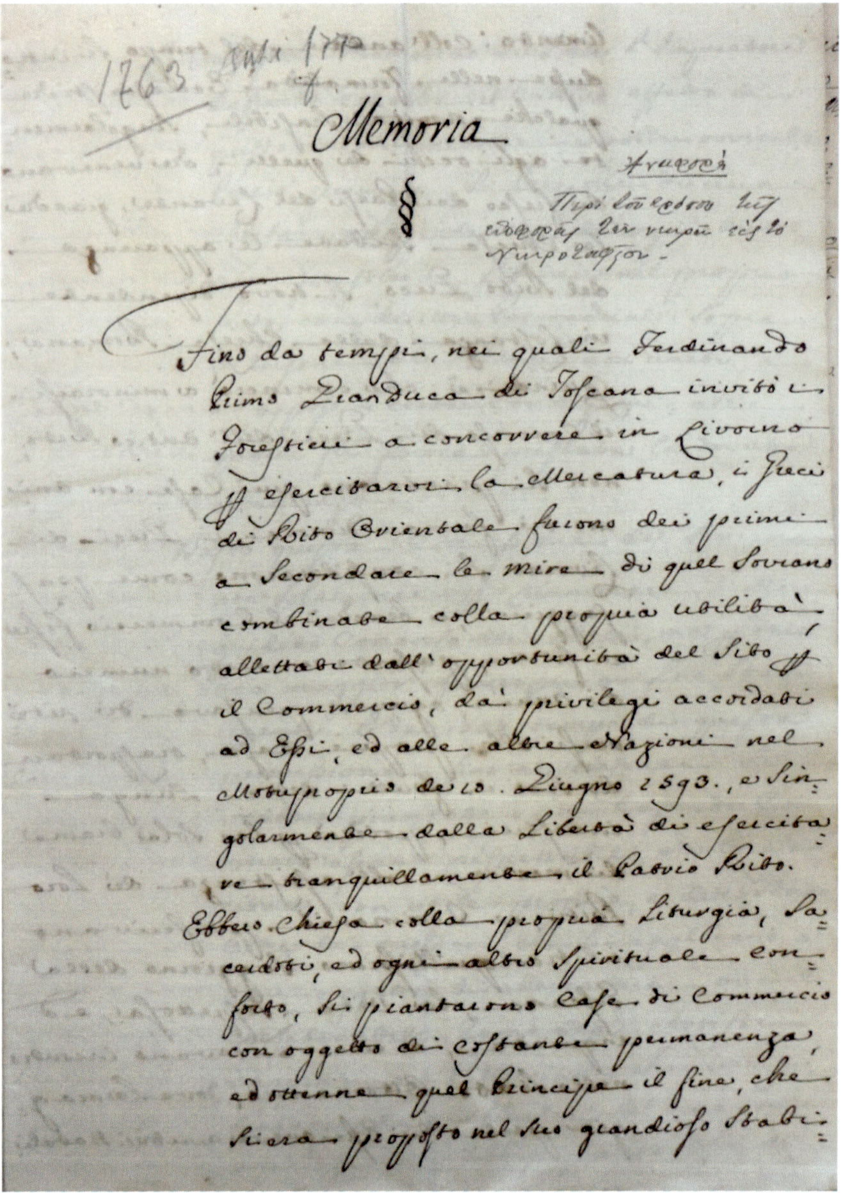

Memoria

§

Fino da tempi, nei quali Ferdinando Primo Granduca di Toscana invitò i Forestieri a concorrere in Livorno ad esercitarvi la Mercatura, i Greci di Rito Orientale furono dei primi a secondare le mire di quel Sovrano combinate colla propria utilità, allettati dall'opportunità del Sito per il Commercio, da' privilegi accordati ad Essi, ed alle altre Nazioni nel Motuproprio de 10. Giugno 1593., e singolarmente dalla Libertà di esercitarvi tranquillamente il Patrio Rito. Ebbero Chiesa colla propria Liturgia, Sacerdoti, ed ogni altro Spirituale conforto, si piantarono Case di Commercio con oggetto di costante permanenza, ed ottenne quel Principe il fine, che si era proposto nel suo grandioso Stabi-

Fig. 22. Supplica dei greco-ortodossi di Livorno al granduca Pietro Leopoldo per ottenere la pubblica manifestazione del loro rito durante i funerali, in ASLI, *Chiesa greca non unita della Santissima Trinità*, 21, c.n.n.

Fig. 23. Iconostasi della distrutta chiesa della Santissima Trinità dei greco-ortodossi, seconda metà del XVIII secolo. Museo della Città di Livorno.
Fig. 24. Livorno, Cimitero ortodosso di via Mastacchi, aperto nel 1840, con lapidi del XVIII secolo.

Fig. 25. Facciata della chiesa della Santissima Annunziata dei greci uniti (greco-cattolici), 1606, ristrutturata attorno al 1710. Livorno.

Fig. 26. Portico della chiesa degli Armeni dedicata a San Gregorio Illuminatore, 1701-1714. Livorno.

Fig. 27. Angelo di Castro, interno della nuova Sinagoga, 1962. Livorno.

Fig. 28. Dario Giacomelli, Tempio della Congregazione olandese-alemanna, 1862-1864. Livorno.

Fig. 29. Giovanni Baratta, Monumento funerario di Maria, moglie di Thomas Michel, morta il 4 giugno 1721. Livorno, antico Cimitero inglese.
Fig. 30. Livorno, Cimitero olandese-alemanno, aperto nel 1840, con lapidi risalenti al XVII e XVIII secolo.

Lorenzo Benedetti

La Livornina nell'età della Reggenza (1737-1765)

Nel 1737, con l'insediamento di Francesco Stefano di Lorena quale nuovo granduca di Toscana sulla base degli accordi internazionali, si aprì una stagione di rinnovamento politico e istituzionale per lo Stato peninsulare. Il sistema di governo venne riorganizzato e imperniato su di un Consiglio di Reggenza formato da burocrati sia toscani che lorenesi, incaricato della gestione degli affari pubblici in assenza del sovrano, residente a Vienna; giovani funzionari, entrati nei ruoli apicali della burocrazia già negli anni di regno di Gian Gastone, subentrarono nella direzione di diversi uffici, e a poco a poco le istituzioni assunsero assetti rispondenti alle necessità di un'inedita amministrazione del potere. In questo contesto, il futuro imperatore e i suoi ministri in Austria e a Firenze introdussero nel tempo una serie di riforme in numerosi settori, fra i quali spiccano la politica economico-commerciale e i rapporti fra lo Stato e la Chiesa cattolica.[1]

1. In generale, sui primi anni della Reggenza lorenese si rimanda a Charles de Clercq, *François-Étienne de Lorraine, Marc de Beauvau-Craon et la succession de Toscane, 1717-1759*, Ventimiglia, Centre de recherches historiques, 1976; Furio Diaz, *I Lorena in Toscana. La Reggenza*, Torino, Utet, 1988; Marcello Verga, *Da "cittadini" a "nobili". Lotta politica e riforma delle istituzioni nella Toscana di Francesco Stefano*, Milano, Giuffrè, 1990, pp. 13-100; Giuseppe Pansini, *Potere politico ed amministrazione al tempo della Reggenza lorenese*, in *Pompeo Neri*, atti del colloquio (Castelfiorentino, 6-7 maggio 1988), a cura di Aldo Fratoianni, Marcello Verga, Castelfiorentino, Società storica della Valdelsa, 1992, pp. 29-82: 39-64; Marcello Verga, *La Reggenza*, in *Storia della civiltà toscana*, 4, *L'età dei Lumi*, a cura di Furio Diaz, Firenze, Le Monnier, 1999, pp. 27-50; Alessandra Contini, *La Reggenza lorenese tra Firenze e Vienna. Logiche dinastiche, uomini e governo (1737-1766)*, Firenze, Olschki, 2002, pp. 1-224; Gaetano Greco, *Storia del Granducato di Toscana*, Brescia, Morcelliana, 2020, pp. 227-251, e alla bibliografia ivi compresa. Propriamente sulla politica economica si vedano, oltre ai volumi citati, Carlo Mangio, *Commercio marittimo*

Questi ambiti d'intervento possono essere a ragione considerati due dei principali campi interessati dai contenuti della Livornina del 1593: il privilegio, infatti, era stato emanato da Ferdinando I proprio allo scopo di attrarre mercanti forestieri, le loro ricchezze e le loro potenzialità commerciali nel Granducato, precisamente a Pisa e nello scalo di Livorno, con l'intenzione di contribuire al benessere economico dello Stato, e gran parte delle facoltà concesse ai nuovi venuti riguardava, direttamente o indirettamente, la sfera confessionale.[2]

In particolare, proprio la volontà di intensificare l'attività del porto e la linea politica sempre più marcatamente connotata in chiave giurisdizionalistica attuata dalla Reggenza nei confronti del potere ecclesiastico locale e centrale ebbe a influire sull'applicazione della disposizione legislativa cinquecentesca, favorendo una sua più diffusa attuazione a beneficio non solo degli ebrei, per i quali era stata principalmente concepita, ma anche di gruppi di provenienza straniera e di fede acattolica dimoranti da tempo nello scalo tirrenico.[3]

e Reggenza lorenese in Toscana. (Provvedimenti legislativi e dibattiti), in «Rivista Storica Italiana», 90 (1978), 4, pp. 898-938; *War, Trade and Neutrality. Europe and the Mediterranean in the Seventeenth and Eighteenth Centuries*, a cura di Antonella Alimento, Milano, FrancoAngeli, 2011; Andrea Addobbati, *Le molte teste dell'Idra: i sensali livornesi nell'età delle riforme*, in «Mélanges de l'École française de Rome. Italie et Méditerranée modernes et contemporaines», 127 (2015), 1, pp. 65-90; per una panoramica generale sulla storia dei rapporti fra Stato e Chiesa cfr. Niccolò Rodolico, *Stato e Chiesa in Toscana durante la Reggenza lorenese (1737-1765)*, Firenze, Le Monnier, 1972; Gaetano Greco, *Potere politico, istituzioni ecclesiastiche e vita religiosa in Toscana tra età dei Lumi e rivoluzione*, in *Stati e chiese nazionali nell'Italia di antico regime*, atti del seminario (Lecce, 29-30 settembre 2006), a cura di Mario Spedicato, Galatina, EdiPan, 2007, pp. 9-38: 9-15; Id., *Storia del Granducato*, pp. 244-249.

2. Scriveva l'auditore Giuseppe Francesco Pierallini a proposito del privilegio ferdinandeo: «E contribuì mirabilmente al secondo [scopo, cioè richiamare a Livorno mercanti] la celebre concessione dei Privilegi promulgati nei 10 Giugno 1593 diretta a tutte le Nazioni, e nominativam[ent]e agli Ebrei, dai quali si sperava l'introduzione, e l'accrescimento del commercio. Questo Diploma diviso in quarantaquattro articoli è il primo fondamento della Franchigia del Porto, e della sicurezza promessavi alle Nazioni, relativamente alla Amministrazione della Giustizia, ed all'esercizio della Religione», Archivio di Stato di Livorno (ASLi), *Governo civile e militare di Livorno* (*Governo*), 958, cc. 47v-48r.

3. Sulla storia e la portata delle leggi Livornine si rinvia naturalmente ai saggi contenuti in questo volume. Nel presente contributo, quando non indicato diversamente, ci si riferisce sempre al testo normativo del 1593, versione di riferimento durante l'età della Reggenza e specificamente citata nei documenti analizzati.

1. *La Livornina negli anni della Reggenza*

Dall'epoca della sua emanazione, la Livornina «non fu mai interrotta e mai rimessa radicalmente in discussione», anzi «a un certo punto la perpetuazione delle leggi divenne quasi scontata, sì che la conferma della loro normale scadenza fu sostituita con la mera rinnovazione della concessione nel momento in cui il nuovo sovrano si insediava».[4] Nonostante una certa opposizione fra la classe dirigente fiorentina verso la *maison Lorraine*, che molti pensavano non avrebbe rispettato né le consuetudini né l'autonomia della Stato, l'insediamento di Francesco Stefano si svolse senza traumi:[5] a seguito della morte di Gian Gastone, avvenuta il 9 luglio, Marc de Beauvau, principe di Craon, già inviato a Firenze come plenipotenziario, prese possesso del Granducato e ricevette il giuramento del Senato dei Quarantotto in nome del futuro imperatore, il quale non si sarebbe recato nel nuovo dominio fino al gennaio del 1739.[6] Questa fu la sua prima e unica visita condotta in Toscana, al termine della quale, il 25 aprile, Francesco Stefano istituzionalizzò tre Consigli – di Reggenza, di Finanze e di Guerra –, in costante contatto con la corte di Vienna, per gestire l'amministrazione dello Stato.[7]

4. Daniele Edigati, *La «Livornina» e i confini della tolleranza religiosa nella Toscana d'età moderna*, in *Le minoranze religiose nel diritto italiano ed europeo. Esperienze del passato e problematiche contemporanee*, a cura di Daniele Edigati, Alessandro Tira, Torino, Giappichelli, 2021, pp. 45-78: 53; Lucia Frattarelli Fischer, *Alle radici di un'identità composita. La "nazione" greca a Livorno*, in *Le iconostasi di Livorno. Patrimonio iconografico post-bizantino*, a cura di Gaetano Passarelli, Pisa, Pacini, 2001, pp. 47-62: 53-54; Ead., *Vivere fuori dal ghetto. Ebrei a Pisa e Livorno (secoli XVI-XVIII)*, Torino, Zamorani, 2008, p. 52.

5. Riprendo, come già altrove, la calzante espressione da Angelantonio Spagnoletti, *Le dinastie italiane nella prima età moderna*, Bologna, il Mulino, 2003, p. 107.

6. Sulla successione medicea rimando a Marcella Aglietti, *Il granducato di Toscana negli anni Trenta del Settecento. Il cambio dinastico e la difficile eredità medicea*, in «Ricerche storiche», 34 (2004), 2-3, pp. 259-324; Marcello Verga, *I Borbone e la "libertas" fiorentina. Don Carlos e la successione medicea*, in *Europa y la Monarquía de Felipe V*, a cura di Virginia León Sanz, Madrid, Sílex, 2019, pp. 65-80; Id., *Alla morte del re. Sovranità e leggi di successione nell'Europa dei secoli XVII-XVIII*, Roma, Salerno Editrice, 2020, pp. 82-100, oltre ai testi citati nella nota 1 e la relativa bibliografia.

7. Lorenzo Cantini, *Legislazione toscana raccolta e illustrata dall'avvocato Lorenzo Cantini*, vol. 24, Firenze, Stamperia Albizziniana da Santa Maria in Campo, 1806, pp. 168-172; Diaz, *I Lorena in Toscana*, pp. 14-15; Pansini, *Potere politico ed amministrazione*, pp. 48-64. La visita della coppia granducale è stata oggetto di vari studi; un elenco in Lorenzo Benedetti,

In occasione del cambio dinastico, il privilegio di Ferdinando I fu confermato dal nuovo granduca per tramite di Craon con una lettera del 13 luglio 1737 emessa dalla Segreteria di Guerra: il documento ordinava che tutte le facoltà, franchigie ed esenzioni concesse dai predecessori fossero mantenute «nella più religiosa osservanza».[8] La disposizione sovrana doveva essere espressamente notificata agli ebrei e ai negozianti di ogni Nazione, «acciò assicurati della continuazione del più favorevole patrocinio [...] possano essere intieramente tranquilli, e intraprendere, e continuare i loro traffici col maggiore incoraggiamento, e colle più certe speranze di godere in codesta Piazza tutto il favore, e tranquillità, che vi hanno ritrovate fin ora».[9] Inoltre, si concedeva che «venendo richiesta da qualche negoziante di qualunque Nazione copia, o vista della presente lettera, potrà accordargliela»: veniva così permessa la libera e ampia circolazione dell'atto.[10] I termini impiegati non possono non richiamare alla memoria quel «non se ne dia copia ne vista» appuntato dalla cancelleria medicea ai primi del Seicento in margine al testo della Livornina trascritto nel *Libro dei Privilegi* (fig. 11):[11] i tempi, e con essi le sensibilità dei governanti, erano ora decisamente mutati.

La lettera costituì fra l'altro una disposizione legislativa ripresa anni dopo sia dal governatore di Livorno, Filippo Bourbon del Monte, all'interno di una missiva indirizzata al maresciallo Botta Adorno in occasione

«Felicitare colla Reale presenza sua anche la nobile, ed illustre Città di Pisa»: la visita dei granduchi di Toscana del 1739 dalle coeve relazioni e memorie, in *Storie della modernità. Spazi mediterranei e prospettive globali. Studi in onore di Mirella Vera Mafrici*, a cura di Claudia Pingaro, Lorenzo Benedetti, Viareggio, Edizioni La Villa, 2022, pp. 615-628.

8. Copia della lettera si trova in ASLi, *Comunità di Livorno*, 5, pp. 27-28; Livorno, Biblioteca Labronica, *Fondo Vivoli*, 10, ins. 6, c. 12. La copia conservata in Archivio di Stato reca in realtà la data 13 luglio 1739; tuttavia, la qualifica di «ministro plenipotenziario» attribuita al Craon indirizza a confermare l'ipotesi che si tratti di un errore, in quanto a quella data il Consiglio di Reggenza era già stato strutturato. Inoltre, i successivi richiami al documento attestano tutti la data 1737.

9. ASLi, *Comunità di Livorno*, 5, pp. 27-28.

10. *Ibidem*.

11. Archivio di Stato di Firenze (ASFi), *Pratica segreta*, 189, c. 196v. Su questo punto Frattarelli Fischer, *Vivere fuori dal ghetto*, pp. 52-53, 212; Ead., *Le leggi Livornine (1591-1593)*, Livorno, Mediaprint, 2021, pp. 37-39. Tale decisione fu assunta per prudenza dissimulatoria e necessità politica principalmente a seguito del caso che coinvolse l'ebreo Jacob Esperiel, cfr. Ead., *Vivere fuori dal ghetto*, pp. 52-54, 106; Lisa Kaborycha, *"We do not sell them this tolerance": Grand Duke Ferdinando I's Protection of Jews in Tuscany and the Case of Jacob Esperiel*, in «The Sixteenth Century Journal», 49 (2018), 4, pp. 987-1018.

dell'ascesa al trono di Pietro Leopoldo, nel 1765, affinché il nuovo sovrano emanasse un analogo atto di conferma sull'esempio del padre,[12] sia nella memoria che l'auditore Giuseppe Francesco Pierallini stilò intorno al 1789 allo scopo di riordinare le principali norme e prassi inerenti il governo della città.[13] Il documento metteva quindi "nero su bianco" quanto continuò a verificarsi nella pratica quotidiana: non solo si seguitò nell'osservare le consuetudini vigenti in epoca medicea senza soluzione di continuità, ma anzi negli anni della Reggenza aumentò il numero dei "corpi" ai quali furono estese apertamente le facoltà concesse nella Livornina.

Tali diritti infatti, pur se rivolti «a tutti voi mercanti di qualsivoglia natione, Levantini, Ponentini, Spagnuoli, Portughesi, Greci, Todeschi et Italiani, Hebrei, Turchi, Mori, Armeni, Persiani et altri» disposti a stabilirsi con i loro beni a Pisa o a Livorno e commerciare,[14] erano stati in realtà accordati tenendo soprattutto in considerazione le esigenze e le richieste degli ebrei. Lo stesso testo del 1593 presenta un'evidente «discrasia circa i soggetti destinatari [...], fra l'*incipit* e i primi due articoli da un lato e i seguenti dall'altro, nei quali affiora in modo sempre più nitido il riferimento agli ebrei»,[15] ai quali sono palesemente indirizzati la maggior parte degli articoli in maniera apparentemente esclusiva. Questo aspetto, che si evince agevolmente dalla lettura della Livornina, è dimostrato ad esempio dal fatto che gli altri forestieri stanziati nel porto, sebbene vedessero garantite le loro libertà commerciali, non beneficiarono di tutti i privilegi goduti dagli ebrei – soggetti anch'essi alle limitazioni poi esistenti nella pratica –, a cominciare dalla possibilità di esercitare un'autonoma giurisdizione sui

12. ASLi, *Governo*, 962, c. 237r, lettera di del Monte a Botta Adorno, 27 settembre 1765. Durante gli anni della Reggenza si succedettero nel ruolo di governatore di Livorno Giuliano Capponi, morto in carica il 12 dicembre 1745, Carlo Ginori, nominato governatore civile il 1° ottobre 1746 e, a seguito della sua improvvisa scomparsa avvenuta l'11 aprile 1757, Filippo Bourbon del Monte, che detenne l'incarico civile e militare fino al 1782, cfr. Marcella Aglietti, *I governatori di Livorno dai Medici all'Unità d'Italia. Gli uomini, le istituzioni, la città*, Pisa, ETS, 2009.

13. ASLi, *Governo*, 958, c. 83v. Pierallini è con buona sicurezza l'autore di questo registro, commissionato da Francesco Seratti per razionalizzare la situazione legislativa del porto, cfr. Marcella Aglietti, *Il Governo di Livorno: profili politici e istituzionali nella seconda metà del Settecento*, in *Livorno 1606-1806. Luogo di incontro tra popoli e culture*, a cura di Adriano Prosperi, Torino, Allemandi, 2009, pp. 95-106.

14. ASFi, *Pratica segreta*, 189, c. 196v. I testi delle Livornine sono trascritti in appendice al presente volume.

15. Edigati, *La «Livornina» e i confini della tolleranza religiosa*, pp. 55-56.

membri della propria Nazione.[16] Così pure avvenne per tutto il corso del Seicento sul piano delle libertà religiose: le persone e i gruppi aderenti a confessioni cristiane non in comunione con Roma furono tollerati e vennero protetti da eccessi e persecuzioni, ma non ricevettero da parte dell'autorità statale una legittimazione *apertis verbis* che riconoscesse presenze devianti rispetto al credo dominante e consentisse il libero esercizio del culto acattolico sul territorio. Ortodossi, anglicani, luterani, calvinisti e appartenenti ad altre confessioni riformate si trovarono così ripetutamente nell'obbligo di dissimulare la propria identità religiosa, e sebbene alcune espressioni della loro fede fossero consentite anche tramite espedienti, essi non ottennero il permesso formale di aprire edifici di culto riconoscibili esteriormente come tali o di ospitare in città ministri che officiassero pubblicamente e senza restrizioni per la comunità.[17] Altresì, da un punto di vista più prettamente legato alla libertà di disporre dei patrimoni, se la prassi aveva condotto già nel Seicento a leggere in un'ottica più ampia i destinatari del privilegio, non si era giunti a modificare sulla carta le consuetudini normative in favore di "scismatici" ed "eretici".[18]

16. Frattarelli Fischer, *Vivere fuori dal ghetto*, p. 42; Renzo Toaff, *La Nazione ebrea a Livorno e a Pisa (1591-1700)*, Firenze, Olschki, 1990, pp. 205-241; Cristina Galasso, *Alle origini di una comunità. Ebree ed ebrei a Livorno nel Seicento*, Firenze, Olschki, 2002, pp. 99-113; Daniele Edigati, *La tolleranza per privilegio nell'Italia di Antico Regime. Il caso degli ebrei e dei cristiani orientali*, in «Archivio giuridico Filippo Serafini», 152 (2020), 3, pp. 927-982: 948.

17. Numerosi studi pubblicati sulle comunità acattoliche di Livorno dimostrano questa situazione; a titolo di esempio Stefano Villani, *"Cum scandalo catholicorum...". La presenza a Livorno di predicatori protestanti inglesi tra il 1644 e il 1670*, in «Nuovi studi livornesi», 7 (1999), pp. 9-58; Id., *Alcune note sulle recinzioni dei cimiteri acattolici livornesi*, in «Nuovi studi livornesi», 11 (2004), pp. 35-51; Id., *L'histoire religieuse de la communauté anglaise de Livourne (XVIIe et XVIIIe siècles)*, in *Commerce, voyage et expérience religieuse. XVIe-XVIIIe siècles*, a cura di Albrecht Burkardt, Gilles Bertrand, Yves Krumenacker, Rennes, Presses universitaires de Rennes, 2007, pp. 257-274; Id., *Religious Pluralism and the Danger of Tolerance: The English Nation in Livorno in the Seventeenth Century*, in *Late Medieval and Early Modern Religious Dissents: Conflicts and Plurality in Renaissance Europe*, a cura di Federico Barbierato, Alessandra Veronese, Pisa, Il Campano Arnus University Books, 2012, pp. 97-124; Barbara Donati, *Tra Inquisizione e Granducato. Storie di inglesi nella Livorno del primo Seicento*, Roma, Edizioni di Storia e Letteratura, 2010; *Intercultura e protestantesimo nella Livorno delle nazioni: la Congregazione Olandese-Alemanna*, a cura di Giangiacomo Panessa, Mauro Del Nista, Livorno, Debatte, 2002.

18. Edigati, *La «Livornina» e i confini della tolleranza religiosa*, p. 69.

A seguito del cambio dinastico, la Reggenza improntò progressivamente i rapporti con la Chiesa cattolica insistendo in maniera più incisiva sull'indipendenza del potere civile da quello ecclesiastico, e non soltanto sul mantenimento dei diritti maiestatici in questo ambito:[19] così, anche la salvaguardia dell'uniformità religiosa formale venne talora subordinata all'interesse dello Stato, una tendenza che avrebbe trovato più sistematica attuazione in età leopoldina. Se vantaggioso per la congiuntura politico-economica, il governo lorenese non esitò a cercare di trasformare una "tolleranza nicodemitica" in vere e proprie concessioni volte ad accontentare gli eterodossi, se non addirittura a riconoscere ufficialmente l'esistenza di fedi acattoliche a Livorno, pur tentando quando possibile di giungere a soluzioni di compromesso con le autorità cattoliche locali, esercitando virtù di prudenza al fine di non procurare pubblico scandalo. Numerosi studi hanno ormai acclarato come, in Antico regime, anche nel porto toscano il concetto di "tolleranza" non fosse affermato e applicato come un principio assoluto, bensì fosse legato a contingenze mercantilistiche[20] e inteso in una forma corporativa;[21] così la stessa Livornina, indiscussa nella sostanza, fu interpretata nel tempo in maniera variabile a livello di prassi attuativa e spettro dei destinatari.[22] Alla luce

19. Rodolico, *Stato e Chiesa in Toscana*, pp. 115-181; Greco, *Storia del Granducato*, pp. 244-250; Daniele Edigati, *Dalla Congregazione alla prima età lorenese. Il consolidamento del controllo delle istituzioni ecclesiastiche in Toscana fra mezzi giurisdizionali e potere "economico"*, in *La prassi del giurisdizionalismo negli Stati italiani. Premesse, ricerche, discussioni*, a cura di Daniele Edigati, Lorenzo Tanzini, Roma, Aracne, 2015, pp. 183-214: 206-214.

20. Su questo aspetto, che emerge in modo evidente dalle fonti, gli ultimi studi sono unanimemente concordi, come si vedrà nel proseguo del saggio.

21. Francesca Trivellato, *Credito e tolleranza: i limiti del cosmopolitismo nella Livorno di età moderna*, in *La città delle Nazioni. Livorno e i limiti del cosmopolitismo (1566-1834)*, a cura di Andrea Addobbati, Marcella Aglietti, Pisa, Pisa University Press, 2016, pp. 39-50; Ead., *The Familiarity of Strangers: The Sephardic Diaspora, Livorno, and Cross-Cultural Trade in the Early Modern Period*, New Haven-London, Yale University Press, 2009; sul concetto di tolleranza religiosa nella riflessione giuridica si veda Orazio Condorelli, *Intorno al concetto giuridico di tolleranza (tra Medioevo e Antico Regime). Appunti su alcune premesse storiche del diritto ecclesiastico dello Stato*, in *Aequitas sive Deus. Studi in onore di Rinaldo Bertolino*, a cura di Roberto Mazzola, Ilaria Zuanazzi, Torino, Giappichelli, 2011, vol. 1, pp. 701-726, ove ampia bibliografia; sulla storia sociale della tolleranza in Europa e nel rapporto con la sovranità, da ultimo, Lucia Felici, Girolamo Imbruglia, *La tolleranza in età moderna. Idee, conflitti, protagonisti (secoli XVI-XVIII)*, Roma, Carocci, 2024.

22. Edigati, *La «Livornina» e i confini della tolleranza religiosa*, pp. 59-60.

di una serie di casi specifici, possiamo sostenere che la Reggenza tese a dare generalmente una lettura "estensiva" della legge, giungendo mediante la consuetudine a indirizzare in tal senso la norma in modo irreversibile.

Fra il 1747 e il 1748, nel contesto della guerra di successione austriaca che aveva visto la Repubblica di Genova partecipare agli scontri sul versante avverso agli Asburgo e agli Hannover,[23] si originò un caso diplomatico intorno ad alcuni mercanti della Nazione britannica aventi case di negozio a Livorno. Poiché il bastimento *Santa Caterina* battente bandiera imperiale, recante un carico di balle di seta e altri tessuti appartenente ai nazionali e diretto nello scalo toscano, era stato sequestrato nel porto di Genova – storicamente rivale della piazza livornese, la quale dal 1737 si ritrovava oltretutto inserita nel sistema di potere asburgico –, i danneggiati fecero ricorso affinché a Firenze si mettesse in atto quanto possibile al fine di recuperare le merci trattenute.[24] I negozianti, tuttavia, non si qualificarono nella loro supplica come sudditi (perlomeno *pro tempore*) del granduca e imperatore, sostenuti in tale atteggiamento anche dal residente Horace Mann, e così la Reggenza, che già si era attivata mediante il Consiglio di Commercio, non si ritenne tenuta a far valere i privilegi della neutralità.[25] Nacque pertanto una controversia che, al di là del caso specifico, investiva le questioni della sovranità «dell'origine, e

23. Come noto, la Superba affrontò l'attacco inglese e fu invasa dagli imperiali, cfr. *Genova, 1746: una città di antico regime tra guerra e rivolta*, atti del convegno (Genova, 3-5 dicembre 1996), a cura di Carlo Bitossi, Claudio Paolocci, Genova, Associazione Amici della Biblioteca Franzoniana, 1998, 2 voll. (= «Quaderni franzoniani», XI, 1998, 2); Danilo Pedemonte, *Bombe sul dominio: la campagna inglese contro la Repubblica di Genova durante la guerra di successione austriaca*, in «Mediterranea. Ricerche storiche», 10 (2013), 1, pp. 109-148.

24. ASFi, *Consiglio di Reggenza*, 652, ins. 12; ivi, ins. 23, n. 3, supplica del 7 febbraio 1748. Sulla British Factory in questo frangente temporale Michela D'Angelo, *Mercanti inglesi a Livorno 1573-1737. Alle origini di una "British Factory"*, Messina, Istituto di Studi storici Gaetano Salvemini, 2004, pp. 218-226; Andrea Addobbati, *Commercio rischio guerra. Il mercato delle assicurazioni marittime di Livorno (1694-1795)*, Roma, Edizioni di Storia e Letteratura, 2007, pp. 38-41.

25. In generale, sugli aspetti della neutralità Jean-Pierre Filippini, *Il porto di Livorno e la Toscana (1676-1814)*, Napoli, Edizioni Scientifiche Italiane, 1998, vol. 2, pp. 207-214; Andrea Addobbati, *La neutralità del porto di Livorno in età medicea. Costume mercantile e convenzione internazionale*, in *Livorno 1606-1806*, pp. 71-85. Sul Consiglio di Commercio Mangio, *Commercio marittimo e Reggenza lorenese*; un accenno alla vicenda in Diaz, *I Lorena in Toscana*, pp. 43-44, 111 e nelle lettere di Mann a Horace Walpole edite in *The Yale Edition of Horace Walpole's Correspondence*, a cura di Wilmarth S. Lewis, New Haven, Yale University Press, 1960, vol. 20, pp. 265-268, 275-278.

quella del domicilio», e apriva un dibattito sulla protezione alle merci, se cioè dovesse essere accordata sulla base della bandiera o della nazionalità dei proprietari del carico: i mercanti inglesi coinvolti nell'affare erano infatti sì residenti nel porto, ma provenivano da uno Stato nel quale erano soggetti a un sovrano, e dunque benché stabiliti non si inquadravano nella categoria dei sudditi.[26] Al fine di sostenere la propria posizione Emmanuel de Nay, conte di Richecourt, arrivò ad affermare che poiché «i privilegi concessi nell'editto di Ferdinando I» riguardavano «particolarmente gli Ebrei, ed altre nazioni, fra le quali però non si vedono nominati gli Inglesi, non potevano questi pretendere d'aver maggior privilegio, di quello che avessero le altre».[27] Senza addentrarci nella questione dello *status* e delle prerogative delle singole Nazioni, e prescindendo dalla tendenziosità del discorso, è da notare come Richecourt considerasse un dato implicito che la Livornina fosse riferibile – quantomeno teoricamente, stante il carattere fortemente ebraicocentrico di molti articoli – a tutti i forestieri citati nell'*incipit* della legge, venuti ad abitare nel porto e "strumenti" della sua prosperità economica. Tale concezione fu ribadita dallo stesso conte lorenese in una memoria del 1752 indirizzata al barone di Pfütschner, che ripercorreva l'intera vicenda:

> Le Grand Duc de Toscane Ferdinand premier, ayant reconnu combien la position de Livourne etait avantageuse pour le Commerce, resolu d'en aggrandir le port, d'en faire un port franc, et d'accorder divers privileges aux Etrangers qui viendroient s'y etablir. Ces Privileges [...] sont addressés particulierement aux Juifs, mais ils sont en même temps étendus aux autres nations.[28]

Nella sua risposta, il Pfütschner confermava da parta sua che l'imperatore riteneva inalterati i privilegi, purché non si pregiudicasse la giuri-

26. ASFi, *Consiglio di Reggenza*, 652, ins. 23, n. 6, dispaccio della Reggenza a Francesco Stefano, 10 novembre 1748; il Consiglio di Vienna approvò l'operato di Firenze, ivi, 1056, cc. nn., *avis* del 19 novembre 1748. Gli statuti giuridici menzionati sono oggetto di varie memorie del governatore del Monte analizzate da Aglietti, *I governatori di Livorno*, pp. 170-180.

27. ASFi, *Consiglio di Reggenza*, 652, ins. 23, n. 6; ivi, n. 8, estratto di una lettera di Horace Mann, 19 marzo 1748; Lucia Frattarelli Fischer, *La Livornina. Alle origini della società livornese*, in *Livorno 1606-1806*, pp. 43-62: 49-50. La frase di Richecourt deve essere letta nella circostanza del dibattito, in quanto la Reggenza aveva già impiegato la Livornina come fondamento giuridico a favore della Nazione britannica, cfr. *infra*.

28. ASFi, *Consiglio di Reggenza*, 652, ins. 23, memoria del conte di Richecourt al barone de Pfütschner, 7 marzo 1752.

sdizione ordinaria.[29] Certi contenuti della patente rimasero poi comunque appannaggio dei soli ebrei, sudditi del granduca,[30] ma ciò che mutava era la visione generale, che allargava in via definitiva, almeno concettualmente, i destinatari del privilegio, ai quali il principe poteva accordare i benefici espressi nella legge.

Nello stesso anno 1748, a Livorno un tale Alì bin Mahmad di Algeri venne arrestato su istanza del console spagnolo Odoardo de Silva con l'accusa di aver sottratto a Barcellona una quantità di pietre preziose per un valore di 2523 pezze, di proprietà dell'argentiere Giacomo Rodoreda.[31] Allorché il caso fu rimesso al giudizio di Firenze, il Consiglio di Reggenza si preoccupò di accertare quali franchigie la Livornina prescrivesse per tale delitto: il marchese Carlo Ginori, governatore della città, faceva così rilevare come, all'articolo 2, fosse garantito a chi avrebbe dimorato nello scalo che

> non sarete da qualsivoglia Tribunale, o Principe tanto Laico, che Ecclesiastico, molestati o inquietati sotto qualsivoglia colore, o pretesto, reale o personale per qualsivoglia denuntia, querela, accusa che si fosse formata o si formasse contro di voi tanto per delitto o malefizio enorme, grave, o altro che da voi e da vostra Famiglia avessero commesso fuori degli Stati Nostri per il passato.[32]

La legge tutelava per i crimini commessi fuori dai confini del Granducato i nuovi venuti che si fossero stabiliti a commerciare nel porto, assicurando protezione rispetto a un ampio ventaglio di imputazioni. Tale verifica fu condotta a seguito di una petizione presentata dai «Negozianti Turchi, Barbareschi, e Marrocchini» in favore di Alì bin Mahmad,[33] attra-

29. Ivi, ins. 23, n. 21, lettera del barone de Pfütschner al conte di Richecourt, 3 agosto 1752.

30. ASLi, *Governo*, 961, cc. 10v-11r; Frattarelli Fischer, *Le leggi Livornine*, pp. 31-33; Jean-Pierre Filippini, *La ballottazione a Livorno nel Settecento*, in «La Rassegna mensile di Israel», 49 (1983), 1-4, pp. 199-268; Carlotta Ferrara degli Uberti, *La «Nazione ebrea» di Livorno dai privilegi all'emancipazione (1814-1860)*, Firenze, Fondazione Spadolini Nuova Antologia-Le Monnier, 2007, pp. 19-22.

31. ASFi, *Consiglio di Reggenza*, 652, ins. 35.

32. Ivi, ins. 35, lettera di Ginori alla Reggenza, 6 giugno 1748; il governatore trasse la citazione dalla Livornina del 1595. Sull'immunità penale e l'estradizione si rinvia a Daniele Edigati, *Aspetti giuridici delle franchigie di Livorno: l'immunità personale* in criminalibus *ed il problema dell'estradizione (secoli XVI-XVIII)*, in «Nuovi studi livornesi», 17 (2010), pp. 18-41: 29-32.

33. ASFi, *Consiglio di Reggenza*, 652, ins. 35. Un primo approfondimento sulla presenza di musulmani liberi a Livorno nel XVIII secolo in Guillaume Calafat, Cesare Santus,

verso la quale i postulanti denunciavano la «violenza usata al loro Nazionale contro i Privilegi del Porto Franco, e quelli conceduti [...] nell'Anno 1593 dalla gloriosa memoria di Ferdinando p[ri]mo»: al di là del reale *status* dell'imputato, gli oratori si ritenevano inclusi nelle garanzie prospettate dalla Livornina, e così pure la Reggenza doveva considerare tali quanti fra questi negozianti avevano fissato la propria base a Livorno, se la memoria venne presa in considerazione e fu commissionato a Ginori un simile accertamento.[34]

A livello centrale, fra i principali sostenitori di un'estensione dei limiti della legge si poneva apertamente Giulio Rucellai, segretario del Regio Diritto, l'ufficio responsabile della gestione dei benefici ecclesiastici, delle questioni relative ai rapporti con il clero e, in generale, competente in materia di religione.[35] Egli, convinto assertore della libertà di coscienza e fautore di una condotta improntata a un deciso pragmatismo, che incoraggiava «l'espansione della sfera pubblica nei vari settori della società» e riconosceva nell'utile per lo Stato il fine ultimo da perseguire mediante l'operato politico,[36] si dimostrò incline a una visione più ampia del privilegio. Leggendo le sue lettere, si ritrovano più volte posti in relazione i due ambiti che abbiamo individuato essere particolarmente investiti dai contenuti della Livornina, ossia la dimensione confessionale e il settore economico-commerciale.[37] Rucellai, che appoggiò sempre «una politica di tolleranza religiosa, senza ledere il ruolo dominante della religione

Les avatars du «Turc». Esclaves et commerçants musulmans à Livourne (1600-1750), in *Les Musulmans dans l'histoire de l'Europe*, vol. 1, *Une intégration invisible*, a cura di Jocelyne Dakhlia, Bernard Vincent, Paris, Albin Michel, 2011, pp. 471-522: 500-514.

34. ASFi, *Consiglio di Reggenza*, 652, ins. 35.

35. Sul personaggio politico Andrea Pasquinelli, *Giulio Rucellai, Segretario del Regio Diritto (1734-1778): alle origini della riforma leopoldina del clero*, in «Ricerche Storiche», 13 (1983), 2, pp. 259-296; Daniele Edigati, *Rucellai, Giulio*, in *Dizionario Biografico degli Italiani*, Roma, Istituto dell'Enciclopedia Italiana, 1960-2020, vol. 89, 2017, pp. 72-78; sull'ufficio Id., *Dalla Congregazione alla prima età lorenese*; Lara Marchi, *L'organizzazione del lavoro all'interno della Segreteria del Regio Diritto nella Toscana granducale tra XVII e XVIII secolo*, in «Archivio Storico Italiano», 169 (2011), 3, pp. 507-564.

36. Contini, *La Reggenza lorenese tra Firenze e Vienna*, p. 255; Edigati, *Rucellai, Giulio*, pp. 75-76.

37. A titolo di esempio ASFi, *Auditore dei Benefici ecclesiastici, poi Segreteria del Regio Diritto* (*Regio Diritto*), 374, cc. 446-447, lettera del 15 maggio 1756, Rucellai a Guidi; Archivio Storico Diocesano di Pisa, *Curia Arcivescovile*, *Carteggio e atti relativi a Livorno*, 21, cc. nn., lettera del 6 agosto 1774, Rucellai a Guidi.

cattolica»,[38] vedeva nella concessione di diritti personali, e quindi attinenti pure la sfera del culto, anche un mezzo per attrarre forestieri: se forniti di maggiori libertà, come quelle elargite agli ebrei, più mercanti non cattolici avrebbero potuto emigrare in Toscana e beneficiare il porto di Livorno e l'intero Granducato delle rendite dei loro traffici. Forte di queste convinzioni, Rucellai favorì una lettura estensiva del privilegio ferdinandeo, e nel suo ruolo istituzionale poté indirizzare la politica religiosa di Livorno in questo senso, pur non giungendo mai a interpretazioni radicali. Inoltre, negli anni precedenti e successivi agli episodi già citati, talune questioni inerenti sia la sfera confessionale sia il diritto consentono di affermare come il fondamento giuridico di diverse concessioni accordate agli acattolici fosse ricavato propriamente dalla Livornina del 1593.

Noto è il caso della successione in favore dello scozzese Robert Rutherfurd, mercante di religione riformata dimorante a Pisa e a Livorno, istituito come proprio erede per testamento da parte del genovese cattolico Giovanni Andrea Lastrico.[39] In base al diritto romano giustinianeo e al diritto canonico «l'eretico, addirittura anche solo occulto, non era capace di stipulare contratti, di testare o di succedere *mortis causa*, di acquisire né alienare il *dominium*, neppure *vigore sententiae*»:[40] sebbene nella pratica queste disposizioni non trovassero un'applicazione rigorosa, alla lettera chi si fosse considerato parte lesa avrebbe potuto ricorrere in giudizio. Ancor più, in questo caso si trattava di un passaggio di averi da un cattolico verso un protestante forestiero. Su queste basi, allorché Rutherfurd entrò in possesso di una somma di denaro compresa nel lascito, in quel momento nelle disponibilità della

38. Edigati, *Rucellai, Giulio*, p. 76; proprio con le medesime parole Rucellai stesso si espresse in diverse missive indirizzate sia all'arcivescovo di Pisa Francesco Guidi, ASFi, *Regio Diritto*, 374, cc. 454v (25 maggio 1756), 469v (8 giugno 1756), sia a Vienna, ivi, c. 545r (25 novembre 1756).

39. Robert Rutherfurd (il cognome si trova scritto anche con altre grafie) fu un importante membro della British Factory, socio della casa di commercio di George Jackson e poi agente di Caterina II negli anni Settanta, cfr. Livorno, Biblioteca Labronica, *Manoscritti*, 091-Q-1, Pietro Bernardo Prato, *Giornale della Città, e Porto di Livorno*, IV, p. 226; *Edizione nazionale delle Opere di Cesare Beccaria*, vol. 5, *Carteggio*, vol. 2, *1769-1794*, a cura di Carlo Capra, Renato Pasta e Francesca Pino Pongolini, Milano, Mediobanca, 1996, pp. 105-106; Cesare Ciano, *Russia e Toscana nei secoli XVII e XVIII. Pagine di storia del commercio e della navigazione*, Pisa, ETS, 1980, pp. 35-38; Renato Pasta, *L'editoria e la circolazione del pensiero a Livorno nel Settecento*, in «Nuovi studi livornesi», 10 (2002-2003), pp. 15-30: 25.

40. Edigati, *La tolleranza per privilegio*, p. 928.

Deputazione dello Spedale della Misericordia di Pisa, il fratello del defunto comparve davanti al tribunale ecclesiastico accusando il beneficiario di essere «incapace di questa successione».[41] Nel settembre 1745 i negozianti britannici presentarono allora una supplica, che fu rimessa al giudizio di Rucellai, in favore dello scozzese, in quanto una sentenza a lui contraria sarebbe stata lesiva degli interessi di tutta la Nazione. In risposta, il senatore stilò una dotta relazione intessuta di una copiosa serie di riferimenti giuridici,[42] compreso naturalmente il richiamo alla patente del 1593: «è certo [scriveva] che la Nazione Inglese, per tutti i titoli rispettabilissima, è legittimamente ammessa in questi Stati, compresa senza dubbio ne Privilegi di Ferdinando primo [...] a forma de quali ha ella goduto sempre tutta la libertà, e rispetto alla religione, e rispetto al diritto riguardante tutti i contratti».[43]

Il caso si risolse a vantaggio di Rutherfurd, e la decisione poggiò proprio sui contenuti della Livornina:[44] se si ambiva a mantenere le case di commercio britanniche ancorate alla Toscana, non si poteva mettere in dubbio la capacità dei loro membri di negoziare. A partire da questa controversia il Consiglio di Reggenza emanò una dichiarazione, inserita fra i regolamenti della Comunità, con la quale, «p[er] quiete, e sicurezza della Nazione Inglese, e p[er] regola dei casi avvenire», sanciva:

> Come essendo indubitato che p[er] i privilegi concessi al Porto di Livorno dal Sereniss[im]o Gran Duca Ferdinando I, e p[er] la Pratica costante di tutta la Toscana, non possono i nazionali Inglesi essere sottoposti in questi Stati alle pene imposte dalle nostre Leggi agl'Eretici, così non posson dirsi privati in verun modo della Testamentaria fazione attiva, e passiva, e sono in conseguenza, e sono stati riputati capaci delle successioni, e di tutti gl'altri Benefizi del diritto comune, toltine i casi, in cui p[er] le nostre Leggi statuarie si vieta il passaggio di dette successioni nelle Persone Forestiere.[45]

41. ASFi, *Regio Diritto*, 321, c. 318r.

42. Ivi, cc. 319-327, minuta di relazione, 23 settembre 1745; Daniele Edigati, *Chiese, nazioni e principe: il culto cristiano orientale a Livorno nel Settecento fra tolleranza e giurisdizionalismo*, in «Diritto e religioni», 17 (2022), 1, pp. 342-379: 356; sulle questioni testamentarie e gli inglesi si veda anche il saggio di Stefano Villani nel presente volume.

43. ASFi, *Regio Diritto*, 321, cc. 324v-325r.

44. Lorenzo Cantini, *Legislazione toscana raccolta e illustrata dall'avvocato Lorenzo Cantini*, vol. 26, Firenze, Stamperia Albizziniana da Santa Maria in Campo, 1806, p. 116.

45. ASLi, *Comunità di Livorno*, 5, pp. 23-24, 13 ottobre 1745 (un'altra copia alle pp. 28-29); anche in questo caso, si specificava che il governatore dovesse far registrare il documento «e ne faccia dar copia autentica quando le sia richiesta ai nazionali Inglesi, e a qualunque altro ancora».

Un altrettanto esplicito riferimento alla Livornina quale "base normativa" per un provvedimento che ampliasse i diritti di gruppi diversi dagli ebrei, utilizzata come aggancio con funzione legittimante in quanto «elemento di continuità con la tradizione toscana»,[46] fu istituito per un caso simile occorso tre anni dopo. Luigi di Niccolò Iconomo, «Greco del Regno di Cipri Negoziante in Livorno», aveva disposto con suo codicillo rogato il 4 aprile 1740 presso il notaio Giovanni Giuseppe Giuliani vari lasciti «a diverse persone e Monasteri del suddetto Regno, e di altre parti del Levante», commessi per l'esecuzione al cugino padre Giovacchino del fu Piero, superiore del monastero della Vera Croce (Timios Stavros) di Omodos.[47] In seguito alla morte del testatore, davanti al governatore comparve il 31 maggio 1748 Caggi Luigi Zaccheria, parente di Iconomo nominato nell'atto, per chiedere che fossero liquidate le eredità destinate agli orientali; a quel punto Giorgio Avarlì, curatore testamentario del defunto per gli affari relativi a Livorno, obiettò che i legatari fossero scismatici e quindi «incapaci di conseguire i Legati».[48]

Con *motuproprio* del 14 novembre 1748 la causa venne assegnata al Magistrato supremo, quindi commessa agli auditori Giovanni Venturini e Anton Maria Montordi;[49] nella conseguente relazione firmata dai due giuristi fu dichiarato «esser permesso agli Scismatici di conseguire l'eredità» e succedere per testamento. Tale decisione si collegava esplicitamente, fra le altre argomentazioni, alla Livornina ove, all'articolo 21, era accordata ai destinatari facoltà di testare a beneficio di chiunque volessero: sebbene questo punto appaia scritto per i soli ebrei, grazie all'*incipit* e ai primi articoli della legge era possibile per i giureconsulti suffragare una più ampia portata delle garanzie, confortati pure nel loro pensiero dalla precedente risoluzione emanata nell'ottobre del 1745 per il caso Rutherfurd, espressamente citata.[50] Il sovrano stesso, nel commettere agli auditori la causa avocata dai

46. Edigati, *La «Livornina» e i confini della tolleranza religiosa*, p. 68.

47. ASFi, *Magistrato supremo*, 1191, c. 498. Il testamento si trova ivi, *Notarile moderno*, prot. di Giovanni Giuseppe Giuliani, 23416, cc. 106-107; nel suo codicillo Luigi di Niccolò Iconomo aveva lasciato diverse offerte, da destinare a vari enti religiosi e per opere di carità, fra le quali un legato di duecento pezze di moneta di Levante al monastero di Omodos e altre duecento pezze da distribuire alle fanciulle povere dello stesso villaggio.

48. Ivi, *Magistrato supremo*, 1191, c. 498v.

49. Ivi, *Consiglio di Reggenza*, 444, n. 266, lettera di Rucellai a Pandolfini, 1° febbraio 1749; ivi, *Magistrato supremo*, 1191, c. 6r.

50. La relazione è conservata ivi, cc. 498-507, ed è trascritta in *Selectarum Rotae florentinae decisionum thesaurus*, Florentiae, Ex Typographia Bonducciana, 1769, vol. 2, pp. 492-501 e in Cantini, *Legislazione toscana*, vol. 26, pp. 114-123.

Consoli del Mare, aveva disposto che questa venisse risolta «a forma di ragione comune, e salvi i Privilegi, e franchigie accordate in favore del Porto di Livorno».[51] La relazione di Montordi e Venturini faceva inoltre riferimento al trattato di pace perpetua e libero commercio stipulato con l'Impero ottomano il 25 maggio 1747 e, poggiando su Grozio, affermava che se si fosse continuato a rispettare pedissequamente il diritto romano «quasi d[e]l tutto distruggerebbe il Commercio, e le scambievoli contrattazioni, e Permute, troppo necessarie p[er] il Bene, e vantaggio della società umana».[52] La sentenza appariva dunque essenziale se si voleva che gli immigrati impiantassero stabilmente delle attività imprenditoriali in Toscana, che avrebbero poi trasmesso ai loro eredi: il 6 febbraio 1749 il giudizio fu approvato con rescritto della Reggenza,[53] andando così a costituire un precedente giuridico e materia di legge.

Ulteriori documenti lasciano intendere come il provvedimento ferdinandeo venisse inteso con carattere estensivo e non transeunte: nelle sue massime, l'auditore Pierallini citava una lettera del governo del 19 ottobre 1746 e, basandosi sul suo contenuto, affermava che «per quanto i privilegi [...] siano stati in principio concessi per un tempo determinato, è stato poi detto, che sarebbero perpetui, e senza bisogno di conferma regolare, e periodica»;[54] il 14 luglio 1758, una missiva inviata da Firenze intendeva la legge come riferibile a tutte le Nazioni forestiere indistintamente.[55] Proprio appoggiandosi a questa lettura ampia della Livornina, il 20 gennaio 1764 Filippo Bourbon del Monte scriveva al senatore Anton Filippo Ada-

51. ASFi, *Magistrato supremo*, 1191, c. 6r.

52. Ivi, c. 499v; Cantini, *Legislazione toscana*, vol. 26, p. 115; Edigati, *Chiese, nazioni e principe*, pp. 355-356, il quale pone l'accento sulla «penetrazione delle opere giusnaturalistiche nel ragionamento giuridico e nella giurisprudenza toscana».

53. ASFi, *Consiglio di Reggenza*, 444, n. 266; ivi, *Magistrato supremo*, 1191, cc. 507v, 508v. Sulla causa legale e i risvolti della sentenza si rinvia anche a Lorenzo Benedetti, *I mercanti e l'arcivescovo. L'affermazione dei greci ortodossi a Livorno durante l'episcopato di Francesco Guidi (1734-1778)*, Pisa, ETS, 2023, pp. 67-68.

54. ASLi, *Governo*, 958, c. 69v.

55. Ivi, c. 70v. Lo stesso anno, fra l'altro, venivano concessi diversi altri privilegi ai forestieri che fossero andati ad abitare il nuovo sobborgo di San Jacopo con editto del 23 novembre 1758, ivi, cc. 71-72; il borgo, già progettato dal governatore Ginori, fu costruito nella zona a sud del Pentagono, cfr. Lando Bortolotti, *Livorno dal 1748 al 1958. Profilo storico-urbanistico*, Firenze, Olschki, 1970, pp. 14-19; Dario Matteoni, *Livorno*, Roma-Bari, Laterza, 1985, pp. 113-118; Carlo Cresti, *La Toscana dei Lorena. Politica del territorio e architettura*, Firenze, Banca Toscana, 1987, pp. 27-29.

mi, provveditore dell'Arte dei medici e degli speziali, circa l'obbligo della matricola per chi praticava la medicina:

> Rispetto agli Ebrei sono chiari i Privilegi del 1593 che permettono a tutti Loro di esercitare in Livorno qualunque Professione, e nominatamente la Medicina senza alcun'obbligo di matricola. E siccome molte altre volte è stato dichiarato, che i Privilegi suddetti si estendono a tutti gli altri nazionali stranieri, è chiaro in conseguenza che non possono obbligarsi alla matricola i due Inglesi,[56]

ossia il dottor Garden e il chirurgo Beasley, ai quali si aggiungeva il dottor Smith (De Smeth), già chirurgo militare che, «appartenendo egli al Corpo della Nazione Olandese, ha un titolo di più per esimersene, in vigore dei Privilegi».[57] Del Monte, oltre a confermare come questa interpretazione fosse ormai stata di frequente ribadita, associava *tout court* l'applicazione dei privilegi ai forestieri appartenenti a una Nazione straniera residenti nel porto, proprio come statuito nel preambolo della Livornina del 1593.

La stessa visione era stata espressa da Giulio Rucellai in vari documenti: in una missiva del 1756 rivolta all'arcivescovo di Pisa Francesco Guidi, riferendosi ai greco-ortodossi che avevano richiesto un luogo per il culto, il senatore affermava chiaramente che «ne' Privilegi di Ferdinando primo s'accorda in Lettera l'esercizio libero della Religione a tutte le Nazioni, che vogliono venirvi ad abitare». Asseriva inoltre che, nel concedere una chiesa a questi "scismatici",

> credo che non s'offenda con ciò né la Religione, né il Sistema in cui si vive. Non la Religione, perché per me ho sempre pensato con quelli che sostengono, che deve esser libera [...]. Non il Sistema, perché se in Livorno si permette la Sinagoga degli Ebrei, e il Predicante Inglese, non so trovar ragione per dire diversamente rispetto a' Greci, e i Calvinisti, e i Turchi ancora, se questi avessero un corpo di Nazione in Livorno.[58]

56. ASLi, *Governo*, 962, c. 9r, lettera di del Monte ad Adami, 20 gennaio 1764. Il riferimento è agli articoli 5 e 18.

57. *Ibidem*. Richard Beasley è citato fra i medici residenti nel porto da D'Angelo, *Mercanti inglesi a Livorno*, p. 212 e Filippo Sani, *Il Settecento*, in *La massoneria a Livorno. Dal Settecento alla Repubblica*, a cura di Fulvio Conti, Bologna, il Mulino, 2006, pp. 27-98: 53-54. Thomas Garden è incluso nella *Lista de' Negozianti compresi nella Nazione Britannica stabiliti in Livorno* conservata in ASFi, *Consiglio di Reggenza*, 652, ins. 23, n. 21, ed è ricordato come medico della British Factory da Montgomery Carmichael, *Tobia Smollett a Livorno*, in «Liburni Civitas», 9 (1936), 2, pp. 114-123: 116.

58. ASFi, *Regio Diritto*, 374, c. 446.

Stante l'argomento dello scambio epistolare e dato il suo ruolo di segretario del Regio Diritto, egli naturalmente poneva l'accento sulle libertà religiose che, come affermato, assieme alle concessioni in materia di commercio erano fra i principali contenuti della Livornina; le une erano poi strettamente correlate alle altre, in quanto l'insieme delle garanzie a livello confessionale, fiscale e giudiziario costituivano le clausole per attrarre forze economiche nel Paese. L'accettazione di elementi devianti rispetto alla religione dominante al fine di accogliere potenziali portatori di ricchezza che andassero a beneficiare le finanze dello Stato rappresentò un indirizzo costante nella visione di Rucellai, tanto che è possibile affermare come egli, peraltro personalmente convinto del valore della libertà di coscienza, propugnasse una "tolleranza per interesse".[59]

Dal punto di vista pratico, non bisogna tuttavia pensare che ciò significasse l'assenza di ogni inibizione in materia: se la Livornina veniva effettivamente evocata come fondamento giuridico per concedere garanzie agli acattolici queste non erano affatto assolute, né elargite a cuor leggero dal governo, indipendentemente dalle convinzioni dei vari ministri. Nell'affare degli ortodossi sopra ricordato, ad esempio, non di rado si osserva come l'opportunità politica contingente prevalesse sulla linea generale della tolleranza: nell'*avis* emesso dal Consiglio per gli affari della Toscana nella seduta del 21 gennaio 1757 e inviato da Vienna alla Reggenza si affermava esplicitamente che, per evitare nuovi scontri con la Curia romana, indipendentemente dai motivi «fondés sur les privilèges du Port franc», l'imperatore «ne permettra jamais l'exercice public de leur Religion».[60] Lo stesso Rucellai, accorto mediatore e deciso pragmatista, in una lettera del

59. Sul concetto si rimanda a Benedetti, *I mercanti e l'arcivescovo*.

60. ASFi, *Consiglio di Reggenza*, 1056, cc. nn.; a metà dell'anno precedente, lo stesso Consiglio aveva dato invece parere positivo alla cessione della Santissima Annunziata agli ortodossi, ma l'ordine venne bloccato a Firenze per l'inopportunità della decisione, ivi, *Regio Diritto*, 374, cc. 445r-448r, lettera del 15 maggio 1756, Rucellai a Guidi; Archivio Storico di Propaganda Fide, *Scritture riferite nei Congressi, Italo-Greci*, 4, c. 351r, lettera del 14 giugno 1756, Guidi a Benedetto XIV; inoltre, il nunzio apostolico a Vienna Ignazio Michele Crivelli fu incaricato da Roma di protestare presso l'imperatore, affinché la chiesa uniate non cadesse nelle mani degli "scismatici", ivi, cc. 375r-378r; ASFi, *Consiglio di Reggenza*, 1056, cc. nn., *avis* del 21 gennaio 1757; Benedetti, *I mercanti e l'arcivescovo*, pp. 78-79, 139-141. La questione del pubblico esercizio fu in ogni caso un punto determinante nell'affare, cfr. Id., *Dalla dimensione privata al pubblico esercizio del culto: gli spazi del sacro ortodossi a Livorno nel Settecento*, in «Storia Urbana», 46 (2023), 3, in corso di stampa.

1758, pur dichiarandosi persuaso «dell'utilità, e della giustizia di permettere in Livorno il libero esercizio di tutte le Religioni», sosteneva come non ritenesse conveniente «introdurvi l'esempio di Chiese pubbliche di dogma, e rito diverso da quello della Religione dominante».[61] Dunque, è necessario sempre tener presente come il calcolo politico abbia influito di volta in volta sulle singole decisioni in relazione all'utile momentaneo, al di là dei contenuti fissati nelle norme, e che il "cosmopolitismo" livornese si scontrò nella prassi con i limiti esistenti in una società di Antico regime, nonostante nelle decisioni politiche la Reggenza fu generalmente orientata alla volontà di svincolarsi dai condizionamenti esterni all'ambito civile.[62]

Questa tendenza emerge nitidamente guardando alle trattative che portarono la comunità greca di rito non unito a ottenere prima una chiesa propria e successivamente, in età leopoldina, quando la politica giurisdizionalista si spinse più marcatamente oltre le forme del compromesso, la facoltà di esprimere il culto ortodosso nello spazio pubblico livornese. Questa vicenda risulta esemplare per dimostrare come, durante l'età della Reggenza, il privilegio fosse avvertito quale legge fondamentale dai residenti nel porto e, in un'epoca in cui il diritto era ben noto e ampiamente utilizzato dai mercanti, come essi impiegassero a proprio vantaggio un'interpretazione ampia e "inclusiva" della Livornina.

2. *Il caso dei greco-ortodossi*

Gli effetti dell'interpretazione estensiva data alla legge sono ben visibili in relazione alla progressiva emancipazione dei greco-ortodossi dimoranti nel porto, scismatici nell'ottica della Chiesa di Roma, rispetto alle limitazioni riguardanti la libertà confessionale. Sin dalla seconda metà del XVI secolo, persone provenienti dal Levante si erano insediate a Livorno, reclutate tramite agenti o invitate mediante bandi *ad hoc* emanati dai primi granduchi medicei animati dalla volontà di popolare la città di fondazione e di armare e potenziare la flotta. I greci, esperti marinai e calafati, trovarono inizialmente

61. ASFi, *Regio Diritto*, 374, c. 614, minuta di lettera di Rucellai a Pandolfini, 11 luglio 1758; ivi, *Consiglio di Reggenza*, 503, n. 706.

62. Per una disamina sul tema si rinvia a Elena Fasano Guarini, *Livorno in età moderna: tra mito e realtà*, in *Livorno 1606-1806*, pp. 19-30, e soprattutto ai contributi raccolti in *La città delle Nazioni. Livorno e i limiti del cosmopolitismo*.

impiego proprio in attività professionali connesse alla navigazione, sia nei cantieri che sulle galere, e ottennero un luogo di culto nella chiesa periferica di San Iacopo in Acquaviva. In pochi decenni, tuttavia, crebbero in numero e presero a dedicarsi anche ad altri mestieri, divenendo una presenza considerevole e ben inserita nel tessuto sociale, tanto che nel 1606 fu inaugurata nel centro dell'abitato una chiesa di rito greco-cattolico costruita dalle fondamenta, dedicata alla Santissima Annunziata e sottoposta alla giurisdizione dell'arcivescovo di Pisa.[63] Nel corso del Seicento, tuttavia, le pur scarse testimonianze conservate fra la documentazione diocesana e inquisitoriale lasciano trasparire come la supposta uniformità religiosa fosse in realtà continuamente compromessa dal passaggio e dall'insediamento nel porto di greco-ortodossi, che trovarono parimenti nell'edificio sacro un riferimento per il culto: essi tentarono così ripetutamente di ingerire nell'amministrazione delle rendite della chiesa stessa e di convertirla al rito non unito.[64] La loro presenza fu tollerata dai granduchi, che adottarono una politica dissimulatoria: senza fornire mai un riconoscimento ufficiale, accettarono che tra gli uniati rimanesse anche la componente acattolica, fatta di pellicciai, artigiani e più facoltosi mercanti.[65] L'edificio di culto greco-cattolico restò comunque tale nonostante le manovre degli scismatici, che ancora nel 1711 e nel 1715 provarono ad appropriarsi della gestione della chiesa e a celebrarvi secondo il proprio rito.[66]

Se nella prima metà del XVIII secolo i tentativi degli ortodossi non ebbero successo, essi tuttavia insistettero nel loro proposito fino a che non si verificarono le condizioni affinché le loro richieste fossero finalmente prese

63. Doriana Dell'Agata Popova, *La Nazione e la Chiesa dei Greci "Uniti"*, in *Livorno: progetto e storia di una città tra il 1500 e il 1600. Catalogo della mostra*, Livorno-Pisa, Comune di Livorno-Nistri Lischi-Pacini, 1980, pp. 251-262; Frattarelli Fischer, *Alle radici di un'identità "composita"*, pp. 49-52; Francesca Funis, *Sotto il segno del capricorno. I greci nella chiesa di San Jacopo in Acquaviva*, in «Nuovi studi livornesi», 13 (2006), pp. 55-68.

64. Frattarelli Fischer, *Alle radici di un'identità "composita"*, pp. 51-55.

65. *Ibidem*; Benedetti, *I mercanti e l'arcivescovo*, pp. 19-61. Il termine "greco" utilizzato nelle fonti di età moderna rimanda a persone e gruppi provenienti da una regione corrispondente non solo alla Grecia geograficamente intesa, ma estesa ai Balcani, all'Asia Minore, alle coste orientali del Mediterraneo e al Vicino Oriente, cfr. Mathieu Grenet, *La fabrique communautaire. Les Grecs à Venise, Livourne et Marseille, 1770-1840*, Roma-Athīna, École française de Rome-École française d'Athènes, 2016, pp. 23-27.

66. ASFi, *Regio Diritto*, 374, cc. 425, 431, 540; Edigati, *Chiese, nazioni e principe*, pp. 346-347.

nella debita considerazione da parte dell'autorità governativa. Nel periodo immediatamente precedente e soprattutto nell'età della Reggenza diversi fattori, fra i quali le contingenze politiche internazionali e il loro riverbero sulla situazione commerciale gravitante intorno al porto, una diversa sensibilità all'interno della classe dirigente, la nuova politica mediterranea inaugurata dai Lorena, evidente nei trattati di libero commercio con l'Impero ottomano e le Reggenze barbaresche, un rinnovamento nella cultura religiosa e nei rapporti del governo civile con il potere ecclesiastico favorirono l'*élite* mercantile greco-ortodossa la quale, benché non avesse alle spalle uno Stato nazionale forte che ne sostenesse gli interessi, si ritrovò però ad avere il potenziale numerico ed economico per veder soddisfatta la pretesa di essere riconosciuta nella sua peculiarità. Negli anni Quaranta del Settecento le fonti mostrano la presenza stabile a Livorno di un nucleo formato da cappottai, provenienti perlopiù dalle montagne di Ioànnina (Giannina) in Epiro, da piccoli artigiani e da negozianti e mercanti giunti da vari luoghi del Mediterraneo orientale (le Isole ionie, la Morea, le Isole egee), all'interno del movimento diasporico greco dal Levante verso i porti occidentali. Nella piazza essi avviarono attività, fissarono case di commercio e costituirono una base per la rete dei loro traffici, agendo anche da mediatori con la Sublime Porta.[67] Dal punto di vista confessionale, sebbene i confini fra cattolici e scismatici risultino talvolta sfumati e intersecati, a partire dagli anni Cinquanta molti di questi ultimi, alcuni dei quali in precedenza avevano anche dissimulato la propria fede, si esposero per negoziare il diritto di manifestarla apertamente, consapevoli del "peso" esercitato agli occhi del governo.

Nel 1755, i mercanti più in vista di fede ortodossa presentarono così direttamente al granduca e imperatore un memoriale, mediante il quale chiedevano di vedere regolamentati i loro diritti nella città di Livorno. Nella supplica, redatta in latino, essi si auto-rappresentarono come comunità ricca e laboriosa, che si ritrovava nell'impossibilità di praticare il proprio culto, ragion per cui sarebbero stati costretti ad abbandonare la Toscana alla ricerca di luoghi di maggiore tolleranza e che offrissero migliori condizioni. Gli estensori istituivano un paragone con le patenti concesse da Maria Teresa ai greci di Trieste, città inclusa nei domini di Casa Asburgo

67. Despina Vlami, *Commerce and Identity in the Greek Communities. Livorno in the Eighteenth and Nineteenth Centuries*, in «Diogenes», 45 (1997), 1, pp. 73-92: 73-78; Ead., *Mercanti greci a Livorno, 1750-1868. Commercio, nazione, famiglia*, Athīna, ETPbooks, 2021, pp. 59-61; Benedetti, *I mercanti e l'arcivescovo*, pp. 36-42, 63-70.

dove i fedeli di confessione non unita avevano ottenuto nel 1751 la possibilità di erigere una chiesa,[68] e domandavano attraverso quattordici articoli privilegi in materia di religione già garantiti agli ebrei e persino ai "pagani", ossia ai riformati, «vi Privilegiorum Portus Liberi Livornensis».[69] Mediante questa formula, essi si ricollegavano esplicitamente alla Livornina, in forza della quale impetravano di poter amministrare e votare al rito greco-ortodosso la chiesa della Santissima Annunziata o, in alternativa, erigere un altro tempio ove celebrare e professare liberamente il proprio culto, chiamare sacerdoti non ordinati da Roma, poter seppellire i morti secondo il rito ortodosso e aprire una scuola greca per educare i fanciulli nelle arti liberali.[70]

Il 1° gennaio 1756, da Vienna, l'imperatore Francesco Stefano incaricò il Consiglio di Reggenza di analizzare la questione «de maniere qu'ils jouissent en toute liberté, soit dans l'exercise de leur religion, soit dans celui de leur commerce, des privileges que nous avons accordés aux Négocians des Nations respectives qui résident dans la dite Ville».[71]

Come abbiamo avuto modo di osservare Giulio Rucellai, che si fece carico del caso, si dimostrò sin da subito incline a elargire quanto domandato se il numero di famiglie e il loro impegno nel commercio fosse risultato effettivamente tale da impiegare il governo in un affare che si preannunciava gravoso:[72] sarebbe stato opportuno imbarcarsi in tale questione solo se l'utile era da ritenersi realmente proporzionale all'incombenza, secondo quello spirito pragmatico che caratterizzò tanti esponenti dell'*establishment* lorenese.

Le trattative per giungere alla conclusione del negozio furono veramente lunghe e articolate, e coinvolsero Rucellai, l'arcivescovo di Pisa Francesco Guidi e il governatore di Livorno Carlo Ginori, oltre ai rappre-

68. Giuseppe Stefani, *I Greci a Trieste nel Settecento*, Trieste, Monciatti, 1960, pp. 43-73; Olga Katsiardi-Hering, *La presenza dei greci a Trieste. La comunità e l'attività economica (1751-1830)*, Trieste, Lint, 2018, vol. 1, pp. 72-79.

69. ASFi, *Regio Diritto*, 374, c. 416v.

70. Benedetti, *I mercanti e l'arcivescovo*, pp. 70-72. La supplica e gli articoli sono conservati in ASFi, *Regio Diritto*, cc. 416r-421r; ivi, *Consiglio di Reggenza*, 115, dispaccio 6; i punti sono anche trascritti in Edigati, *Chiese, nazioni e principe*, pp. 378-379.

71. ASFi, *Regio Diritto*, 374, c. 415r; Frattarelli Fischer, *Alle radici di un'identità composita*, p. 56.

72. ASFi, *Regio Diritto*, 374, cc. 454v-455r, lettera di Rucellai a Guidi, 25 maggio 1756.

sentati delle comunità greco-cattolica e greco-ortodossa. Nondimeno, al fine di attirare nuovi mercanti ed evitare di «perdere, o diminuire notabilmente questa branca di commercio» se gli scismatici avessero dato seguito alla minaccia di trasferirsi altrove per soddisfare le proprie esigenze di culto – ad esempio a Trieste o a Port Mahon, dove esistevano chiese di rito non unito –,[73] il governo si dichiarò favorevole non a concedere la Santissima Annunziata agli ortodossi, ma a permetter loro di costruire un edificio sacro da officiare nella loro comunione in virtù dei privilegi di Livorno che «promettono in lettera questo libero esercizio d[e]lla religione alle nazioni che vengono ad abitarvi per ragion di commercio».[74]

Così, Rucellai concertò con il primate e il marchese Ginori la bozza del *motuproprio* che avrebbe sancito la possibilità di erigere un luogo di culto ortodosso, pur con una serie di limitazioni volte a impedirne la pubblica visibilità e ad arginare la portata dell'iniziativa. Il documento legislativo, emanato in Reggenza il 14 luglio 1757,[75] si ricollegava idealmente proprio alla Livornina, assunta come fondamento normativo per supportare la decisione e inserirla nella tradizione giuridica toscana.[76] L'intestazione del *motuproprio* recita apertamente come Sua Maestà Imperiale, «a forma de' Privilegi del Gran Duca Ferdinando Primo del dì 10 Giugno 1593 accorda in Livorno a' Greci di Comunione diversa dalla Greco-Cattolica la libertà d'esercitarla»[77] con le restrizioni debitamente elencate (fig. 21).

73. Ivi, c. 543, minuta di lettera di Rucellai a Francesco Stefano, 25 novembre 1756. Sulla chiesa ortodossa di Trieste, Katsiardi-Hering, *La presenza dei greci a Trieste*, pp. 72-29; sulla chiesa di Port Mahon Francisco Hernández Sanz, *La colonia griega establecida en Mahón durante el siglo XVIII*, in «Revista de Menorca», 24 (1925), pp. 327-408; Giampaolo Salice, *Le connessioni globali della colonia «scismatica» di Minorca (1743-1785)*, in «Pedralbes», 37 (2017), pp. 133-162.

74. ASFi, *Regio Diritto*, 374, c. 545v, minuta di lettera di Rucellai a Francesco Stefano, 25 novembre 1756; cfr. nota 37. L'intera vicenda è dettagliatamente descritta in Benedetti, *I mercanti e l'arcivescovo*, pp. 63-82.

75. ASFi, *Consiglio di Reggenza*, 557, n. 99.

76. E, aggiunge Edigati, *Chiese, nazioni e principe*, p. 364: «In esso, a me pare che sia rimarchevole il proemio, in cui si giustificava il permesso ai greci scismatici come applicazione della Livornina, che così si avviava a diventare ciò che forse fin dall'inizio avrebbe dovuto essere, ossia una carta di franchigie per ogni confessione religiosa avente una qualche consistenza unitaria ed apprezzabile nel porto toscano».

77. ASFi, *Consiglio di Reggenza*, 557, n. 99; ivi, *Regio Diritto*, 374, c. 592; ASLi, *Chiesa greca non unita della Santissima Trinità* (*Chiesa greca*), 6, *Nomi dei Fratelli e Cassa di detta Chiesa*, c. 3v.

Le comunità forestiere ben conoscevano le franchigie del porto e i contenuti della patente ferdinandea, ai quali si richiamarono per reclamare diritti. Gli stessi greco-ortodossi, che avevano fatto più volte riferimento alla legge nelle loro suppliche, continuarono ad avvalersi di questa "pezza d'appoggio" per invocare concessioni anche dopo la consacrazione della Santissima Trinità, nel 1760, e nel corso del regno di Pietro Leopoldo. Assurto al trono di Toscana alla morte del padre, nel 1765, egli proseguì nella linea di governo inaugurata durante la Reggenza e si spinse, in materia di affari ecclesiastici, in una direzione più marcatamente giurisdizionalista, animato da una volontà di riforma della Chiesa locale toscana.[78] Fra i primi atti legislativi dalla portata fortemente innovativa si registrano due *motupropri* emanati il 29 aprile 1769, attraverso i quali si ordinava l'acquisto di un terreno extraurbano per allargare il camposanto nella zona della Palla al Maglio dove i defunti cattolici avrebbero dovuto riposare «indistintamente», eccezion fatta per gli ecclesiastici e i possessori di tombe gentilizie. Tutte le altre sepolture urbane dovevano essere trasferite al di fuori delle mura, comprese quelle degli ortodossi che inumavano i loro morti in chiesa.[79]

Essi colsero allora l'occasione per farsi accordare i funerali in forma pubblica attraverso l'uso del corteo processionale in pieno giorno, accompagnato dal curato in abiti liturgici e dai segni tipici delle esequie orientali. Fra le memorie presentate al fine di conseguire tale facoltà, una si ricollegava idealmente al *motuproprio* di Ferdinando I del 10 giugno 1593 con l'intento retorico di tracciare un percorso della tolleranza nel

78. Sul governo di Pietro Leopoldo si rinvia almeno a Luigi Mascilli Migliorini, *L'età delle riforme*, in *Il Granducato di Toscana. I Lorena dalla Reggenza agli anni rivoluzionari*, a cura di Furio Diaz, Luigi Mascilli Migliorini, Carlo Mangio, Torino, Utet, 1997, pp. 247-422; propriamente sulla politica ecclesiastica Mario Rosa, *Giurisdizionalismo e riforma religiosa nella politica ecclesiastica leopoldina*, in «Rassegna Storica Toscana», 11 (1965), 2, pp. 257-300; Carlo Fantappiè, *Promozione e controllo del clero nell'età leopoldina*, in *La Toscana dei Lorena. Riforme, territorio, società. Atti del Convegno di studi (Grosseto, 27-29 novembre 1987)*, a cura di Zeffiro Ciuffoletti, Leonardo Rombai, Firenze, Olschki, 1989, pp. 233-250; Daniele Edigati, *L'abolizione della giurisdizione temporale della Chiesa in Toscana. Linee ricostruttive di una lunga e complessa riforma leopoldina (1776-1784)*, in «Studi senesi», 121 (2009), 2, pp. 281-336, 3, pp. 455-517; Greco, *Potere politico*, pp. 15-26; Id., *Storia del Granducato di Toscana*, pp. 270-285.

79. Lorenzo Benedetti, *Alle origini dell'esercizio pubblico del culto ortodosso: il primo cimitero greco di Livorno*, in «Rassegna Storica Toscana», 70 (2024), 1, pp. 55-83; Lucia Frattarelli Fischer, *La parola e il marmo. Cimiteri acattolici di Livorno dal Seicento a oggi*, Pisa, ETS, 2024, pp. 192-194.

Granducato e di conseguire l'agognato fine, mediante un testo intessuto di richiami all'importanza della presenza greca per lo Stato toscano. «Fino da tempi, nei quali Ferdinando Primo Granduca di Toscana invitò i Forestieri a concorrere in Livorno p[er] esercitarvi la Mercatura, i Greci di Rito Orientale furono dei primi a secondare le mire di quel Sovrano combinate colla propria utilità, allettati dall'opportunità del sito p[er] il Commercio» (fig. 22).[80] Tuttavia, prosegue il memoriale, la comunità «si trovò dipendente in sostanza dalla Chiesa Romana» tanto che i greci, non riconoscendosi più nei riti, smisero progressivamente di stanziarsi *in loco* e «ognuno pensava di ritirarsi alle proprie case, trasportando seco i frutti della lunga industria, poiché p[er] la sola brama di morire coll'assistenza de' loro Riti e Cerimonie, preferivano al tranquillissimo soggiorno della Toscana la vita sospettosa ed inquieta a cui andavano incontro nello Stato Ottomano». Come l'apertura di una chiesa ortodossa aveva arrestato negli anni Sessanta del secolo questa emorragia e aveva dato nuovo slancio agli insediamenti, così la possibilità di ottenere privilegi di sepoltura avrebbe richiamato più levantini, in modo che a Livorno «sussisterà più vigoroso il commercio, che i Greci di Rito orientale vi fanno, che produce tanto utile immeditato all'erario».[81] Sebbene l'elemento confessionale avesse un peso e gli oratori cercassero di veicolare una determinata versione dei fatti, il discorso diventa qui pretestuoso ed esagerato, in quanto la correlazione istituita non era certo così immediata.[82] Tuttavia, il memoriale dimostra come la Livornina fosse ben presente agli occhi dei mercanti greco-ortodossi anche durante il governo di Pietro Leopoldo quale sostegno ai loro diritti e protezione ai loro commerci.[83]

La lettura estensiva della legge attuata in età leopoldina deriva indubbiamente dal processo interpretativo avviato negli anni della Reggenza: attraverso la documentazione rinvenuta e analizzata è possibile affermare come, al pari della materia doganale, anche in ambito confessionale non

80. ASLi, *Chiesa greca*, 21, cc. n. n.

81. *Ibidem*. Il documento è trascritto anche da Maria Grazia Biagi, *Le comunità eterodosse di Livorno e di Trieste nel secolo XVIII*, in «Quaderni Stefaniani», 5 (1986), pp. 95-128: 119-124.

82. Benedetti, *I mercanti e l'arcivescovo*, pp. 108-109; Grenet, *La fabrique communautaire*, pp. 176-178; Biagi, *Le comunità eterodosse*, pp. 112-114.

83. Sulla lettura della Livornina nell'età di Pietro Leopoldo si rimanda a Edigati, *La «Livornina» e i confini della tolleranza religiosa*, pp. 73-78, e al saggio dello stesso autore nel presente volume.

si facesse propriamente riferimento a «un sistema di norme positive che delimitasse con esattezza le libertà della persona», bensì esistesse più «una prassi improntata alla negoziabilità della norma»[84] secondo le esigenze particolari, le sensibilità dei governanti e le contingenze politico-economiche. Pertanto, non stupiscono eventuali decisioni contrastanti rispetto alla linea generale di una più ampia portata delle garanzie, né atteggiamenti duttili e divergenti in base alle circostanze, pur nella generale estensione dell'applicazione della Livornina coerente con una politica improntata all'utile per lo Stato. Come ebbe a scrivere l'auditore Pierallini nel suo ricordato zibaldone:

> Sopra tali Principi si regola il Governo alle occorrenze, ed usa sempre specialm[ent]e ai Forestieri le possibili agevolezze; poiché la massima dominante, quale ha formato Livorno, e lo sostiene, si è quella di fare tutto il possibile, perché i Forestieri concorrano, abbandonino la loro Patria per stabilirvisi, e perché vi conducano i loro Bastimenti, e mercanzie.[85]

84. Andrea Addobbati, *L'Arcano del porto franco*, in Lucia Frattarelli Fischer, *L'Arcano del mare. Un porto nella prima età globale: Livorno*, Pisa, Pacini, 2018, pp. 11-15: 15.

85. ASLi, *Governo*, 958, c. 87.

Daniele Edigati

La Livornina nello Stato giurisdizionale toscano: note sull'applicazione dei privilegi ebraici nella giurisprudenza e nella prassi fra XVII e XVIII secolo

1. *Introduzione. La Livornina come privilegio e la sua applicazione*

La sterminata bibliografia relativa alle così dette leggi Livornine ha toccato oramai anche i profili più strettamente tecnici e giuridici.[1] È stato insomma appurato che, nell'universo del diritto comune, la veste giuridica della Livornina è quella di un privilegio, ossia di una legge frutto della volontà del principe, che costituisce un regime speciale, derogatorio rispetto a quello ordinario, a vantaggio di un singolo o di un corpo di persone, a certe condizioni e con una validità spazio-temporale determinata. Schematicamente, possiamo riassumere il suo contenuto come l'attribuzione in capo agli ebrei stanziatisi a Livorno e a Pisa in risposta all'invito di Ferdinando I – ma non alle comunità allora già presenti nel resto dello stato – di uno *status* di cui essi, in quanto non cristiani, secondo diritto comune non

Abbreviazioni ricorrenti: ASEL per Archivio storico della comunità ebraica di Livorno; ASFi per Archivio di stato di Firenze; ASLi per Archivio di stato di Livorno. Devo alla cortesia di Andrea Addobbati, che ringrazio sinceramente, la segnalazione di alcuni materiali, editi e inediti, qui utilizzati.

1. Vorrei qui rinviare per questi aspetti più tecnici a Daniele Edigati, *La Livornina e i confini della tolleranza religiosa nella Toscana d'età moderna*, in *Le minoranze religiose nel diritto italiano ed europeo. Esperienze del passato e problematiche contemporanee*, a cura di Daniele Edigati, Alessandro Tira, Torino, Giappichelli, 2021, pp. 45-78 e, per un inquadramento ancor più generale sul tema del privilegio, a Id., *La tolleranza per privilegio nell'Italia di Antico Regime. Il caso degli ebrei e dei cristiani orientali*, in «Archivio giuridico F. Serafini», 62/3 (2020), pp. 927-982. Per il testo della Livornina vedi oltre, pp. 195-229. Ai numerosi scritti di Lucia Frattarelli Fischer, fra cui quello ospitato in questo volume, rimando per una lettura complessiva delle Livornine, nonché per più ampi ragguagli bibliografici.

avrebbero goduto.[2] Insomma, a questi gruppi di ebrei veniva riconosciuto un consistente nucleo di diritti sul piano privatistico-patrimoniale (proprietà, anche di immobili, successioni *mortis causa*, libertà di commercio), su quello religioso (apertura di un luogo di culto e suo esercizio), nonché esenzioni reali e immunità per fatti (anche di natura criminale) precedenti al loro stanziamento in Toscana; era inoltre consentito loro di poter vivere secondo la propria legge, quella mosaica, e di esser sottoposti – nel civile *in toto* e parzialmente nel penale – a proprie autorità e tribunali, *in primis* ai massari, capi della nazione scelti fra l'oligarchia dei grandi mercanti sefarditi che avevano accesso alle cariche nella comunità. Si consideri che i massari venivano pure investiti di poteri nella sfera del così detto "economico", ossia potevano adottare provvedimenti di polizia, anche gravi (come l'esilio), contro trasgressioni non qualificabili come delitti.

Malgrado, come anticipavamo, queste concessioni avessero carattere di temporaneità, grazie al costante sostegno dei sovrani toscani, oltre che all'operato concreto dei loro segretari e auditori, nella prassi la Livornina ebbe nel corso dei più di due secoli di vigenza una sostanziale stabilità, determinata dalla *ratio* che aveva mosso Ferdinando I, ossia il favore per il commercio e l'economia, che si riassumeva nella massima fondamentale per la quale occorreva fare ogni sforzo per attrarre i forestieri e i loro capitali a Livorno.[3] Entro tale cornice, ribadisco la mia convinzione per cui la Livornina ebbe un'«interpretazione variabile»[4] ossia, pur restando fermo il nocciolo fondamentale delle concessioni, non mancarono costanti insidie ai privilegi e soprattutto talune retromarce in ordine ad alcune questioni specifiche, di rilievo tutto sommato secondario.

Certo, le dispute nate attorno all'applicazione della Livornina erano alimentate dallo stesso testo della legge, vergato – volutamente, in considerazione delle circostanze entro le quali si doveva muovere il granduca – in termini contraddittori o ambigui, che potevano dare adito a interpretazioni confliggenti, tutte più o meno plausibili alla luce delle argomentazioni tratte dal *mare magnum* dello *ius commune* romano-canonico. A incidere sulla

2. Per un quadro aggiornato e complessivo sulla normativa medicea in tema di comunità ebraiche, vedi ora Mario Ascheri, *Marc'Antonio Savelli sugli ebrei nella Toscana medicea*, in *Dentro e fuori ghetto. Vita e cultura ebraica a Siena in età moderna*, a cura di Davide Mano, Ilaria Marcelli, Roma, Ministero della cultura, 2023, pp. 173-186.

3. Così il Pierallini nel suo repertorio-manuale in ASLi, *Governo civile e militare*, 958, § *Privilegi di Livorno*, n. 82.

4. Edigati, *La Livornina*, spec. pp. 59-63.

mancata linearità dell'applicazione della Livornina furono altri fattori, tra i quali possono annoverarsi gli orientamenti personali dei singoli granduchi, le congiunture politico-economiche in cui di volta in volta versava lo stato e l'efficacia delle pressioni provenienti dalla gerarchia cattolica. In larga misura questi motivi – e in particolare l'ultimo – sono stati considerati e analizzati dalla storiografia, mentre a mio avviso è rimasto più sotto traccia un altro elemento da non trascurare nella vita concreta della Livornina. Alludo al suo collocarsi in uno stato di corpi di Antico Regime, nel quale si sviluppava una conflittualità permanente, che doveva esser sempre ricomposta da chi deteneva la suprema *iurisdictio* o dai suoi delegati.[5] In altre parole, in ciò che la storiografia ha denominato stato giurisdizionale albergavano una molteplicità di corpi e altrettante fonti giuridiche concorrenti, che da essi promanavano; ognuno di tali enti, fossero magistrature, comunità, ceti o aggregazioni di diversa natura, rivendicava il rispetto di proprie prerogative e dunque la priorità della propria giurisdizione sui propri appartenenti. Ogni sfera giurisdizionale, tuttavia, si intersecava con altre rivendicazioni, più o meno fondate e apprezzabili e doveva inoltre convivere con una pluralità di procedure alternative *infra*- ed *extra*-giudiziarie. Così ovviamente nel caso della giustizia dei massari: si è giustamente scritto che essa non era autarchica, ma «integrata»[6] in un complesso sistema, nel quale – fermandosi al civile e all'interno della comunità ebraica – le parti potevano percorrere le vie alternative dell'arbitrato o della mediazione o, nel contesto giudiziario, affidarsi ai rabbini. Ma il tribunale dei massari coesisteva con una molteplicità di fori che potevano attrarre – o quanto meno tentare di farlo – a sé le controversie ebraiche, sulla base di una volontà di acquisizione di potere o più banalmente di logiche giuridiche insite ne-

5. Fra i molti studi di Luca Mannori cfr. ad es. *L'amministrazione degli antichi stati*, in *Il contributo italiano alla storia del pensiero: diritto*, Roma, Istituto dell'Enciclopedia Italiana, 2012, pp. 189-191, ma *amplius* Id., *Per una 'preistoria' della funzione amministrativa. Cultura giuridica e attività dei pubblici apparati nell'età del tardo diritto comune*, in «Quaderni fiorentini per la storia del pensiero giuridico moderno», 19 (1990), pp. 323-504 (p. 501 per una sintetica, quanto efficace, definizione di stato di corpi). Sul Granducato toscano come stato giurisdizionale cfr. sempre l'oramai classico Id., *Il sovrano tutore. Pluralismo istituzionale e accentramento amministrativo nel principato dei Medici (secc. XVI-XVIII)*, Milano, Giuffrè, 1994.

6. Così Évelyne Oliel-Grausz, *The Court of the Massari, Jewish Litigants and Their Petitions: On the Uses of Justice in 18th-century Livorno*, in *Non contrarii, ma diversi. The Question of the Jewish Minority in Early Modern Italy*, a cura di Alessandro Guetta, Pierre Savy, Roma, Viella, 2020, p. 166.

gli ordinamenti di diritto comune. Senza tacere di un altro aspetto troppo spesso negletto: l'"attentato" alle prerogative degli organi della comunità o all'applicazione della legge mosaica era spesso la ricaduta, almeno indirettamente, di una conflittualità interna alla stessa nazione o comunque il prodotto di interessi particolari di gruppi o di singoli ebrei. Non ogni minaccia allo *status* «privilegiato» degli ebrei, insomma, era necessariamente originata da spinte di ordine religioso volte a comprimere gli spazi di tolleranza. Queste ultime, per parte loro, potevano esser alimentate non solo da scrupoli di coscienza di sovrani o da iniziative specifiche delle autorità religiose, bensì anche da un altro volano del pluralismo d'Antico Regime, quello situato sul piano delle fonti normative, ovvero dal conflitto fra i privilegi di Ferdinando II e il diritto canonico, che in alcune materie era da tutti considerato come prevalente.

Uno studio di questo taglio richiede la combinazione di un mosaico di fonti disseminate fra molti uffici e tribunali (centrali e periferici) dello stato mediceo, non sempre di facile reperibilità. La difficoltà è accresciuta dal fatto che gli affari di Livorno seguivano canali differenziati rispetto a quelli comuni, vista la delicatezza degli interessi implicati, ed erano affidati alla segreteria di guerra.[7] Nel corso dei Seicento si assisté a ulteriori mutamenti, tuttora poco chiari, come la costituzione della Congregazione o Consulta di Livorno, organismo collegiale apicale collocato a Firenze al quale era attribuita la decisione sugli affari di Livorno. Di essa abbiamo notizie assai vaghe e frammentarie: è certo che non prese avvio per mezzo di una legge, bensì attraverso la prassi,[8] con modalità non inconsuete in una

7. Marcella Aglietti, *I governatori di Livorno dai Medici all'Unità d'Italia. Gli uomini, le istituzioni, la città*, Pisa, ETS, 2009, p. 61.

8. Secondo l'unica ricostruzione in tema, quella di Giuseppe Pansini, *Potere politico ed amministrazione al tempo della Reggenza lorenese*, in *Pompeo Neri. Atti del colloquio di studi di Castelfiorentino 6-7 maggio 1988*, a cura di Marcello Verga, Aldo Fratoianni, Castelfiorentino, Società storica della Valdelsa, 1992, p. 36, nt. 20, i primi anni di funzionamento della Consulta di Livorno daterebbero non molto dopo il 1644, quando fu per l'appunto istituito il segretario di guerra e in seguito dato incarico all'auditore di Camera di cooperare con il primo alla revisione e definizione degli affari concernenti Livorno, assieme all'auditore che presiedeva la Consulta di Firenze. Per il vero, una valida testimonianza mi farebbe propendere per collocare le prime riunioni della Congregazione attorno al 1680: così una del Panciatichi al governatore dal Borro del 9 luglio 1680, in cui si riferiva di una «Consulta, che nelle proprie stanze di S.A., *si è introdotto* di farsi ogni settimana, et in cui si discutono le materie appartenenti à codesto Governo con l'intervento del sig. Depositario generale, del sig. auditore Farinola, e della mia persona, e può anche quando così le aggradi

realtà straordinaria come quella di Livorno.[9] La Congregazione svolse un ruolo importante nel definire diverse questioni, surrogando in ciò la Pratica segreta, a partire specialmente dal primo quarto del Settecento, come organo preposto alla garanzia dei privilegi ebraici e alla corretta applicazione della Livornina.

2. *Privilegio vs legge canonica: una celebre causa del 1706 in materia di legittima*

Un banco di prova importantissimo in materia di applicazione della Livornina si verificò nel 1706, quando alcuni celebri auditori della Ruota fiorentina furono chiamati a dirimere una causa assai delicata, nella quale era in gioco un contrasto fra i privilegi ferdinandei e la legge canonica positiva, ossia il diritto prodotto dai papi che, come noto, negli ordinamenti della penisola per tutta l'età moderna era una fonte recepita e particolarmente vincolante là dove toccasse materie di fede o morale. Per quanto ancora non studiata nelle sue implicazioni giuridiche, la controversia non è passata inosservata agli storici della comunità ebraica di Livorno,[10] dal momento che vi fu coinvolto un convertito di spicco, quel Moisè, membro della ricchissima famiglia Ergas,[11] che da cattolico prese il nome di Francesco Xaverio Fortunati, divorziando dalla moglie Sara, che volle restare nella propria religione. Dopo Moisè, anche la figlia Giuditta, che egli aveva portato con sé fin dall'età di tre anni, fu battezzata e prese il nome di Maria Maddalena.

Anni più tardi, quest'ultima rivendicò davanti al Magistrato supremo la legittima nei confronti della madre Sara, in vita della medesima, e Cosimo III volle delegare la causa a un collegio di giudici autorevoli, composto

intervenirvi l'A.S. medesima, facendosi à tale effetto questa Giunta nelle sue retrocamere» (ASFi, *Mediceo del principato*, 2203, cc. n. n., corsivo mio).

9. Cfr. anche le considerazioni sulla costruzione delle prerogative del governatore di Aglietti, *I governatori di Livorno*, p. 64.

10. Cfr. Cristina Galasso, *Alle origini di una comunità. Ebree ed ebrei a Livorno nel Seicento*, Firenze, Olschki, 2002, p. 118, ma sopr. Lucia Frattarelli Fischer, *Vivere fuori dal ghetto. Ebrei a Pisa e Livorno, secoli XVI-XVIII*, Torino, Zamorani, 2008, pp. 291 ss.

11. Sulla quale è d'obbligo richiamare Francesca Trivellato, *The Familiarity of Strangers. The Sephardic Diaspora, Livorno, and Cross-cultural Trade in the Early Modern Period*, New Haven-London, Yale University Press, 2009 (trad. it. *Il commercio interculturale: la diaspora sefardita, Livorno e I traffici globali in età moderna*, Roma, Viella, 2016).

dagli auditori della Ruota civile Carlo Bizzarrini, Ascanio Venturini e Giovanni Buonaventura Neri Badia, quest'ultimo padre del celebre Pompeo.[12] *Ictu oculi*, l'istanza potrebbe apparire inammissibile e da rigettare seduta stante, dal momento che, come noto, per diritto comune – specialmente secondo diritto romano, che tendenzialmente disciplinava questo genere di rapporti giuridici nelle società di Antico Regime – la successione si apriva alla morte del *de cuius* e non vi erano diritti alla legittima prima di tale evento. Eppure, la giovane dispiegava un'argomentazione assai penetrante, che faceva leva sul *favor religionis*, un parametro fondamentale in base al quale le stesse leggi dovevano esser interpretate.

Come ben noto, il battesimo determinava una sorta di nuova nascita al mondo del convertito, che non casualmente era accompagnata dall'attribuzione di un nuovo nome e una nuova parentela, cioè in definitiva di una diversa identità.[13] Il nuovo nome manifestava la cessazione del vecchio *status* di infedele della persona, l'uscita dalla comunità ebraica e, nella qualità acquisita di *civis*/*fidelis*, comportava l'applicazione del diritto canonico. Quest'ultimo aveva costituito dei veri e propri privilegi in capo ai neofiti, derogando al diritto comune proprio per il *favor religionis*. Esistevano a tal riguardo sia interpretazioni dottrinali che testi normativi: le prime sviluppate a partire da un canone medievale contenuto nel *Liber Extra* e che facevano capo alla tesi di Giovanni di Anagni, i secondi invece contenuti in due bolle papali emanate in tempi più vicini. Il canone appena citato era il cap. *Iudaei,*[14] di cui Giovanni d'Anagni aveva propugnato un'interpretazione discutibile, per quanto autorevole. Nel canone si voleva che il convertito «melioris conditionis ad fidem conversos esse oporteat, quam, antequam fidem susceperint, habebantur»: a suo avviso questa migliore condizione consisteva nel diritto di ottenere

12. I tre furono a lungo auditori della Ruota civile fiorentina: Bizzarrini dal 1698 al 1708, Venturini dal 1683 al 1708 e Neri Badia dal 1697 al 1720. Cfr. per tutto Elena Fasano Guarini, *I giudici della Rota di Firenze sotto il governo mediceo*, in *Convegno di studi in onore del giurista faentino Antonio Gabriele Calderoni*, Faenza, Società torricelliana di scienze e lettere, 1989, p. 116. Sul Neri Badia sia permesso rinviare a Daniele Edigati, *Neri Badia, Giovanni Buonaventura*, in *Dizionario biografico dei giuristi italiani (XII-XX secolo)*, a cura di Italo Birocchi, Ennio Cortese, Antonello Mattone, Marco N. Miletti, Bologna, Il Mulino, 2013, vol. II, pp. 1423-1424.

13. Marina Caffiero, *Battesimi forzati: storie di ebrei, cristiani e convertiti nella Roma dei papi*, Roma, Viella, 2004, p. 272.

14. X, 5,6,5.

la legittima o la dote in vita del padre.[15] Su questa conclusione non convergeva l'intera dottrina: se alcuni trattatisti che avevano affrontato il tema della legittima con opere specifiche, come Mercuriale Merlini, vi si erano allineati, altre figure prestigiose della canonistica medievale, tra le quali ad esempio Felino Sandei, si erano opposte, sostenendo che il vantaggio da attribuire al neofita dovesse esser stabilito in termini da non costituire una palese violazione di una regola comune come quella che escludeva le pretese sull'eredità in vita dei genitori.[16]

Se fin qui si poteva discettare, le due costituzioni papali miravano a risolvere definitivamente ogni incertezza, garantendo all'ebreo convertito la conservazione dei suoi beni, lo scioglimento dal vincolo potestativo nei confronti del genitore infedele, imponendo a quest'ultimo l'obbligazione di corrispondere la legittima *a die conversionis* del figlio. Alludo alla bolla *Cupientes Judaeos* di Paolo III (1542) e alla fresca costituzione *Propagandae* di Clemente XI (1704).[17] Con quest'ultima si inibiva agli ebrei che avessero familiari neofiti in grado successibile *ab intestato* di disporre *inter vivos* o *mortis causa*. In tali circostanze, insomma, gli ebrei dovevano conservare intatto il patrimonio, di cui doveva anche esser fatto un preciso inventario, dando inoltre idonee garanzie tramite fideiussione e rendendo conto in vita ai neofiti.

Per dire il vero, nel 1706 in Toscana la pretesa della legittima da parte del neofita non era una novità assoluta. Al contrario, esisteva un precedente assai vicino nel tempo, che non risulta esser stato allegato da chi avrebbe

15. «Nam si deberet expectare mortem parentum, tunc non erunt melioris conditionis conversi quam non conversi» (Giovanni d'Anagni, *Super quinto Decretalium*, Lugduni, excudebat Petrus Fradin, 1553, in cap. *Judaei*, n. 6, fol. 71v). L'autore aveva altrove manifestato opinioni ben diverse, per esempio ammettendo la possibilità di far accedere gli ebrei alla procura (Diego Quaglioni, *Il diritto comune e la questione ebraica. Un consilium di Bartolomeo Cipolla*, in *Il diritto di fronte all'infamia del diritto. A 70 anni dalle leggi razziali*, a cura di Loredana Garlati, Tiziana Vettor, Milano, Giuffrè, 2009, pp. 79-80).

16. Cfr. Mercuriale Merlini, *De legitima tractatus absolutissimus*, Coloniae, excudebat Petrus Aubertus, 1634, lib. II, tit. IV, q. 15, n. 2, p. 455 e Felino Sandei, *Commentariorum in Decretalium libros V*, III, Basileae, ex Officina Frobeniana, 1567, in cap. *Iudaei*, coll. 1058-1059.

17. Sulla prima, vedasi Caffiero, *Battesimi forzati*, pp. 282-283. Cfr. i due testi in *Bullarum diplomatum et privilegiorum Sanctorum Romanorum Pontificum taurensis editio*, Augustae Taurinorum, Seb. Franco et Henrico Dalmazzo editoribus, 1857-1872, vol. VI, pp. 336-337 e vol. XXI, § 4, pp. 109-110.

potuto avvalersene, forse semplicemente perché non conosciuto[18] o perché nel frattempo era stata promulgata la costituzione di Clemente XI, che lo aveva reso obsoleto o rimesso in discussione. Nel settembre 1695, infatti, i massari comparvero dinanzi alla Pratica segreta di Firenze per denunciare l'attentato ai privilegi della nazione ebrea di Livorno causato dalla richiesta della legittima formulata da Abram Miranda, convertitosi al cattolicesimo con il nome di Cosimo,[19] nei confronti del padre Isach.[20] Che in tale circostanza sia stata adita la Pratica segreta non deve sorprendere, poiché fra le sue mansioni vi erano la composizione delle controversie fra le magistrature e i corpi presenti nello stato e altresì la conservazione e interpretazione dei privilegi.[21] Tutto si risolse celermente, poiché messer Sani, procuratore di Cosimo, ammise nelle sue controdeduzioni di non essere al corrente del privilegio specifico di cui al capitolo 26, un'ignoranza subito bollata come «finta» dai massari. Sta di fatto che, pur chiedendo giustizia, il ricorrente parve sostanzialmente acquietarsi, tanto che furono i massari ad agire per avere una «positiva dichiarazione» che confermasse il privilegio, che infine giunse il 6 ottobre attraverso un decreto della Pratica segreta.[22]

18. Qui si potrebbe aprire una lunga digressione sulla conoscibilità delle norme e degli orientamenti giurisprudenziali nella Toscana del XVII secolo, cosa che ci porterebbe troppo distanti dal nostro tema (sia permesso rinviare al mio *Da una raccolta di leggi e bandi alla letteratura "d'apparato" nella Toscana mediceo-lorenese*, in *Tecniche di normazione e pratica giuridica in Toscana in età granducale. Studi e ricerche a margine della Legislazione toscana raccolta ed illustrata dal dottore Lorenzo Cantini. Firenze, 1800-1808*, a cura di Mario Montorzi, Pisa, ETS, 2006, pp. 93-147). Giova comunque evidenziare come solo attraverso percorsi tortuosi e fortuiti il caso del 1695 sarebbe potuto giungere a conoscenza dei tre auditori: esso si era svolto davanti alla Pratica segreta e non aveva avuto alcuna forma di pubblicazione attraverso canali istituzionali.

19. Il nome non è casuale: come noto, Cosimo III era un acceso fautore delle conversioni degli ebrei al cattolicesimo e fu padrino, fra gli altri, di figure di spessore come Paolo Sebastiano Medici. Cfr. sul punto Samuela Marconcini, *Persuadere gli "infedeli" alla conversione. Il battesimo forzato degli ebrei nei testi degli ecclesiastici fiorentini nell'età di Cosimo III de' Medici*, in *Poteri e linguaggi del sacro: testi, oggetti e riti nell'Europa moderna*, a cura di Vincenzo Lagioia, Bologna, Pàtron, 2017, pp. 79-118; Ead., *Per amor del Cielo. Farsi cristiani a Firenze tra Seicento e Settecento*, Firenze, Firenze University Press, 2017, pp. 45 ss.

20. Documentazione in ASFi, *Pratica segreta*, 42, cc. 25, 54, 56.

21. Sergio Di Noto Marrella, *Gli ordinamenti del Granducato di Toscana in un testo settecentesco di Luigi Viviani*, Milano, Giuffrè, 1984, p. 46. Per un profilo complessivo della Pratica segreta, cfr. Giuseppe Pansini, *La Pratica segreta nello stato assoluto mediceo*, in *Antichi e moderni: studi in onore di Roberto Cardini*, Firenze, Polistampa, 2010, pp. 973-997.

22. ASEL, *Rescritti*, 2, n. 41.

Tornando al caso del 1706, occorre sul piano astratto considerare due risvolti della questione, entrambi di primaria importanza: il primo coinvolgeva direttamente la legge Livornina, mentre il secondo, sottostante, atteneva più ampiamente alle fonti del diritto nel Granducato.

Prendendo le mosse da quest'ultimo – meno pertinente in questa sede, ma comunque cruciale da un punto di vista politico –, esso ruotava attorno a due quesiti: le bolle pontificie erano diritto vigente nello stato mediceo e dunque in esso immediatamente applicabili? E, in caso di risposta affermativa, prevalevano rispetto a eventuali altre norme di diritto proprio? Insomma, il dissenso era incentrato sulla *potestas indirecta in temporalibus* del papa, dato che le bolle affrontavano una fattispecie di evidente carattere temporale, ossia la spettanza di diritti patrimoniali.[23] All'interno del collegio giudicante si assisté a una spaccatura recisa: la maggioranza, costituita da Bizzarrini e Venturini, riteneva che il papa avesse tale potere «in tutto il Mondo Cattolico e negli stati degli altri Principi laici ogni volta, che le sue disposizioni sono dirette ad un fine soprannaturale, ed al bene spirituale, non solo in universale, ma anco in particolare»[24] e dunque ogni volta che la questione aveva implicazioni dalle quali potesse derivare un peccato o un pericolo per la *salus animarum*. Il pontefice aveva pieno diritto – secondo i due auditori – di dettare norme che obbligavano in ogni parte del mondo cattolico, comprese le *terrae Imperii*, come del resto accaduto con la bolla *Cum onus* di Pio V sui censi.[25] La forza dei canoni in tal materia era irresistibile anche nell'eventualità in cui esistessero precedenti leggi dei sovrani temporali: il papa poteva sia imporre ai principi di revocare le loro norme, che intervenire in maniera diretta, abrogandole in prima persona, con la propria «assoluta autorità».[26] Nessun dubbio sull'assolutezza del potere papale quanto alla materia spirituale, ma qui vi erano almeno due elementi da

23. Sul problema della *potestas indirecta in temporalibus*, da un punto di vista giuridico, cfr. Piero Bellini, *Sede Apostolica e realtà politiche fra l'Evo Medio e l'Epoca Moderna*, Torino, Giappichelli, 2015.

24. *Raccolta delle decisioni della Ruota fiorentina dal MDCC al MDCCCVIII*, Firenze, Marchini, 1836-1866, I serie, vol. II, dec. 138, n. 10, p. 333.

25. Qui basti rinviare a Isidoro Soffietti, Carlo Montanari, *I censi, le rendite e l'usura nella legislazione e nella dottrina (secoli XV-XIX)*, in *La Compagnia di San Paolo 1563-2013*, a cura di Walter Barberis, Anna Cantaluppi, Torino, Einaudi, 2013, pp. 114-126 e ivi anche Andrea Landi, *Tra censi e usure. Aspetti del pensiero giuridico europeo d'età moderna*, pp. 85-100.

26. *Raccolta delle decisioni*, II, dec. 138, n. 15, p. 335.

considerare: la sua immediatezza e il concetto di bene spirituale. La prima questione era di assoluta priorità, perché se il diritto emanato dal papa era *tout court* valido negli altri stati, allora significava che il diritto canonico positivo – si badi bene, non quello divino, cosa di cui nessuno dubitava – era di per sé fonte negli ordinamenti laici, senza necessità di alcun filtro. Su questo il Neri Badia nel suo voto di scissura aveva un'obiezione determinante, fondata su un retroterra giurisdizionalista, che si mescolava con patenti influssi della pubblicistica giusnaturalista:[27] al di fuori dello Stato pontificio, il diritto canonico poteva valere solo se recepito con un atto formale da parte del dicastero a ciò preposto: insomma, ciò che le dottrine del diritto ecclesiastico denomineranno l'*exequatur* regio, con il quale il principe – nello specifico per il tramite del segretario del Regio diritto – faceva proprie le disposizioni emanate da un'autorità esterna e priva della sovranità e ne ordinava l'esecuzione.

Il Neri Badia non mancava di bersagliare il concetto di *ratio peccati*, su cui poggiava in definitiva tutta l'argomentazione di parte canonica, attaccandola in radice. La dottrina della *potestas indirecta*, sostenuta per la ragione di evitare il peccato o per accrescere la fede cattolica, era stata forgiata da Bonifacio VIII «nel calor delle dispute trattate con troppa animosità tra detto Pontefice, e Filippo il Bello Re di Francia»[28] ed era poi stata messa da parte con una costituzione di Clemente V, poi rifluita nelle *Extravagantes communes*.[29] Era una affermazione che spesso risuonava nella dottrina gallicana francese,[30] benché tuttavia fosse frutto di una lettura sbilanciata della costituzione di Clemente V, il quale non aveva voluto revocare il principio di fondo contenuto nella *Unam sanctam*, ma solo af-

27. Cfr. le notazioni di Mario Montorzi, *Giustizia in contado. Studi sull'esercizio della giurisdizione nel territorio pontederese e pisano in età moderna*, Firenze, Ecofor, 1997, p. 71.

28. Giovanni Buonaventura Neri Badia, *Decisiones et responsa juris*, Florentiae, Allegrini, 1769, vol. I, dec. 64, n. 53, p. 526.

29. Nel cap. *Meruit*: Extr. Comm. V, 7,2. Cfr. anche Emanuele Conte, *La bolla Unam Sanctam e i fondamenti del potere papale fra diritto e teologia*, in «Mélanges de l'École française de Rome. Moyen Age», 113/1 (2001), pp. 663-684: p. 676. Giova qui ricordare che le *Extravagantes communes* sono una raccolta di norme canoniche di epoca tardo medievale inclusa nel *Corpus iuris canonici*.

30. Louis de Héricourt, *Analyse des decretales de Gregoire IX du Sexte de Boniface VIII des Clemetines et des Extravagantes*, in Id., *Les loix ecclésiastiques dans leurs ordere naturel*, Paris, Mariette, 1719, p. 85, ma anche Claude de Fléury, *Storia ecclesiastica [...] tradotta dal signor conte Gasparo Gozzi*, Napoli, Cervone, 1767-1778, vol. XIII, p. 265.

fermare che essa non aveva determinato alcun mutamento nel rapporto fra Francia e papato e che quest'ultimo non intendeva rivendicare la sovranità sulla prima.[31]

Al di là di questo, sempre in patente spirito giurisdizionalista, ben testimoniato dalla citazione di Egidio Romano, Neri Badia polemizzava contro la spropositata applicazione della *ratio peccati*, grazie alla quale il papa poteva occuparsi di qualsiasi fatto, poiché «non c'è cosa, per quanto innocente, che non possa esser suscettibile di peccato, data la malizia umana, e per cui quindi non si possa avocare l'esame e la cognizione alla giurisdizione spirituale». Prova ne erano proprio le bolle di Paolo III e Clemente XI, che secondo la maggioranza del collegio rotale erano ordinate a un fine spirituale e superiore. Tale *ordinatio* non risultava però in termini espressi e oggettivi, bensì era desumibile dalle parole del papa stesso, che aveva voluto la loro emanazione per eliminare un ostacolo alla conversione degli infedeli, dettato dal timore di perdere le proprie ricchezze. Insomma, in questa logica ogni impedimento alla propagazione della fede, per quanto riconducibile a una disposizione di natura patrimoniale, era da considerarsi in senso lato quale occasione di peccato.

Sullo sfondo si poneva l'altra grossa questione: nel Granducato non si trattava di una semplice antinomia fra diritto civile e canonico, ossia tra le due "facce" dello *ius commune*, dal momento che vi era una disposizione di diritto proprio che contemplava il caso specifico, ossia il paragrafo 26 della Livornina, che per la dottrina, essendo un privilegio, doveva prevalere sul diritto generale. Secondo Bizzarrini e Venturini era inopinabile che le bolle papali avevano addirittura abrogato implicitamente questo capitolo della Livornina. In termini formali, ciò sembrava la conseguenza della clausola derogatoria inserita nelle costituzioni pontificie, che si dispiegava anche contro specifiche concessioni regie o imperiali a ebrei o infedeli. Più nel merito, l'abrogazione era determinata dal fatto che il privilegio aveva dato occasione di peccato, cosa già avvenuta in diverse altre situazioni. A questo punto, la relazione della maggioranza acquisisce la valenza di una ricognizione autorevole di ciò che all'inizio del Settecento risultava stralciato dalla Livornina, sempre ad opera di Cosimo III, ancora regnante in quegli anni e al quale forse si voleva mandare così un messaggio, implicitamente diretto a quietarne la coscienza di principe cristiano. A esser stati disapplicati risultavano ora-

31. Joseph Canning, *Ideas of Power in the Late Middle Ages, 1296-1417*, Cambridge, Cambridge University Press, 2011, p. 18.

mai svariati capitoli: nel 1677 era stato vietato agli ebrei di tenere servitori e balie cristiane, abrogando il paragrafo 42 della Livornina; nel 1679 erano state rafforzate le sanzioni contro il commercio carnale fra ebrei e cristiani; nel 1680 era stato ristretto il privilegio relativamente alla coabitazione, da cui scaturiva un pericolo per i cristiani.[32] Altre limitazioni erano state previste con il divieto ai parenti dei catecumeni di far visita a questi ultimi e con la liberazione degli schiavi di ebrei, che si verificava puntualmente ogni anno nel palazzo pubblico di Livorno dopo la loro conversione. Tutto ciò corrispondeva al vero, ma vi era una forzatura della maggioranza rotale nell'inferenza fra cancellazione parziale della Livornina e *ratio peccati*: quest'ultima non poteva estendersi all'oggetto attuale di contesa, dal momento che nei suddetti casi era stato il granduca stesso a farsi interprete del pericolo per la fede e a correggere il tiro, limando il privilegio, mentre in quest'ultimo si doveva prender atto dell'avvenuta abrogazione a seguito dell'emanazione di una nuova norma da parte del pontefice.

Un ultimo, per quanto secondario, aspetto di disputa si concentrava infine sul caso concreto: la donna opponeva infatti la modestia del suo patrimonio, composto da una casa, appena sufficiente ai propri bisogni esistenziali; al contrario, il padre convertito aveva beni in quantità tale da garantire alla figlia sia gli alimenti che la dote. Anche omettendo di considerare la dimensione religiosa o del diritto positivo, era plausibile reputare che la madre non fosse vincolata per motivi equitativi: nessuno, cioè, poteva esser costretto, secondo lo stesso diritto naturale (o, se si vuole, la legge della carità evocata dal Neri Badia)[33] a non provvedere a sé stesso per donare ad altri e questo persino nell'ipotesi di sospetto di fede: sarebbe stata una violazione del proprio dovere di autoconservazione.[34] Del resto, il fatto che si trattasse di un bene immobile metteva di per sé al riparo da eventuali sottrazioni del medesimo o da frodi a danno della erede. Insomma, Neri Badia poneva sul piatto alcune fondate vie d'uscita dalle pastoie, senza dover affrontare lo spinoso punto in diritto, come del resto potevasi fare pacificamente nel contesto di un processo, nel quale – come rimarcava nel suo parere – si doveva «riguardare al solo interesse delle parti, non a

32. Per questi sviluppi e altra bibliografia si vedano Toaff, *La nazione*, pp. 190 ss e il mio *La Livornina*, pp. 60-63.

33. Neri Badia, *Decisiones*, I, dec. 64, n. 32, p. 523.

34. Anche in questo frangente risuona nettamente la lezione del giusnaturalismo che, come noto, rinviene nell'autoconservazione il nocciolo essenziale di tutti i diritti naturali dell'individuo.

fermar le conclusioni in astratto». Sarà forse stata la presa di posizione senz'altro ferma e autorevole del Neri Badia o la volontà di evitare un pronunciamento espresso che avrebbe inevitabilmente urtato uno dei due attori interessati (la comunità ebraica o il papato) o entrambe le cose, ma sta di fatto che Cosimo III congelò l'esecutività della decisione della maggioranza rotale. È un appunto a tergo del parere del Neri Badia, forse di mano di Pompeo Neri, a darci notizia che la disputa si riaccese solo alla morte della madre, ma che venne risolta per mezzo di una transazione.

La mancata decisione ufficiale avallava tuttavia la soluzione favorevole alla nazione ebrea, che risulterebbe confermata in una non meglio identificata causa del 1724, nella quale venne discusso se i neofiti potessero pretendere almeno l'inventario dei beni paterni e venne deciso che fosse sufficiente fornire una nota stragiudiziale dei medesimi, come attestava poi un carteggio del 1769 fra governatore di Livorno e segreteria di stato.[35]

Di sicuro nelle collezioni giurisprudenziali toscane permase molta ambiguità, dovuta forse a un caso deciso in senso contrario sotto Pietro Leopoldo[36] o più semplicemente alla volontà di evitare pronunciamenti espressi. Nella citata raccolta delle decisioni rotali venne inserito il solo testo del ponente e non il voto di scissura del Neri Badia, mentre nei suoi *Jurisprudentiae civilis elementa*, il Montelatici continuò a riportare in sintesi la tesi di Giovanni d'Anagni, senza dar conto di interventi di tribunali toscani, che pur difficilmente ignorava.[37] Per parte sua, Gregorio Fierli citò la decisione della maggioranza nella nota di una sua opera, mentre in un'altra trascrisse quasi integralmente la tesi di Neri Badia, neppure riferendo di una sentenza in senso opposto.[38] Alla fine, l'incertezza fu superata da una legge del 1814.[39]

Dalla vicenda si possono trarre diversi elementi di riflessione. In primo luogo, considerazioni di carattere politico indussero il granduca a non dare via libera a una decisione che avrebbe sancito l'avvenuta abrogazione di un

35. Circa la prima: ASEL, *Ordini, statuti e regolamenti*, 4, ins. 23, c. 157r. Si veda anche il manuale del Pierallini (ASLi, *Governo civile e militare*, 958, § *Privilegi di Livorno*, n. 40).

36. Così Galasso, *Alle origini*, p. 118.

37. Antonio Filippo Montelatici, *Jurisprudentiae civilis elementa iuxta Institutionum imperialium ordinem [...]*, Florentiae, Bonducciana, 1777-1778, vol. I, p. 230.

38. Cfr. Gregorio Fierli, *Le più celebri teoriche dei dottori*, Roma, Tipi delle Belle Arti, 1840, vol. I, p. 189 e Id., *Osservazioni pratiche*, Prato, Vestri, 1828-1829, vol. IV, pp. 146 ss.

39. Isacco Rignano, *Della uguaglianza civile e della libertà dei culti secondo il diritto pubblico del Regno d'Italia*, Livorno, Vigo, 1868, p. 98.

privilegio per effetto diretto di una costituzione papale, ma soprattutto avrebbe inferto un rimarchevole *vulnus* alle protezioni che la Livornina aveva attribuito agli ebrei: non si trattava semplicemente di limare facoltà marginali nell'economia complessiva del documento, bensì di rendere aleatori diritti patrimoniali, disincentivando l'approdo di nuovi mercanti nel porto toscano o causando l'allontanamento di quanti vi risiedevano. Questo caso segnava altresì un momento importante nella politica di Cosimo III a proposito della nazione ebrea di Pisa e Livorno. Il sovrano non dette continuità ai citati provvedimenti presi subito dopo l'avvento al trono, specialmente negli anni '70 e '80 del Seicento; anzi, parve voler bloccare il processo e, come vedremo fra poco, invertirlo attraverso svariati provvedimenti di salvaguardia e consolidamento dei privilegi ebraici nel periodo finale del suo regno.

3. *Privilegio vs giurisdizione universale: lo scontro con il governatore da Verrazzano*

Il foro privilegiato ed esclusivo dei massari fu solo in apparenza pacifico, poiché dovette affrontare nei secoli costanti insidie, dando origine a un conflitto latente e mai del tutto sopito con altri giusdicenti dello stato. È vero infatti che la tendenza prevalente nella comunità ebraica era quella di rivolgersi alle proprie autorità per dirimere le cause e che le modalità di risoluzione delle controversie erano rapide, in quanto i massari giudicavano secondo consuetudini e usi della piazza mercantile, a meno che una parte non facesse istanza di giudizio secondo *Din Thorà*, cioè in base alla legge mosaica, cosa che rendeva necessario il coinvolgimento dei rabbini, vista l'impreparazione tecnica dei massari. Una ridda di motivazioni poteva tuttavia spingere a chiedere la rimessione del processo a una corte del sovrano. Nella peggiore delle ipotesi, ciò costituiva una manovra dilatoria o una carta disperata in una situazione compromessa, ma poteva benissimo capitare che davanti alle magistrature granducali fosse meglio spendibile un'argomentazione o una fonte giuridica – per esempio diritto proprio o diritto comune – favorevole alla parte. Non era affatto insolito, poi, che un contendente nutrisse sospetti sulla terzietà dei massari, i cui interessi si intrecciavano con quelli delle parti,[40] che spesso si atteggiavano in modo

40. Molto lucidamente Lucia Frattarelli Fischer, *L'insediamento ebraico a Livorno dalle origini all'emancipazione*, in *Le Tre Sinagoghe: edifici di culto e vita ebraica a Livor-*

autoreferenziale, osteggiando anche il giudizio secondo *Din Thorà*.[41] Più arduo – lo vedremo subito dopo –, se non altro per l'altro, notorio privilegio – questo spettante a tutti gli abitanti di Livorno – di non esser convenuti fuori dalla propria città, era spostare i processi in altra città e *in primis* nella capitale.[42]

Già Renzo Toaff portò alla luce casi della prima metà del Seicento, nei quali le parti tentarono invano di portare le cause in appello davanti ai Consoli del mare di Pisa, sempre bloccati da rescritti granducali che salvaguardavano la giurisdizione dei massari.[43] Ben più delicati furono i rapporti con colui che vantava la giurisdizione ordinaria a Livorno, ossia il governatore che, come ben messo in evidenza da Marcella Aglietti, era un rettore del tutto *sui generis*, con ben altra autorevolezza, prerogative e *arbitrium* rispetto agli altri vicari dello stato. Non tutti i governatori si rassegnarono a vedersi sottrarre una fetta affatto irrisoria di cause, peraltro concernenti interessi economici di tutto rispetto, e le relazioni stesse con la nazione ebrea furono ondivaghe e spesso inquiete, a motivo del rinverdirsi, di volta in volta, di pretese da parte di alcuni governatori. Almeno due pronunciamenti granducali c'erano stati: uno riguardava Pisa, dove nel 1615 era stato deciso che la competenza per una lite tra due ebrei mantovani spettasse ai massari e non al Conservatore, al quale andavano invece le cause miste; l'altro, risalente al 1596, invece, era una risposta a un memoriale dei massari di Livorno, che lamentavano come fosse turbata la loro autorità, esercitata sino ad allora in civile e in criminale. Nonostante ciò, nella prima metà del Seicento la prassi non era cristallizzata in modo così nettamente univoco. Una delle maggiori crisi venne innescata da Ludovico da Verrazzano, militare di prestigio e cavaliere dell'Ordine stefaniano, che nel 1645 provò a far accreditare un'interpretazione diversa della Livornina

no dal Seicento al Novecento, a cura di Michele Luzzati, Livorno, Allemandi, 1995, p. 37, scrive che diversi ebrei cercavano un «foro *super partes* che garantisca maggiore autonomia». Cfr. anche i casi riferiti in Galasso, *Alle origini*, pp. 101 e ss.

41. Attilio Milano, *L'amministrazione della giustizia presso gli ebrei di Livorno nel Sei-Settecento*, in *Scritti in memoria di Leone Carpi: saggi sull'ebraismo italiano*, a cura di Daniel Carpi, Attilio Milano, Alexander Rofé, Milano-Gerusalemme, Fondazione Sally Maier, 1967, pp. 133-164.

42. Sul richiamato privilegio: ASLi, *Governo civile e militare di Livorno*, 958, § *Privilegi di Livorno*, n. 28.

43. Renzo Toaff, *La nazione ebrea a Livorno e a Pisa (1591-1700),* Firenze, Olschki, 1990, pp. 644-645.

davanti alla stessa Pratica segreta, producendo documenti, consulti editi e manoscritti di autorevoli giuristi e impegnando la nazione in una disputa accesa e protrattasi per alcuni mesi.[44]

Tutto era sorto da una fattispecie di confine, la cui disciplina era in effetti nebulosa alla luce del privilegio del 1593, ossia quella della giurisdizione sugli ebrei non ballottati, cioè i forestieri giunti a Livorno, ma non (ancora) registrati al libro della Dogana e non cooptati all'interno della nazione.[45] Tale passaggio era essenziale per renderli titolari dello *status* tracciato dalla Livornina, benché alcuni capitoli – come il 39, in combinazione con 6 e 8, sull'immunità personale e l'esenzione delle merci – si riferissero indistintamente a tutti gli ebrei.[46] Da questo caso specifico, tuttavia, da Verrazzano aveva tratto il destro per avanzare una tesi ardita e ben più gravida di conseguenze, quella per cui al governatore spettavano le stesse cause fra ebrei appartenenti alla nazione, fatte salve alcune liti di nessuna importanza economica e civile.

Da Verrazzano era in grado di attestare un certo numero di processi fra ebrei livornesi celebrati dinanzi alla sua corte, ma non poteva negare una realtà tutt'altro che uniforme,[47] per spiegare la quale parlava addirittura di una usurpazione della sua giurisdizione, attuata mediante un mezzo socialmente efficace come la scomunica, con cui i massari avrebbero intimidito coloro che avessero tentato di rivolgersi al governatore.[48] Che la scomunica fosse un mezzo efficace di disciplinamento, così come che esistessero «abbusi» e che diversi ebrei «affaticati» – per usare le sue espressioni – si rivolgessero al governatore per avere giustizia è indubitabile, come pure che tutto ciò fosse un puntello abilmente strumentalizzato dal da Verrazzano. Non essendo sufficiente come puntello per la propria istanza, il governatore si procurò un consulto a stampa di Virgilio Vecchi, lettore senese presso lo studio pisa-

44. Il caso è ricordato da Lucia Frattarelli Fischer, *La Livornina. Alle origini della società livornese*, in *Livorno 1606-1806. Luogo di incontro tra popoli e culture*, a cura di Adriano Prosperi, Torino, Allemandi, 2009, p. 49 e in sintesi da Toaff, *La nazione ebrea*, pp. 207-209. La documentazione è in ASFi, *Pratica segreta*, 30, cc. 621 ss e in *Mediceo del principato*, 1814, ins. 6.

45. Sulla ballottazione: Jean Pierre Filippini, *La ballottazione a Livorno nel Settecento*, in «Rassegna mensile di Israel», 49/1 (1983), pp. 199-268.

46. Così opportunamente faceva notare una informazione favorevole ai massari (ASFi, *Pratica segreta*, 30, c. 630).

47. Ai casi favorevoli al governatore (ivi, cc. 653 ss) i massari opposero precedenti a loro vantaggio (ivi, cc. 695 ss).

48. Da Verrazzano al granduca, 25 marzo 1645 (ivi, c. 631).

no, nel quale si formulava un'interpretazione originale della Livornina.[49] La premessa del ragionamento del Vecchi era l'affermazione della superiorità della giurisdizione ordinaria, segnatamente quella del governatore, strada che vedremo ripercorsa più avanti da altri. La giurisdizione ordinaria era da ritenersi «suprema, et universale», sia per «ragion comune» che per «ragion civile» e tale da estendersi su ogni controversia e da godere di una presunzione che, in ogni circostanza dubbia, spostava l'onere della prova in capo a chi volesse provare la competenza di un'altra corte. Insomma, per Vecchi anche se alcune tipologie di cause fossero state concesse ad altre magistrature, ciò al più avrebbe configurato una giurisdizione concorrente e non esclusiva, a maggior ragione se il tribunale che ne avesse beneficiato fosse stato chiaramente inferiore, come i massari.[50] Mentre per escludere la giurisdizione del governatore era necessaria una clausola espressa e specifica, nell'intendere i privilegi si doveva adottare un'interpretazione restrittiva, secondo i canoni della dottrina di diritto comune, ma non certo secondo il capitolo 43 della Livornina, che stabiliva l'esatto opposto, ossia un'ermeneutica favorevole ed estensiva, anche in caso di dubbio. Di ciò Vecchi non sembrava tenere in alcun conto nella sua analisi.

Ora, se in questo presupposto si poteva scorgere una palese forzatura, nel seguito la tesi di Vecchi sfruttava l'imprecisione del testo della Livornina, nel cui capitolo 34 si disponeva che gli ebrei potessero esser convenuti solo davanti «al detto vostro giudice competente da deputarsi», con ciò rinviando alla figura del Conservatore, un dottore laico che, secondo il capitolo 10, aveva «autorità di terminare et decidere sommariamente ogni vostra lite et differentia civile o criminale et mista», con sentenza inappellabile. Come noto, se a Pisa il Conservatore era un giudice autonomo, a Livorno tali funzioni erano svolte dal governatore, al quale secondo il Vecchi dovevano dunque spettare le cause fra gli ebrei, eccettuate quelle di cui al capitolo 25. Quest'ultima, tuttavia, era anch'essa una norma abbastanza chiara nel derogare la competenza del Conservatore per le «differentie che

49. *Consiglio dell'Ill.mo Sig. Virgilio de Vecchi lettore ordinario nello studio di Pisa a favore dell'Ill.mo sig. Gen. Da Verrazzano governatore di Livorno per S.A.S. in materia di iurisditione*, Livorno, Bonfigli, 1646 (ivi, cc. 668 ss). Vecchi fu lettore ordinario dal 1635/1636 al 1647/1648: Danilo Barsanti, *I docenti e le cattedre dal 1543 al 1737*, in *Storia dell'Università di Pisa*, vol. I**, *1343-1737*, Pisa, Plus, 2000, p. 537.

50. Per entrambe, autorità essenziale utilizzata dal Vecchi è quella di Giacomo Menochio, *Consiliorum, sive responsorum*, Francofurti, sumptibus haeredum Andreae Wecheli et Ioan.Gymnici, 1594-1599, vol. V, cons. 479, nn. 9, 13, pp. 154-155.

nasceranno tra un hebreo e l'altro, et che possino mettere le vostre solite terminationi et altre censure a modo loro». Eppure quel passaggio in cui l'autorità di decidere si accordava ai massari «nelle vostre sinagoghe», unita all'impiego di «differentie» – senza indicare se civili, criminali o miste, come di stile, riferendosi a controversie giudiziarie – dava adito a un'interpretazione audace, ma non del tutto insostenibile. Secondo Vecchi, l'uso del termine «sinagoga»[51] circoscriveva la concessione del potere di giudicare entro le questioni relative al culto, al cerimoniale o *lato sensu* di natura spirituale, cosa che avrebbe giustificato i passaggi in cui si parlava di rito ebraico e di esilio nei confronti dei connazionali «scandalosi», da reputarsi alla stregua di censure ecclesiastiche contro soggetti indisciplinati. Quella ebraica poteva essere insomma al più una giustizia arbitrale, dal momento che – altra opinione parecchio ardita – la nazione non poteva dirsi un corpo approvato dal sovrano o, anche se lo fosse stato, non doveva considerarsi munito di giurisdizione. Fedele al presupposto assolutistico di partenza, il Vecchi scriveva che ogni «Collegio, ò adunanza è prohibita se non si mostra, che è stata espressamente approvata dal Principe»[52] e che, sebbene approvato, di per sé nessun corpo avrebbe avuto potestà di darsi propri giudici. Il che si poneva in palese contrasto con la realtà effettiva dello stato di corpi, nel quale gruppi e associazioni che non fossero *collegia* in senso stretto –[53] categoria di certo non applicabile alla nazione ebrea – si costituivano del tutto autonomamente ed erano dotati di una naturale *iurisdictio* nei confronti dei propri aderenti, che poi veniva semmai limitata e controllata dallo stato tutore.

Se il governatore cercava l'ausilio dell'*auctoritas* di un docente dello studio, i massari replicavano inoltrando alla Pratica segreta un consulto latino di Bartolomeo Vecchi, anch'egli senese e in quegli anni ordinario di diritto civile a Pisa, al quale si associava addirittura Turno Pinocci, a lungo titolare della medesima cattedra, nonché Conservatore degli ebrei di Pisa.[54] In questo parere è fin troppo scontato trovare un rimando ai criteri ermeneutici stabiliti dalla Livornina (interpretazione letterale e favorevole) per archiviare le rivendicazioni del governatore; d'altra parte, a proposito

51. Mentre, per parte loro, i massari avrebbero replicato che per sinagoga si doveva intendere non già il luogo di culto, bensì un ente che rappresentava la nazione.

52. ASFi, *Pratica segreta*, 30, c. 671v (fo. 8 del consulto a stampa). Il Vecchi rinvia a due passi del Digesto: D, 3,4,1 princ.e D, 47,22,3.

53. Mannori, *Il sovrano tutore*, p. 25.

54. Cfr. per entrambi Barsanti, *I docenti*, pp. 529, 537.

di ebrei non ballottati si poteva replicare che il privilegio non poteva esser esteso oltre il testo della legge. Mi pare piuttosto di considerevole interesse l'opinione sostenuta nella seconda parte del consulto, che rovesciava la prospettiva rispetto alla tesi di Virgilio Vecchi, cogliendo un'interpretazione comunitaria della Livornina.[55] Secondo Bartolomeo, subito seguito dai massari e infine dalla stessa Pratica segreta, i privilegi del 1593 – e dunque la giurisdizione – erano stati concessi alla nazione ebrea (e dunque ai suoi capi, i massari, che la rappresentavano), non già ai singoli ebrei approdati a Livorno. Con un'analogia piuttosto audace, Bartolomeo Vecchi accostava tali privilegi a quelli che la società d'Antico Regime attribuiva al clero o ai *milites*, per l'appunto come ordini e non già come singoli, e che erano ritenuti indisponibili da parte degli stessi titolari. Vi erano però ragioni pratiche e assai persuasive nel rendere plausibile la giurisdizione dei massari sui non ballottati, come il fatto che ciò avrebbe distolto un buon numero di ebrei forestieri dal trasferirsi a Livorno oppure indotto alcuni ebrei riottosi a non farsi descrivere per sfuggire all'autorità dei massari. Più semplicemente, l'argomento vincente a mio avviso era la competenza, sentita come naturale per motivi etnico-religiosi, di un ebreo a giudicare di altri ebrei, che del resto corrispondeva alla *ratio* che nella Livornina era stata alla base della scelta di distinguere questa classe di processi da quelli misti, cioè che coinvolgevano un cristiano nella lite.

La Pratica segreta, a relazione dell'auditore delle Riformagioni Alessandro Vettori, accolse *in toto* le argomentazioni dei massari e ritenne inoltre che la documentazione prodotta dal governatore non fosse sufficiente a provare una prassi a suo favore. La controversia, tuttavia, si trascinò per altri due anni, perché il granduca non si pronunciò se non il sette giugno del 1647, quando giunse, probabilmente propiziato dalla morte del da Verrazzano, il rescritto che approvava il parere della Pratica e ordinava di eseguire in avvenire quanto in esso contenuto.

In civile, i massari ottennero così un riconoscimento ufficiale e inoppugnabile, ribadito solo pochi anni dopo, nel 1650, in disposizioni ufficiali e a carattere generale, con le quali tuttavia la loro giurisdizione venne considerevolmente delimitata in criminale, proprio a favore del governatore.[56]

55. Quello di Livorno era, per usare una nota espressione di Francesca Trivellato, *The familiarity of strangers*, p. 18 e *passim*, un «communitarian cosmopolitanism».

56. Toaff, *La nazione*, p. 212. Cfr. *Collezione degl'ordini municipali di Livorno corredata delli statuti della sicurtà, e delle più importanti rubriche delli statuti della mercanzia*,

Tale evoluzione non è sorprendente, tuttavia, ed è in linea con la tendenza generale a riservare al sovrano e a certe corti centrali l'amministrazione della giustizia criminale. Basti solo pensare al fatto che gli stessi rettori del dominio erano privati del potere di decidere le cause di rilievo – stabilite in base alla sanzione e non al titolo dell'imputazione –, che dovevano partecipare agli Otto di guardia e balia a Firenze e, infine, all'auditore fiscale.[57] I massari venivano privati pure della facoltà di istruire i suddetti processi, ma ciò risulta comprensibile e difficilmente oppugnabile dalla stessa nazione ebrea, essendo quest'ultima priva di personale tecnico preparato per poter svolgere simili, delicate mansioni. D'altra parte, gli *Ordini* del 1650 assicurarono un periodo di osservanza più pacifica dei privilegi ebraici, giacché non furono circoscritti al solo snodo della giurisdizione, bensì all'interpretazione stessa della Livornina, di cui si reiterava il canone ermeneutico favorevole previsto nel penultimo capitolo. Affatto secondaria è, d'altronde, la contestuale concessione alla comunità del diritto di avvalersi del Bargello e della forza pubblica al fine di eseguire le decisioni prese e gli ordini, inclusi quelli di polizia.

Come vedremo in parte anche più avanti, il rapporto fra i massari e il governatore non fu mai idilliaco e una conflittualità permase, sebbene di intensità e rilievo inferiori. Non di rado essa venne stuzzicata dalle iniziative di ebrei facoltosi, come quel Abram Attias che, negli anni '60 del Seicento, lamentando faziosità e ingiustizia dei massari, supplicava il granduca di potersi "comprare" l'esenzione dai massari e pertanto sottoporsi alla corte del governatore, non nascondendo persino la preferenza per l'applicazione del diritto proprio e dello *ius commune* rispetto alla legge ebraica.[58] Anche in questo caso il rigetto dell'istanza andò a confermare che il foro dei massari era esclusivo per qualunque ebreo e inderogabile, neppure mediante la concessione di un privilegio individuale.

Credo doveroso ricordare che significative determinazioni della Congregazione, poco dopo l'ascesa al trono di Gian Gastone, cristallizzarono le prerogative dei massari o persino le rafforzarono dinanzi alle residue, a

Livorno, Giorgi, 1798, p. 304. Una mossa insolita, che sarebbe rimasta più unica che rara nel XVII secolo, il cui fine era quello di troncare ogni disputa, cosa impossibile per mezzo del solito rescritto, che come noto aveva valore concreto, cioè limitato al solo caso che regolava.

57. Daniele Edigati, *Gli occhi del Granduca. Tecniche inquisitorie e arbitrio giudiziale tra* stylus curiae *e* ius commune *nella Toscana secentesca*, Pisa, ETS, 2009, pp. 15 ss.

58. Toaff, *La nazione*, pp. 674 ss.

dir il vero minime, velleità del governatore. Penso, nel solo 1725, all'ingiunzione di eseguire gli ordini dei massari «tali e quali da essi si danno a tenore de' loro privilegi»; alla reiterazione dell'obbligo «in futuro» di rispettare alla lettera i limiti previsti per la corte del governatore dagli ordini del Pandolfini del 1650 a proposito dei processi criminali contro ebrei livornesi; al diritto di visionare memoriali, norme o lettere (eccetto se confidenziali), conservate negli archivi del governo di Livorno e relative alla nazione, cosa che rendeva quest'ultima edotta in modo certo delle disposizioni vigenti e dunque ne consentiva una più efficace difesa delle proprie posizioni; infine, e ancor più significativamente, alla dichiarazione che accordava agli stessi massari la competenza sulle cause degli ebrei che potessero vivere in altro paese manifestamente secondo la propria religione e che però negoziassero come cristiani o per mezzo di procure conferite a persone cristiane.[59]

4. *Privilegio vs privilegio: lo scontro attorno alla giurisdizione sui* miserabiles ex lege unica

Lo strumento del privilegio, come si è potuto vedere, offriva uno scudo assai robusto nei confronti di pretese genericamente fondate sulla *iurisdictio* ordinaria. I tentativi di restrizione della giurisdizione ebraica diventavano più insidiosi quando posti in essere da magistrature centrali, espressioni del potere del sovrano e ancor più quando si concretizzava un conflitto di privilegi. In particolar modo, qualcosa del genere si produsse con il così detto privilegio della legge *unica*,[60] spettante per diritto comune alle *miserabiles personae*, qualora fosse allegato da appartenenti alla comunità ebraica di Livorno.[61] In base a quest'ultimo, coloro che rientravano

59. ASFi, *Mediceo del principato*, 2517, rispettivamente cc. 204r, 215v-216r, 205v, 217v.

60. C., 3,14,1. Su questo foro, cfr. almeno Cecilia Natalini, *Per la storia del foro privilegiato dei deboli nell'esperienza giuridica altomedievale: dal tardo antico a Carlo Magno*, Bologna, Monduzzi, 2008; Thomas Duve, *Sonderrecht in der Frühen Neuzeit: Studien zum ius singulare und den privilegia miserabilium personarum, senum und indorum in Alter und Neuer Welt*, Frankfurt am Main, Klostermann, 2008.

61. Simili problemi afflissero anche la comunità ebraica mantovana e non è un caso se il tentativo di equiparare gli ebrei nel godimento del foro dei *miserabiles* si sia accentuato sotto le spinte dell'assolutismo illuminato: è pur vero che da un certo punto di vista si trat-

in tali categorie, considerate deboli e necessitanti di protezione del monarca, avevano un foro privilegiato individuato nel Magistrato supremo,[62] un consesso di patrizi fiorentini nato per affiancare il duca (che partecipava alle sedute, in origine) ed evolutosi quindi a tribunale civile che manifestava la volontà del sovrano, pertanto di ultima istanza. In realtà, il Magistrato supremo era appannaggio di alcuni membri tecnici, ossia il cancelliere e l'auditore, ed era divenuto espressione del ceto dei *doctores*. Questi ultimi, attraverso la giurisprudenza, avevano caldeggiato l'estensione del foro privilegiato dei *miserabiles ex lege unica*, includendo in tale categoria non solo vedove, orfani e *diuturno morbo laborantes*, bensì anche *peregrini*, *decrepiti*, *carcerati*, neofiti, *furiosi*, *scholares* e persino, come si leggeva in una *decisio* del 1724 di Francesco Antonio Bonfini, lo stesso clero.[63]

Ora, *prima facie* era solamente un problema di stabilire quale dei due privilegi fosse prevalente, ma in realtà la questione non implicava solo gli interessi privati dei litiganti, bensì la competenza, il prestigio e l'autorità del Magistrato supremo, lesa dal fatto di esser superata da quella di una corte inferiore, per giunta espressione di una comunità non cristiana.

In concreto, in relazione ai *miserabiles* i complessi meccanismi dello stato toscano permettevano il coinvolgimento di altre magistrature. A Firenze, era possibile approdare presso i Pupilli attraverso svariate dinamiche, anche esterne a una vera e propria lite giudiziaria. Ad esempio, un ebreo poteva cercare di sottoporre a tutela dei Pupilli di Firenze una bambina della comunità livornese e avere in ciò appoggio dagli stessi Pupilli, salvo poi, a seguito di lamentele, sopraggiungere l'intervento del sovrano, che

tava di un passo verso l'equiparazione degli ebrei agli altri sudditi. Cfr. Paolo L. Bernardini, *La sfida dell'uguaglianza. Gli ebrei a Mantova nell'età della Rivoluzione francese*, Roma, Bulzoni, 1996, pp. 46-48.

62. Il Magistrato supremo era competente in genere per le cause dei privilegiati: Giuseppe Pansini, *Il Magistrato supremo e l'amministrazione della giustizia civile durante il principato mediceo*, in «Studi senesi», 85/2 (1973), p. 285 (un cenno al privilegio *ex lege unica* a p. 300).

63. Francesco Antonio Bonfini, *Decisiones florentinae quotquot supersunt omissis tantum illis quae novissimo ejus tractatui de jure fideicommissorum sparsim insertae sunt*, Pisis, Giovannellius cum sociis, 1760, dec. 47, *Liburnen. Domus veneris 11 Februarii 1723 ab Inc.*, pp. 236 ss. Bonfini fu a lungo auditore nelle strutture giudiziarie centrali toscane: cfr. Gabriella Santoncini, *Bonfini, Francesco Antonio*, in *Dizionario biografico dei giuristi*, I, pp. 295-206.

con rescritto ripristinava la competenza dei massari.[64] In altre circostanze, un'istanza per via di supplica al principe da parte di un pupillo poteva finire per coinvolgere il governatore di Livorno, incaricato dal rescritto del granduca di sentire le parti e amministrare «buona giustizia».[65] Per quanto in genere in tali situazioni fossero deputati il Conservatore degli ebrei o altri assessori esperti di diritto ebraico, non è inusitato che la scelta ricadesse sul governatore. Da un lato, il titolare della *iurisdictio* era pur sempre il sovrano, che con la Livornina non se ne era privato infeudandola, come scriveva il governatore di Livorno:[66] a lui si rivolgevano i *miserabiles* e niente vietava che egli additasse un'altra corte, rispetto al Magistrato supremo, quale foro privilegiato. Dall'altro, il referente del governo mediceo *in loco* restava il governatore, dal quale si cercavano ordinariamente sempre informazioni preparatorie per le determinazioni centrali. Per parte loro, come si è già osservato, i governatori non erano affatto propensi a disinteressarsi e, al contrario, via via rinnovavano le pretese di allargare la propria giurisdizione.

Tornando al nostro caso, le segreterie che avevano istruito l'affare si erano spontaneamente rivolte al governatore, forse anche perché nella supplica si sollevavano obiezioni pesanti sull'influsso che il tutore, Moisè Cordovero, aveva sui massari in carica e sul fatto che essi avevano già supervisionato in precedenza la gestione dei beni del pupillo. Resi edotti del potenziale pregiudizio ai privilegi derivanti dalla Livornina, i massari fecero sentire la propria voce, asserendo che tra ebrei era doveroso giudicare *more hebraico* e davanti ad essi, come risultava dalla prassi consolidata, senza omettere un richiamo al fondamento su cui si sostenevano i privilegi, ossia il favore per il commercio. Come facilmente si può intuire, per i mercanti ebrei giunti nel porto di Livorno non sarebbe stato per niente auspicabile un trasferimento della propria causa nella capitale, con connesso dispendio economico e di tempo, come pure presso una corte vicina, ma avente scarsa familiarità con le consuetudini e la legge ebraica.

Nel caso del 1641, un nuovo rescritto granducale incaricò dell'affare la Pratica segreta. Il parere della Pratica, firmato dall'auditore Alessandro Vettori, avallava la competenza dei massari per le cause fra ebrei, con la

64. ASFi, *Pratica segreta*, 29, c. 545, rescritto del 19 dicembre 1633, che comunque ingiungeva ai massari di deputare tre ebrei non sospetti alle parti per fare «buona giustizia».
65. ASEl, *Rescritti*, 1, n. 27.
66. ASFi, *Pratica segreta*, 29, c. 534, 28 ottobre 1641.

sola eccezione dell'ipotesi di sospetto nei confronti dei giudici, nella quale il granduca avrebbe avuto piena libertà di delegare il processo, cosa che in genere avveniva a vantaggio di terze persone, esperte in diritto ebraico, e non tanto del governatore.[67] È assai rilevante il fatto che la Pratica adducesse a sostegno della propria decisione il testo della Livornina e il principio di interpretazione favorevole della medesima, quest'ultimo determinato – per dirla con i massari – dai motivi di «pubblica utilità» che stavano a fondamento dei privilegi del 1593.[68] Il rescritto finale di Ferdinando II, a firma del segretario Nomi, suggellò tale decisione, ma non per questo si deve ritenere che fosse stata archiviata ogni controversia al riguardo.

Dopo l'ennesimo ricorso della nazione ebrea a Ferdinando II, nel 1650 una lettera contenente una serie di *Ordini*, della quale si è già detto, riassunse la disciplina in materia giurisdizionale.[69]

Sotto Cosimo III, si verificarono più volte episodi in controtendenza, stavolta coinvolgendo direttamente il Magistrato supremo. Di alcuni casi abbiamo estremi precisi, in quanto intervennero giuristi di primo piano, come quello del 1680, nel quale si confrontarono l'auditore Pier Matteo Maggio e, dalla parte dei massari, Ansaldo Ansaldi, che stilò un dotto parere, edito poi nel suo trattato sulla mercatura.[70] La regola tracciata dalla *scientia iuris* era quella della prevalenza del foro dei pupilli e vedove nei confronti di altri fori privilegiati, a meno di una clausola derogatoria specifica.[71] Secondo l'Ansaldi, questo principio valeva quando si trattasse della giurisdizione di città, feudatari o magistrature, non invece in presenza di giudici deputati *ad hoc*

67. Ivi, cc. 529-530, 569-570.

68. Ivi, c. 560v.

69. Li si può vedere in *Collezione degl'ordini*, pp. 304-306.

70. Mi riferisco a Ansaldo Ansaldi, *Discursus legales de commercio, et mercatura. In quibus universa fere commercii, et mercaturae materia resolutive continetur*, Genevae, apud fratres de Tournes, 1718, disc. 43, pp. 145-148. Copia del parere è conservata anche in ASEL, *Rescritti*, 2, n. 102. Sull'Ansaldi vedi da ultimo Vito Piergiovanni, *Ansaldi, Ansaldo*, in *Dizionario biografico dei giuristi italiani*, vol. I, pp. 74-76.

71. Cfr. tra gli altri Sigismondo Scaccia, *Tractatus de appellationibus, in duas partes divisus*, Venetiis, apud Bertanos, 1667, *quaestio* VII, n. 125-126, pp. 66-67; Tomás Carleval, *Disputationes juris variae, ad interpretationem regiarum legum Regni Castellae, et illis similium, tam ex jure neapolitano, quam ex utroque communi civili, et canonico. De judiciis*, Lugduni, sumptibus Anisson et Joannis Posuel, 1702, I, lib. 1, q. VI, sect. VII, nn. 577-578, p. 129 (in cui si chiarisce come non fosse sufficiente una clausola generica *non obstante quacunque lege contrarium disponente* o *non obstante quocumque privilegio, de quo oporteat specialem facere mentionem*).

per categorie di persone o di cause, come nel caso degli ebrei discusso e così risolto dal trattato di Novari, che scorgeva la *ratio* nel fatto che il privilegio dei *miserabiles* era concesso ai soli cattolici.[72]

In realtà gli argomenti di Ansaldi erano disparati, alcuni tratti da una logica di bilanciamento interno fra fori privilegiati, altri dalla prassi, altri infine puntavano sulla giurisdizione privativa dei massari e si concentravano sul testo della Livornina, di cui l'autore mostrava di avere conoscenza, malgrado, come noto, esso non fosse affatto pubblico, tanto che egli stesso a un certo punto confessava di non averne visto una sua parte.[73] Nel senso del bilanciamento, secondo Ansaldi si doveva anche considerare la possibile ingiustizia o vessazione – ossia l'imposizione di un giudice non proprio – per i convenuti che scaturiva dall'applicazione del privilegio dei *miserabiles*, ma anche l'altro privilegio, quello della cittadinanza, che nell'esperienza regnicola non era superato da parte di quello *ex lege unica*. Quanto alla *inconcussa observantia* allegata dall'Ansaldi, non si va lontano dal vero se la si definisce una forzatura: al di là della mancanza di precedenti, lo stesso autore era costretto ad ammettere che «observantia non appareat umquam in contradictorio Judicio canonizata».

Mi pare siano ben più significative, insomma, le osservazioni fatte alla luce del testo della Livornina, interpretato come un privilegio di valenza e di portata assolutamente peculiari. Anche l'Ansaldi rimarcava il criterio interpretativo di chiusura, quello della *benigna interpretatio*, che legittimava l'estensione delle norme, specie in caso di dubbio. Al contempo, lo sforzo del giurista era quello di ricavare dal testo la *mens* del principe, che era rinvenuta nella costituzione di una giurisdizione privativa dei massari sugli ebrei livornesi, mostrata *a fortiori* dalla previsione di un giudice conservatore addirittura per le cause con i cristiani, ma ancor meglio dal capitolo in cui si attribuiva «autorità di decidere, et terminare».[74]

Purtroppo non sono riuscito a rintracciare il voto dell'auditore Maggio in base al quale, sul finire di ottobre del 1680, il Magistrato supremo ebbe a

72. Giovanni M. Novari, *Praxis novissima, et amplissimus, absolutissimusque tractatus de electione et variatione fori, sive dilucida commentaria ad leg. unic. C. quando Imperat.inter pupill.et vid.et Constitution. Regni statuimus de Magistr. Iustitiar.*, Venetiis, sumptibus Bertanorum, 1656 sect. IV, q. 61, pp. 222-223.

73. Ansaldi, *Discursus legales*, disc. 43, n. 19, p. 148.

74. Ivi, n. 20, p. 148.

stabilire che la causa dovesse considerarsi di sua competenza e deciderla.[75] Difficile dire su quali argomenti il Maggio abbia appoggiato la sua tesi, ma non si può escludere che il suo parere possa aver risentito di un clima nel quale si stava seriamente progettando di restringere la specialità del regime del governo di Livorno e di assoggettare almeno gli ufficiali del governatore alle magistrature centrali fiorentine.[76] Certo, nulla esclude che la decisione del Maggio sia in seguito stata sovvertita per via di grazia – così come la resistenza del governatore dal Borro indusse a conservare lo *status quo* labronico –, in risposta a una supplica (delle parti o dei massari), ma è fuor di dubbio che sulla scia di questo precedente si iniziò a consolidare una prassi contraria a quella difesa dai massari. Nel 1687, infatti, troviamo altri casi in cui il Magistrato supremo riuscì nell'intento di intromettersi in controversie tra ebrei, quando vi fossero implicate vedove o pupilli. In un primo, la vedova Rachel Valenzino, in lite con un mercante ebreo di Amsterdam, ottenne l'avocazione della causa al Magistrato supremo sulla scorta della legge *unica*, con inibizione al procuratore della controparte di agire in altro foro, ma riservandogli comunque otto giorni di tempo per ricorrere contro il decreto.[77] Se di tale vicenda non conosciamo gli sviluppi seguenti e l'esito, si è in grado al contrario di attestare che in un altro processo – quello sulla validità delle obbligazioni contratte da minore, che coinvolgeva da un lato David Visino e dall'altro Abram e Iacob da Costa – la causa fra ebrei di Livorno venne effettivamente celebrata davanti al Magistrato supremo, malgrado l'eccezione "declinatoria", scartata dopo aver consultato l'auditore Cosimo Farsetti.[78] La decisione del Farsetti, rifluita in una raccolta di giurisprudenza rotale, è testimonianza eloquente della

75. Che la decisione sia stata in tal senso emerge da ASFi, *Magistrato supremo*, 2883, cc. non num., 29 ottobre 1680, caso Ricca vs Franco, ma pure da una successiva decisione del 1717 – su cui torneremo *infra* – in *Raccolta delle decisioni della Ruota Fiorentina*, I serie, vol. V, dec. CDXCIX, n. 75, p. 56.

76. Riferimenti in ASFi, *Mediceo del principato*, 2203, cc. non num., carteggio del 10-11 maggio 1680 fra del Borro e Francesco Panciatichi e minuta di questi del 9 luglio.

77. Il decreto è in ASFi, *Magistrato supremo*, 2912, cc. non num., in data 19 dicembre 1687.

78. *Ibidem*: si veda poi ivi anche la sentenza del 2 gennaio 1687/1688 a favore della nullità delle obbligazioni in ordine a legge dell'aprile del 1471. L'eccezione fu opposta il 24 ottobre 1687 (ASFi, *Magistrato supremo*, 1705, c. 507). Su Farsetti vedi ora Andrea Landi, *Fra privilegi di ceto ed esigenze della produzione. Il giurista massese Cosimo Farsetti e un curioso caso secentesco di divieto di immissioni*, in «Rivista di storia del diritto italiano», 91/2 (2018), pp. 145-161.

prospettiva, radicalmente diversa, coltivata da un giurista appartenente a un consesso che può includersi a pieno titolo entro la categoria dei «grandi tribunali», secondo la fortunata terminologia coniata da Gino Gorla.[79] Secondo il Farsetti, il Magistrato supremo era il tribunale del principe, che si esprimeva a nome suo, anche perché vi risiedeva stabilmente un suo luogotenente; per ciò stesso, dunque, poteva esser equiparato ai senati di Milano e degli stati sabaudi ed era dotato di una giurisdizione universale, marcatamente nel comparto civile. In tal senso, per Farsetti la giurisdizione del Magistrato supremo si poteva estendere «ad omnes... subiectos ubi vis intra fines Dominii Florentini degentes»[80] e quindi pure agli ebrei: la sua supremazia rispetto a qualunque altra corte, dettata dall'essere l'oracolo del principe, era tale da non esser lesa dalla giurisdizione, per quanto «privativa», attribuita ai massari. Non era diverso – a ben pensare – dall'argomento per cui il granduca aveva solo concesso la *iurisdictio*, non spogliandosene. E ciò tanto più che i massari erano giudici inferiori, a cui poteva esser attribuita una certa porzione della giurisdizione per l'«utilitas etiam personae privilegiatae»,[81] ma tale *ratio* non si rinveniva affatto nel caso specifico, nel quale i Visino avevano senza dubbio ogni convenienza ad adire il Magistrato supremo. Rilevante anche il criterio di chiusura, che in qualche modo capovolgeva quello della Livornina, il cui testo era qui *in toto* ignorato: in caso di dubbio, cioè, doveva considerarsi prevalente non già il privilegio, ma la giurisdizione universale e ordinaria. La decisione del 1687 segna sicuramente un punto a favore di una concezione pervasa per un verso dall'esaltazione del potere delle grandi corti centrali – oramai in mano ai giuristi –, ma dall'altro pure da una tensione assolutistica, che in realtà in Toscana aveva sempre incontrato ostacoli, e che mirava a ridimensionare la forza dei privilegi e dunque le logiche dello stato di corpi.

Di certo, questi successi dovettero imbaldanzire la giurisprudenza centrale toscana, che si spinse a rivendicare anche la facoltà di conoscere non solo in primo grado, bensì pure in via di appello le cause fra ebrei,

79. La decisione è in *Selectarum Rotae florentinae decisionum thesaurus ex bibliotheca Johannis Pauli Ombrosi jurisconsulti, et in florentina curia advocati*, Florentiae, Bonducciana, 1767-1787, vol. III, dec. XV, pp. 118-123, *Liburn.praetensae incompetentiae diei 19 decembris 1687 coram Dom. Aud. Cosmo Farsetti*. Il punto sulla categoria storiografica dei grandi tribunali è offerto magistralmente da Mario Ascheri, *I grandi tribunali*, in *Il contributo italiano*, pp. 121-128.

80. *Selectarum Rotae florentinae*, III, dec. XV, n. 6, p. 121.

81. Ivi, n. 12, p. 121.

beninteso sempre quando fosse invocata la legge *unica*. Se ne ha un'ottima testimonianza nella decisione a relazione di Antonio Gabriele Calderoni del 6 luglio 1717.[82] La fattispecie è più intricata delle precedenti: si trattava di una *restitutio in integrum* invocata da parte di una donna minore e di condizione «miserabile» contro una sentenza del Magistrato supremo (che confermava un'altra dei massari) a relazione degli auditori Conti, Vieri e Urbani. Già questa ingarbugliata vicenda giudiziaria dimostra come il Magistrato supremo riuscisse a questa data a ingerirsi in certe cause giudicate dai massari: è vero che l'alto consesso aveva rimesso a questi ultimi la controversia, ma si era contestualmente riservato l'appello. Secondo il Calderoni, che ricordava il precedente del 1680, il diritto di giudicare in appello del Magistrato supremo non veniva meno: per quanto ampia fosse stata la concessione di giurisdizione da parte del principe, egli si riservava sempre implicitamente la possibilità di rivedere la causa per ricorso, ossia lo *ius appellationis*, poiché altrimenti sarebbe significato costituire un'autorità pari alla propria.[83] Ora, che il granduca avesse sempre l'ultima parola era lapalissiano, non l'inferenza seguente, cioè che si potesse configurare un appello – e affermare pertanto la superiorità di una corte a quella dei massari – in capo al Magistrato supremo. Il privilegio della Livornina si sosteneva su un rapporto diretto della nazione ebrea con il sovrano, non con gli organi giudiziari che lo affiancavano, benché apicali, autorevoli, dotati di prerogative straordinarie e capaci di esprimere l'oracolo del principe.

Nella medesima decisione, tra l'altro, l'auditore Calderoni estendeva il discorso alla *restitutio in integrum*: per minori, vedove e *miserabiles personae* non valevano neppure le regole che ne circoscrivevano l'impiego. Insomma, il privilegio della legge *unica* era di portata tale da permettere ai beneficiari non solo di esperire la *restitutio in integrum* presso il medesimo giudice che aveva sentenziato, ma anche di poterlo fare più volte, se sopravvenissero validi motivi oppure se non fosse stato interamente discusso il loro diritto nel corso dei precedenti processi.[84]

Dinanzi a tanta spavalderia, la vigilanza dei massari non era mai troppa e i rescritti non valevano a garantirli dinanzi al susseguirsi senza sosta

82. *Raccolta delle decisioni della Ruota*, I serie, vol. V, dec. CDXCIX, pp. 28 ss. Sul Calderoni, anche per altra bibliografia, vedi ora la voce di Edoardo Fregoso in *Dizionario biografico dei giuristi*, I, p. 388.
83. Ivi, nn. 76-77, pp. 56-57.
84. Ivi, nn. 83-84, pp. 58-59.

di atti lesivi della loro giurisdizione, perpetrati anche da altri magistrati centrali, come i Pupilli, a cui talora alcuni ebrei si rivolgevano, sovente assistiti da autorevoli procuratori fiorentini. Così nel 1707, quando i massari si presero cura dell'eredità *ab intestato* di un ebreo defunto a Livorno, eleggendo i tutori per la figlia minore, venne proposto un ricorso ai Pupilli a Firenze. Dopo un iniziale congelamento, i Pupilli avanzarono nuove pretese, cosa che costrinse gli ebrei a lamentarsi davanti all'auditore di Consulta Pier Matteo Maggio, che si occupava all'epoca anche della Congregazione di Livorno. Nel 1711, questi, pur confermando la giurisdizione dei massari, ritenne «moderata» la pretesa dei Pupilli, in quanto avevano solamente avvertito il tutore dei ricorsi ricevuti.[85]

Proprio per questo, forse, Cosimo III impresse una svolta alle proprie politiche in ordine alla comunità ebraica di Livorno. Se fino ad allora i granduchi si erano per lo più affidati al canale dei rescritti, intervenendo solo quando necessario e lasciando campo alla prassi e a una certa ambiguità, nell'ultimo decennio del suo regno Cosimo III cominciò a regolare con legge diversi profili del regime giuridico degli ebrei di Livorno, ivi compresa la materia giurisdizionale.[86] Già nel dicembre del 1715, con un *motuproprio*, il granduca aveva dettato una disciplina di alcuni organi della nazione ebrea di Livorno, fra cui i massari e i censori e nel primo paragrafo aveva confermato «le facoltà, e i privilegj» di cui gli ebrei di Livorno erano «attualmente in possesso», in conformità alle concessioni dei sovrani medicei, ribadendo più avanti e in modo più esplicito le prerogative giurisdizionali.[87] Nel maggio del 1718, oltre a reiterare quanto disposto tre anni prima, per troncare ogni discussione intervenne un nuovo *motuproprio* a firma del segretario Carlo Rinuccini, con il quale venne riconosciuta ogni competenza in materia di pupilli della nazione di Livorno ai massari, che avrebbero proceduto secondo i propri riti e

85. ASEL, *Rescritti*, 2, n. 49.

86. Si tratta in realtà di un fenomeno di più ampia portata, che investe anche altri campi nei quali la legislazione granducale non era fino ad allora penetrata, se non marginalmente: nel 1722 per es. vennero disciplinate le professioni forensi a Livorno: cfr. Daniele Edigati, *Avvocati e procuratori nella Toscana di Antico Regime. Le professioni forensi dalla tutela alla disciplina di polizia*, Bologna, Il Mulino, 2021, pp. 83 ss.

87. Cfr. i §§ 1, 4 e 11 del *motuproprio* del 20 dicembre 1715 in Lorenzo Cantini, *Legislazione toscana raccolta e illustrata*, Firenze, Fantosini, 1800-1808, vol. XXII, pp. 258-260.

le proprie consuetudini sia a nominare tutori e curatori, che a vigilare sull'amministrazione dei beni.[88]

Si trattava comunque sempre di dichiarazioni che, per quanto pubblicate e valide *erga omnes*, erano troppo specifiche e non atte a risolvere una volta per tutte i problemi. Le ingerenze di altri tribunali continuavano, infatti, incessantemente, sovente su istanza di parte, determinate dall'intricato sistema di ricorsi e appelli, oltre che di corti, e dall'*iter* imprevedibile che poteva seguire la causa. Nel 1717 i massari denunciavano una causa esperita a istanza di Aron Boccara contro i fratelli Ergas e accettata dal Magistrato supremo per esser poi affidata al governatore.[89] Come in passato, i massari si opponevano a qualsiasi giudizio da parte di un magistrato o di un giudice cristiano e, nel caso di sospetto contro le loro persone, proponevano la soluzione dell'estrazione di un nuovo collegio giudicante o dell'arbitrato, ma sempre da parte di ebrei. Ancora nel 1721 Iacob del Valle ricorse ai Pupilli contro la designazione del tutore da parte dei massari e una supplica e un rescritto granducale furono necessari per consentire di continuare il processo presso i massari. Contestualmente, questi ultimi impetravano un ulteriore rescritto che confermasse una volta di più l'inappellabilità delle loro sentenze, messa a repentaglio dal ricorso esperito da Iacob Sarmento al Magistrato supremo contro Beniamino Dias.[90]

Nel 1721 i massari produssero un nuovo memoriale contro l'accettazione o l'avocazione di cause fra ebrei da parte di magistrature fiorentine e, dopo l'informazione del governatore, il rescritto del 19 giugno reiterò l'ordine di non eseguire mai decreti di tribunali della capitale senza prima averne informato i massari, in modo che potessero eventualmente tutelare i propri privilegi ed evitare di trovarsi dinanzi al fatto compiuto.[91] Non sempre, tuttavia, i massari ricevevano per tempo informazioni sulle cause pendenti.

Il caso Medina-de Leon, risalente sempre al 1721, è emblematico del percorso tortuoso di alcune vicende giudiziarie e di come per mille vie esse potessero esser dirottate verso le magistrature centrali fiorentine. Eliaù de Leon, in quanto «cieco e mentecatto», aveva preteso di convenire il Medina ai Pupilli e questi ultimi avevano da principio decretato a suo favore,

88. Ivi, pp. 264-265, *motuproprio* del 19 maggio 1718.

89. ASEL, *Rescritti*, 2, n. 43.

90. Per questa, come la precedente supplica cfr. ivi, n. 99, con rescritto favorevole ai massari, a firma del Rinuccini.

91. *Ibidem*.

instaurando la causa presso di loro, senza tuttavia premurarsi, prima di decidere sul punto, di notificare l'istanza al convenuto. Oppostosi il Medina, che contestava la stessa *qualitas* di miserabile del Leon, oltre alla spettanza del privilegio, i Pupilli revocarono il decreto, rimettendo il processo ai massari. La successiva supplica al sovrano del Leon, che chiedeva in via alternativa di adire il Magistrato supremo, ebbe risposta negativa; non pago, tuttavia, egli domandò allora una *restitutio in integrum* contro la sentenza dichiarativa di incompetenza dei Pupilli, accordatagli grazie a una relazione favorevole dell'auditore Francesco Antonio Bonfini, le cui opinioni in materia di legge *unica* sono già state sopra riassunte. Dinanzi a una nuova supplica, stavolta del Medina, che voleva al contrario la conferma della seconda sentenza dei Pupilli, il rescritto di Cosimo III dapprima intimò la sospensione per un mese della causa, esigendo l'informativa dei Pupilli stessi, e infine, dopo una relazione del cancelliere Domenico Vannini, nell'ottobre del '21 espressamente riconobbe la competenza, come giudici privativi, ai massari.[92]

Se ancora nei primi mesi di regno di Gian Gastone qualche ebreo formulava istanze al Magistrato supremo *ex lege unica* e la polemica non era del tutto sopita, le reiterate e granitiche manifestazioni di volontà del granduca non consentirono alcuna riapertura della questione.[93] Certamente, la sopra mentovata concessione del diritto di visionare i documenti del governo di Livorno forniva ai massari uno strumento decisivo per avere informazioni e difendersi efficacemente.

5. *Scalfita in superficie, ma subito restaurata: il* motuproprio *del 1784 e il correttivo del 1787. La Livornina come privilegio speciale*

Vorrei qui chiudere con una fugace incursione nell'età leopoldina, nella quale la condizione giuridica ebraica ebbe qualche miglioramento, che interessò per la verità più le comunità del resto dello Stato, che non quella labronica.[94] Quest'ultima in realtà fu investita da un diverso aspetto delle

92. Cantini, *Legislazione toscana*, vol. XXII, pp. 346-347.

93. Cfr. in part. rescritti del 5 gennaio e 3 marzo 1724 in ASEL, *Rescritti*, 2, nn. 166, 186.

94. Un panorama complessivo è in Roberto G. Salvadori, *La condizione giuridica degli ebrei nel periodo leopoldino*, in *L'ordine di Santo Stefano e la nobiltà toscana nelle*

riforme leopoldine, quello cioè che tendeva a colpire lo stato di corpi e dunque gli stessi privilegi per raggiungere maggiore uniformazione giuridica e razionalizzare le strutture dello stato. Nello specifico, il granduca stava costruendo un sistema giudiziario compatto e gerarchico, fondato su diversi livelli sovraordinati, cosa che non poteva non entrare in attrito con la peculiarità della giurisdizione ebraica.[95] Un rescritto del giugno del 1784 – inopinatamente proposto dalla Consulta e accolto dal sovrano – introdusse una novità significativa. Le sentenze dei massari, infatti, divenivano suscettibili di un gravame ordinario, mentre erano fino ad allora inappellabili, almeno sulla carta, poiché si ammetteva che la parte interessata ricorresse alla grazia al sovrano, in realtà poi gestita dalla Consulta, che di norma accordava quasi meccanicamente la facoltà di giudicare in via di revisione agli stessi massari, per lo più con voto dell'auditore.[96] Tale esito era reso indispensabile dal fatto che i massari non erano giudici togati, cioè giuristi di formazione, e ciò poteva inficiare le loro decisioni. In concreto, la differenza era quindi minimale, e ciò induceva l'auditore Pierallini, spinto dal senso pragmatico, a sostenere che la Livornina fosse stata vulnerata «piuttosto in apparenza che in sostanza»,[97] tanto che la stessa nazione ebrea non

riforme municipali settecentesche, atti del convegno (Pisa, 12-13 maggio 1995), Pisa, ETS, 1995, pp. 245-259.

95. Ottimo il quadro in Mario Montorzi, *Un altro mondo. Trasformazione e/o dissoluzione del 'Jurisdiktionstaat' mediceo nelle riforme giurisdizionali di Pietro Leopoldo in Toscana*, in *Cascina. Segni d'arte e cultura in un Centro della Pianura pisana*, vol. IV, a cura di Giovanna Formichi, Cascina, Italia nostra, 2019, pp. 233 ss., purtroppo di difficile reperibilità. Cfr. anche Floriana Colao, *Le riforme dell'«ordine giudiciario» dello stato nuovo*, in *La Toscana dei Lorena. Riforme, territorio, società*, a cura di Leonardo Rombai, Zefiro Ciuffoletti, Firenze, Olschki, 1989, pp. 251-277; Daniele Edigati, *Il Supremo tribunale di giustizia di Firenze (1777-1808)*, in *Honos alit artes. Studi per il settantesimo compleanno di Mario Ascheri*, vol. IV, *L'età moderna e contemporanea. Giuristi e istituzioni tra Europa e America*, a cura di Paola Maffei, Gian Maria Varanini, Firenze, Firenze University Press, 2014, pp. 329-340.

96. Se il giudizio era reso con il *Din Thorà*, allora la *restitutio* era accordata sempre dai massari con il voto di altri rabbini. Invero, nel corso del secondo Settecento anche qui si erano registrati segnali di alterazione del sistema, come riferiva la relazione di Giuseppe Pierallini del 5 febbraio 1787 (ASFi, *Segreteria di stato 1765-1808*, 476, prot. 12, ins. 31), per il quale talora si erano eletti giudici cristiani, come l'auditore di Livorno, magari con voto consultivo dei rabbini. Su questi temi vedi Milano, *L'amministrazione della giustizia*, pp. 155 ss.

97. Cito dalla suddetta relazione di Pierallini, ivi. Sul Pierallini cfr. Calogero Piazza, *Schiavitù e guerra dei barbareschi. Orientamenti toscani di politica transmarina (1747-1768)*, Milano, Giuffrè, 1983, pp. 17 ss, oltre a Aglietti, *I governatori*, *passim*.

aveva recriminato. Eppure vi era un mutamento notevole in linea di principio, quello cioè di ritenere che esistesse un tribunale superiore ai massari, al quale era devoluto l'appello. Negli stessi membri della Consulta o in auditori di ottima esperienza e dottrina, come il Pierallini, si percepiva la penetrazione di una logica nuova, come quando l'auditore di Livorno insisteva nell'affermare che un giudice cristiano poteva esser capace di decidere una controversia fra ebrei e persino secondo la legge mosaica, bastandogli per lume un voto consultivo di rabbini; o che i rabbini non assicuravano affatto la competenza nel decidere, dal momento che essi non avevano tale titolo a seguito del superamento di un esame – come oramai avveniva nel nuovo stato leopoldino per tutte le professioni legali – ma a una delibera della nazione ebrea. In definitiva, al posto della radicale separazione fra le due leggi e i due popoli, si faceva largo l'idea che la professionalità del magistrato e la padronanza di strumenti tecnici, come i principi generali del diritto e dell'interpretazione, consentissero di rendere giustizia, cosa che costituiva un passo verso un sistema più uniforme, anche dal punto di vista del soggetto di diritto.

Al di là di questa digressione, il Pierallini si accorgeva che istituire una forma ordinaria di impugnazione contro le sentenze dei massari avrebbe danneggiato seriamente i privilegi ebraici. Per questo escogitava una via d'uscita perspicua, che ricalcava quella adottata di recente per i Consoli del mare, le cui decisioni erano rimaste inappellabili – proprio come quelle dei massari – fino all'editto del 12 ottobre 1782. In sintesi estrema, il progetto del Pierallini, accolto dalla Consulta (sia pure con qualche ritocco non marginale) e quindi trasfuso in *motuproprio* da Pietro Leopoldo, prevedeva che le sentenze dei massari per cause inferiori a duecento lire non fossero appellabili, mentre se superavano tale valore si poteva impugnare, ma sempre davanti ai massari, con voto dell'auditore di Livorno.[98] Se veniva confermata la prima sentenza, si formava giudicato, mentre in caso opposto la parte soccombente aveva il rimedio della *restitutio in integrum* presso i massari, ma con voto di un auditore della Ruota civile fiorentina o dell'intero turno, qualora il *petitum* fosse di valore cospicuo. Se il processo era stato celebrato secondo il *Din Thorà*, allora la Consulta ritenne di non

98. ASFi, *Segreteria di stato 1765-1808*, 476, prot. 12, ins. 31, relazione della Consulta, a firma di Michele Ciani, Antonio Caciotti Banchi e Giuliano Tosi. Cfr. il *motuproprio* in *Collezione degl'ordini*, pp. 334-336.

doversi allontanare dai binari solcati in passato e che pertanto si continuasse a decidere in seconda istanza con voto di altri rabbini.

Certo, la conclusione del *motuproprio*, recante l'ordine ai massari di redigere d'ora innanzi gli atti giudiziari in lingua vernacola e non più in portoghese, pare un segnale inequivocabile di una volontà di omogeneizzare questo aspetto, tutt'altro che secondario, del governo della giustizia. Eppure, senza negare in radice tutto ciò, sembrano aver pesato pure a tal proposito ragioni di ordine pratico adesso ineludibili, dal momento che la lingua portoghese era stata oramai abbandonata da tempo dalla nazione, a vantaggio di quella vernacola; prima ancora, adesso si prevedeva l'intervento in secondo grado di auditori che avrebbero necessitato di una traduzione del fascicolo processuale, con spese e lungaggini affatto trascurabili.

Ancora una volta, quindi, le ragioni della coerenza del diritto vennero messe in larga misura da parte, prevalendo una soluzione di compromesso, che introdusse modesti correttivi, non tali da rendere realmente compatibile la Livornina e dunque lo *status* privilegiato della nazione ebrea di Livorno e Pisa con un ordinamento giuridico fortemente ridisegnato sulle nuove categorie dell'assolutismo illuminato.

Per concludere, possiamo ritenere che questa sia l'ennesima riprova della pervicacia dello stato giurisdizionale nel tardo Settecento e di quanto farraginoso sia stato il processo di superamento degli argini della tradizione e dei diritti di corpo. Tale asserzione è certamente fondata, ma solo se non si dimentica la chiave di lettura rappresentata da ragion di stato e utilità pubblica, *id est* economica, che sono i pilastri su cui si regge l'impianto della Livornina, ma che sottostavano contestualmente anche all'azione di governo di Pietro Leopoldo.[99] Da questo punto di vista, proprio il fatto di esser fondata su un interesse pubblico strategico fece sì che la Livornina, pur mantenendo la veste giuridica di un privilegio, assumesse nel granducato toscano una forza normativa eccezionale e *sui generis*, in una parola

99. Proprio su Livorno ne aveva dato prova facendo prevalere un regime eccezionale rispetto a quello delle circoscrizioni ordinarie (cfr. Aglietti, *I governatori*, pp. 140 ss) e comunque sempre le esigenze del commercio rispetto ad altri principi, come per esempio confermando l'immunità per i forestieri rei di delitto rifugiatisi nel porto toscano rispetto a istanze di estradizione di stati esteri in deroga agli accordi internazionali e, se vogliamo, all'obbligo di assicurare la giustizia: vedi su questo il mio *Aspetti giuridici delle franchigie di Livorno: l'immunità personale in criminalibus e il problema dell'estradizione (secoli XVI-XVIII)*, in «Nuovi studi livornesi», 17 (2010), pp. 17-41: 32 ss.

superiore rispetto a quella di un normale privilegio o di una comune legge, tanto da spingere alcuni *doctores*, come l'Ansaldi, a scrivere che «consimilia privilegia attributa [...] censeri consueverunt irrevocabilia».[100] O, come sosteneva l'auditore Flavio Guglielmi, che revocarla sarebbe equivalso a mettere in discussione la legittimità del potere legislativo o, se si vuole, come scrive Lucia Frattarelli, la stessa sovranità.[101] Tale forza le permise di resistere per tutto l'Antico Regime (e perfino oltre), dinanzi a minacce e attacchi portati per un verso dalle diverse componenti dello stato di corpi e per l'altro dal rinnovato clima assolutistico e livellatore leopoldino.

100. Ansaldi, *Discursus*, disc. XL, n. 22, p. 139.

101. Frattarelli, *Vivere fuori dal ghetto*, p. 226 (ma vedi pp. 224 ss. sull'episodio della discussione sulla Livornina in seno a una commissione di grande prestigio voluta da Ferdinando II).

La Livornina

trascrizione dei testi a cura di Massimo Bomboni

Nota editoriale

Le trascrizioni delle tre versioni della Livornina presenti in questo volume sono tratte dal quarto e quinto Libro dei Privilegi conservati nell'Archivio di Stato di Firenze, fondo *Pratica Segreta*, filze 189-190.

I «Privilegi de' mercanti levantini et ponentini», datati 30 luglio 1591, la prima "Livornina" provengono dalla filza 189, riportano il numero d'ordine 177 e occupano le carte 115v-119v. Un elemento distintivo di questa versione è la nomina di Maggino di Gabriello a console della nuova *Natione* ebraica di Livorno e Pisa. Quale portavoce dei mercanti ebrei era stato fra i principali ispiratori di tale documento.

Un'altra stesura di questa prima versione si trova presso l'Archivio di Stato di Firenze nel fondo *Auditore delle Riformagioni*, 18, ins. 661 ½. Il volume 18 reca la scritta «Filza 5° di ms. Jacopo Dani del 1591 al 1592». Il documento rappresenta la copia originale di quello registrato nel Libro dei Privilegi, da cui differisce nella datazione (1° luglio anziché 30 luglio 1591) e dalla presenza delle sottoscrizioni finali del Granduca (in autografo «il Granduca di Toscana») e del segretario Pietro Usimbardi, vescovo di Arezzo.

La «Nota delle aggiuntioni che si desidera ne' capitoli de' privilegi già concessi alla nazione degli ebrei levantini» e la «Nota di quanto si desidera per gratia non contenuto ne' privilegi» sono tratte dalla filza 19 dell'*Auditore delle Riformagioni*, ins. 100 (Archivio di Stato di Firenze). Il documento presenta un elenco delle modifiche che si intendono apportare ai privilegi del 1591, a cui si aggiungono nuove richieste presentate dagli ebrei. Il rescritto vergato dal segretario Lorenzo Usimbardi in data 1° giugno 1593 approva le «aggiuntioni» e parte delle richieste degli ebrei.

L'«Ampliatione de' privilegi di mercanti levantini et ponentini» datata 10 giugno 1593, ritenuta la versione definitiva e più ampiamente diffusa della Livornina, proviene dalla filza 189 del fondo *Pratica Segreta,* porta il numero d'ordine 208 e occupa le carte 196v-200v. Questa nuova stesura del Privilegio riporta dunque le modifiche richieste dagli ebrei nelle «aggiuntioni», tra cui spicca l'eliminazione del console e di tutti gli articoli riguardanti i suoi poteri, sostituiti da un organo di autogoverno formato da massari, eletti dai mercanti e approvati dal Granduca.

Fino al Settecento, il testo del 1593 ha avuto solo circolazione manoscritta. Se ne trovano copie nei fondi mediceo del principato e Consiglio di Reggenza, dell'Archivio di Stato di Firenze. Il più antico testo a stampa noto compare nella «Collezione degli ordini municipali di Livorno», Livorno 1798.

Il «Privilegio, et esentione a diversi mercanti hebrei» datato 23 ottobre 1595 è conservato nella filza 190 del fondo *Pratica Segreta* e occupa le carte 11v-15v. In questa stesura, come nel documento del 1591 come console Maggino di Gabriello. Il testo venne infatti presentato da quest'ultimo agli ebrei espulsi dallo Stato di Milano, ma non ebbe esito positivo.

L'edizione critica dei documenti del 1591 e del 1593 si deve a Paolo Castignoli, già direttore dell'Archivio di Stato di Livorno, ed è stata pubblicata in *Le Livornine del 1591 e del 1593*, a cura di Lucia Frattarelli Fischer, Paolo Castignoli, Livorno, Belforte, 1987 e successivamente in una edizione interlineare da Renzo Toaff, *La nazione ebrea a Livorno e a Pisa (1591-1700)*, Firenze, Olschki, 1990.

M.B.

[La Livornina del 1591]

ASF, Pratica Segreta, cc. 115v-119v

[1]Don Ferdinando Medici per la Dio Gratia Gran Duca di Toscana 3° Gran Duca di Firenze, et Siena 4° Signore di Portoferraio nell'Isola dell'Elba, di Castiglion della Pescaia, et dell'Isola del Giglio et Gran Maestro della Religione di Santo Stefano. || [116r]

[2]A tutti voi mercanti di qualsivoglia natione Levantini, Ponentini, Spagnoli, Portughesi, Greci, Todeschi et Italiani, Hebrei, Turchi, Mori, Armeni, Persiani, et altri salute. Significhiamo per queste nostre patenti lettere qualmente sendo noi mossi da degni rispetti et massimi dal desiderio che è in noi per benefitio pubblico d'accrescere nell'occasione l'animo a forestieri di venire a frequentare i loro traffichi et mercantie nella nostra diletta città di Pisa et porto et scalo di Livorno con stare, o, habitare con le vostre famiglie, o senza, e che sperando ne habbia a resultare utile a tutta Italia nostri sudditi, et massimi a' poveri Imperò per le sopraddette et altre cause et ragioni ci siamo mossi a darvi, et concedervi, si come noi in virtù delle presente vi diamo et concediamo le gratissime privilegy prerogative, immunità et esentioni infrascritte.

Prima concediamo a voi tutti mercanti Hebrei, Turchi, Mori, et altri Mercanti Reale libero et amplissimo salvacondotto, facultà, et licentia che possiate venire stare trafficare passare et habitare con le vostre famiglie, o

1. 177/ Privilegi di mercanti Levantini et Ponentini
2. Il Duplicato primo si mandorno a Sua Altezza alli 28 di Agosto 1592
Il Duplicato secondo
Il Duplicato 3° mandati a Sua Altezza a 15 settembre 92
No se ne dia copia ne lista vedi f.3 del Auditore Usimbardi 573
Vedi dai privilegy in q. 196
Lb. S. privil. II

senza essi, partire, tornare et negotiare nella detta nostra città di Pisa, et terra di Livorno, et anco stare per negotiare altrove per tutto il nostro Ducal Dominio senza impedimento, o molestia alcuna reale o personale, per tempo durante di 25 anni prossimi con la disdetta precedente di anni cinque concedendo però salvo il beneplacito della sede Apostolica nello scortare et minuire detto tempo che in evento che da qualche sommo Pontefice, o, altri noi fussimo ricerchi di licentiarvi tutti o parte, ci contentiamo che in tal caso da poi che da un ministro nostro vi sarà fatto intendere, o , per bando da publicarsi in Pisa, o, in altro miglior modo tal ordine vi sia dato li detti anni per dilatione et disdetta precedente accio che fra detti termini voi vi possiate spedire et riscuotere tutti li vostri crediti sommariamente da vostri debitori, et che commodamente possiate vendere, cedere o in altro modo a tutti li vostri beni stabili a chi meglio a voi parerà volendo che nella vostra partenza vi sia dato Nave, et altri vasselli come anco cavalli, carri, et altre cose necessarie non potendo loro in modo alcuno alterarsi i prezzi di condotte et noli soliti et non altrimenti concedendovi ancora deli vostri arnesi, gioie, argenti, ori, et altre spoglie di casa vostra siano liberi et franchi da ogni pagamento di gabella passi guardia che vi sono nello Stato del Ducal Dominio salvo sempre il pagamento delle mercantie delle solite gabelle.

2. Assicurandovi che fra detto tempo contra di voi, et vostre famiglie servitori, ministri o alcuni di essi per quanto starete in detta città et luoghi come sopra non sarete da qualsivoglia tribunale, o, Principe molestati, o inquietati per qualsivoglia denuncia querela o accusa che fusse formata o si formasse contra di voi, o alcuno di voi tanto per delitto, o, malefitio enorme grave enormissimo et gravissimo, o altro che da voi o alcuni di voi et di vostra famiglia havessero commessi fuori delli stati nostri per il papato o si
[116v] prettendesse commesso et fatto. ||

3. Vogliamo ancora che per detto tempo non si possa esercitare alcuna inquisitione visita denuntia, accusa contro di voi, o, vostre famiglie, ancorche per il passato siano vissute fuori del Dominio nostro in habito come christiano, o, havutone nome poter vivere habitare et conversare in dette nostre città di Pisa et Livorno, et trafficare nelli altri luoghi del Dominio nostro liberamente et usare in essi tutte le vostre ceremonie precetti arti, ordini, e costumi di legge hebrea, et altro secondo il costume et piacimento vostro Purche ciascuno di voi ne faccia denuntia all'infradetto giudice da noi da deputarsi et mentre sarà tollerato dalla sede apostolica come a Venetia, et a ferrara si osserva et prohibendovi di esercitare l'usure manifeste o palliate o in altro qualsivoglia modo.

4. Vi rendiamo ancora liberi esenti, et sicuri per le persone, beni et mercantie vostre da qualsivoglia debiti civili, o, criminali che da voi, o, da vostre famiglie fossero stati fatti fuori dalli stati et Dominio nostro per li quali debiti et malefity da che sarete entrati nelli Stati nostre et nominati dal detto infradetto Maggino, et habiterete in Pisa o Livorno, vi facciamo come è detto libero et amplissimo salvo condotto et sicurtà reale et personale, non volendo in modo alcuno che alcuni giudici foro tribunale, o magistrato per detti debiti, o, malefity vi possa atto sententia, o terminatione contra, et inpreciuditio vostro atto giudiciario per quanto tengono cara la gratia nostra et temano la nostra indignatione, et non di meno facendone siano ipso iure nelli alcuna cosa in contrario non ostante.

5. Vi liberiamo da ogni aggravio di matricole, cataste, balzelli, teste, impositioni, et simili reali, et personali tanto imposte, quanto da imporsi per noi et nostri successori durante però il detto tempo, et che per tal conto per tempo alcuno non possiate mai, esser molestati o inquietati, salvo sempre li pagamenti delle mercantie vostre delle solite gabelle, non volendo che voi come di sopra siate sottoposti a pagamento, suggezione, legge, statuti, che sono sottoposti, o, che in l'avvenir fossero sottoposti li hebrei habitanti in Fiorenza, o Siena.

6. Vi concediamo che possiate trafficare, negotiare per tutte le città, terra, fiere, mercati, ville, et altri luoghi delli stati nostri et navicare per Levante, Ponente, Barberia et altrove sotto nome vostro, o sotto nomi di Christiani, o altri, che a voi piacerà et che siate sicuri voi et le vostre mercantie, de vostri rispondenti, et commettenti, et altri per Livorno, et sicurandovi con un nostro salvocondotto dalle nostre Galere, et preghiamo tutti li principi christiani, et loro ministri, et capitani di Galera, et di altro vassello, che faccino il simile ancor loro, accio possiate venire sicuri al nostro porto di Livorno et città di Pisa che cosi faremo noi alle loro galere, et altri vasselli assicurar da loro, ne quali vi potesse incontrare per mare venendo al nostro porto di Livorno salvo sempre che paghiate li debiti, et ordinarie gabelle, che sogliono pagare i nostri || nostri mercanti fiorentini [117r]
et pisani, intendendo però dobbiate principalmente tenere casa residente in dette città di Pisa, et terra di Livorno, et nominatamente come di sopra ne altrimenti ne in altro modo.

7. Et più vi concediamo che le vostre mercantie siano privilegiate che pagato che harete il primo passo possino stare liberamente nelle nostre dogane un anno più del solito senza incorrere a pagamenti di secondo passo o risichi alcuni

8. Et conoscendo le qualità et buon animo verso di voi di Maggino di Gabbriello hebreo lo eleggiamo nominiamo et creiamo per vostro consolo generale a nostro beneplacito in vigore della presente con tutte quelle autorità honore et gratie che hanno li consoli christiani di Levante con li emolumenti sopra le mercantie conforme alle tasse da farsi dalli deputati della vostra sinagoga nel medesimo modo riservando a noi la detta elettione ogni volta vacherà

9. Et acciò più commodamente possiate cavar le vostre mercantie di nave, o altrove per debito di noli, condotte, camby o altre spese fatte sopra esse mercantie che condurrete nel porto di Livorno, o, Pisa vi promettiamo di farvi accomodare di Scudi centomila da sborsarsi al detto Maggino eletto vostro consolo ad effetto che esso si possa destribuire fra voi a chi egli conoscerà bisognasse, acciò le vostre mercantie venghino da voi vendute con maggiore reputatione, et utile, con conditione che alle vendite di esse rimborsarsi di quello harete havuto, e questo con le conditioni, et capitoli da farsi con detto vostro consolo nel tempo dello sborso

10. Et più vi concediamo, che tutti li vostri arnesi, et masseritie di casa perle, gioie, ori, argenti, spoglie, et altro di casa vostra usate siano franche et libere da ogni pagamento di gabella tanto nell'entrata, quanto nell'uscita.

11. Deputeremovi un Giudice non fiorentino né Pisano laico dottore, il quale da noi harà autorità di terminare, et decidere sommariamente ogni vostra lite, et differentia civile, o criminale, o mistra, conosciuta la verità del fatto ammettendovi per testimoni delli vostri hebrei con giuramento et more hebraico facendo iustitia a ciascuno, et che dalli sua sententia non possa appellarsi se non per gratia nostra speziale.

12. Caso che alcuno di voi, o de vostri si mescolasse con christiano, o christiana, turco, o turca, moro, o mora vogliamo siate processati d'avanti a detto vostro Giudice da deputarsi come sopra, che da lui, et non da altri siate gastigati secondo il delitto, non passando però per la prima volta scudi cinquanta, la 2° scudi cento, et la 3° et altre volte a dette pene secondo l'arbitrio di detto Giudice quale arbitro possa estendere ancora nella prima et 2° volta quando oltre la qualità del christiano il delitto haverà altra circumstancia aggravante, come d'adulterio stupro, incesto, sodomia,
[117v] acciocchè in questi casi si osservi la ragion comune, et statuti di luoghi.||

13. Ci contentiamo che se alcuno di voi a torto fusse querelato, o, accusato et che il querelante non giustificasse la sua querela, che in tal caso il detto querelante come calunnioso sia tenuto ad ogni spesa et interesse

che havesse fatto et patito il querelato innocente acciò niuno ardisca ingiustamente entrare contro di voi ne fra voi.

14. Se per qualche sinistro accadesse che alcuno di voi fallisse, o andasse a male, o in rovina che Dio non voglia, et restasse debitore a particolari in tal caso le robe mercantie lettere di cambio, o altro di vostri commettenti, et corrispondenti non vogliamo voglino aggravarsi impediti o sequestrati per detto conto, se non secondo che per li ordini è disposto.

15. Vogliamo che le doti delle vostre donne siano anteriori a qualsivoglia altro creditore eccetto però alle gabelle, et pigioni di case et che le dette donne per recuperare le doti loro sopradette non siano tenute ne sottoposte pagare altro diretto che quello che pagano li nostri christiani.

16. Vogliamo che tutti quelli che faranno sequestri, et staggine di voi, o, altri sopra li vostri beni, o, mercantie, o altre robe di casa debbino intermine d'un mese haver giustificato veramente il loro sequestro, o, staggine, et verificato il loro credito, altrimenti passato detto tempo tali sequestri, et staggine restino ipso iure nulli riservato non di meno a l giudice l'arbitrio di prorogare detta dilatione per giuste cause.

17. Se occorresse, che alcuno di voi havesse assicurato le sue mercantie da mercanti fiorentini, o Pisani, o altri che per dignità il vassello se perdesse, et la mercantia andasse male, che Dio non voglia, per il che fusse necessità il fare lite con detti vostri assicuratori, non vogliamo che in tal caso voi siate tenuti dare altra sicurtà delle demande, et pretensioni vostre se non con la promessa del detto vostro consolo solo, pagandone però prima voi il solito diritto et similmente vogliamo che quest'ordine si tenghi, et vagli per tutti li altri ~~debiti~~ liti, et pretensioni, che nascessero mai per qualsivoglia tempo fra voi, et nostri christiani con questo però che nel tempo di fare il contratto voi dovete intimare personalmente questo nuovo nostro ordine prima che si sborsi il danaio di detta assicuratione, et che doppo detta intimatione esso assicuratore si sia nondimeno contentato contrattar con voi.

18. Concediamovi licentia, et facultà di poter tener libri d'ogni sorte stampati, et a pena in hebraico, o, altra lingua purchè siano rivisti dall'Inquisitore, o altri sopra ciò deputati.

19. Vogliamo che li vostri Medici hebrei tanto fisici come cerusici senza alcuno impedimento o preciuditio possino curare, et medicare non solo voi, ma ancora qualsivoglia christiano et altra persona non ostante. || [118r]

20. Vogliamo che tutti li vostri come di sopra possiate studiare et addottorarsi.

21. Vi concediamo che possiate tenere in detta città di Pisa, et terra di Livorno una sinagoga per loco, nella quale possiate usar tutte le vostre ceremonie, precetti, et ordini hebraici, et servare in essa et fuori tutti li riti, nelle quali non vogliamo che alcuno sia ardito farvi alcuno insulto, oltraggio, o insolenza, sotto pena della disgratia nostria, si come ardirete alcuno di voi sotto qualsivoglia pretesto et in qualsivoglia modo persuadere al medesimo rito alcun christiano, vogliamo siate puniti et sicuramente gastigati conforme alle leggi.

22. Caso che alcun di voi venisse a morte senza successori heredi, vi concediamo che voi possiate di vostro testare et lasciare a chi vi piacerà.

23. Vogliamo che nelli vostri contratti di mercati, Bazzarri, vendite o compere, che farete nelli stati nostri, non habbino conclusione de mercato, se prima esso bazzarro, o compera, o vendita non sarà sottoscritte in un foglio o libro il venditore et comperatore.

24. Vogliamo che alli libri vostri segnati, et tenuti però conforme alli ordini debiti degli altri mercanti si dia piena et ampla fede come alli libri delli altri nostri mercanti et artieri del nostro dominio a dichiaratione del detto vostro giudice et come fin'hora si è usato et osservato, et non altrimenti.

25. Vogliamo ancora che i vostri giorni del Sabato, et altri festivi hebraici oltre alli feriati della città di Firenze, siano inutili et feriati, ne si possa in tal giorni agitare, ne piatire ne pro, ne contro di voi, o, d'altri, ammettendovi ex nunc, et dichiarandovi per feriati, et inutili.

[3] 26. Che i vostri Rabbini, et massari hebrei nelle vostre Sinagoghe habbino autorità di decidere et terminare secondo il rito et modo vostro hebraico tutte le differenze che nasceranno fra uno hebreo, et l'altro, et che possino mettere le vostre solite terminatione, et altre censure a modo loro, volendo in ciò che la iurisdittione, et autorità del vostro giudice sia diminuita, et quelli Rabini possino di fatto mandare in esilio tutti quelli hebrei che a loro paressero scandalosi.

27. Vi prohibiamo che nelli vostri consigli, et riddotti che farete nelle vostre sinagoghe dove volessi fare ordini statuti nuovi, o vecchi governatore di Sinagoga, Massari o altro, non possiate fare novità, né metter parte in

3. Per il contrassegnato Capitolo 26 veggasi la filza 6° del S. Alessandro Vettori Auditore delle Riformagioni.

Una copia di lettera scritta dal medesimo S. Auditore al Signore Cardinale Pandolfini il di 26 di Agosto 1648

detto consiglio se non con l'intervento del detto vostro consolo, et contra facendo il tutto resti nullo.

28. Prohibendo a ciascuno de nostri christiani, che non ardischino farvi ne raccettarvi alcuno di vostra famiglia mastio o femina, per doversi far battezzar christiani, se però non passiano anni tredici di età, de quelli maggiori mentre che saranno et staranno nelle solite cattecumene, o, altrove, li loro quarantini per battezzarsi || possino esser sovvenuti, et parlati da lor [118v] padre et madre, et altri parenti, che havessero.

29. Vi concediamo che i vostri schiavi che porterete, et condurrete nella detta nostra città, et luoghi come di sopra, non possino haver libertà da suoi padroni, se prima non pagaranno al patrone il valore di essi el giusto prezzo.

30. Vogliamo che tutti li beccai vi faccino la carne che harete di bisogno di ogni sorte, et secondo i tempi non alterando in modo alcuno li prezzi, che fanno, et vendano alli nostri christiani, sotto pena di scudi dieci per ciascuna volta, che contrafaranno, oltre ad altre pene ad arbitrio di detto vostro Giudice.

31. Concediamo tutti i privilegy facultà et gratie, che godono i nostri mercanti cittadini fiorentini et pisani christiani, cioè nel fare tutte le sorte d'arti, et mercantie d'ogni sorte et che nessuno di voi et di vostre famiglie non siano tenuti portar alcun segno differente dalli detti nostri christiani, et che possino anco comprare beni stabili.

32. Et più vi concediamo che tutti li capi di casa possino portare, et usare tutte le sorte d'armi non prohibite, et difensive ordinarie per tutti li Stati nostri, eccetto però nella città di Firenze, Siena et Pistoia.

33. Vogliamo che niuno possa godere alcuno delli detti privilegy se non saranno nominati, et confermati per li capi della Sinagoga con intervento del d.o vostro consolo, et descritto nel libro publico da tenersi per il cancelliere del detto vostro giudice o dal commissario di Pisa, il quale sia ballottato et habbia li 2/3 delli voti, et attenda a mercantia grossa et nuova, et non a straccerie, o simili arti basse.

34. Che il detto vostro Consolo con l'intervento, consenso della natione come sopra debba provvedere et nominare al cancelliere della Dogana di Pisa a sua spese uno, o più interpreti della lingua turchesca, moresca, schiavoni, todesca, italiana, et altre necessarie et oportune per la mercatura di dette vostre nationi, le quali habbino le gratie et carichi, come nell'altre piazze d'Italia, et emolumenti che hanno li altri soliti interpreti, con questo però che cadauno di loro habbino a pagare scudi cento d'oro in

oro al nostro Provveditore della Dogana di Pisa per entratura di detto offitio renovando detti interpreti ogni cinque anni con pagare la detta intratura d'anni cinque in anni cinque.

35. Concediamo al detto vostro consolo, che con intervento et consenso delli capi della natione come sopra possa nominare alli consoli di Mare di Pisa più sensali acciò si proponghino a noi che ne eleggiamo fin in XY al meno sei hebrei et sei christiani, che con loro aiuti et non altri possino esercitare la senseria con le dette vostre nationi in Pisa, et in Livorno con con dichiaratione che cadauno di essi sensali habbino a pagare per l'entratura di essa senseria scudi cento d'oro in oro al detto nostro Provveditore et detto sensale possi con uno aiuto solo da nominarsi et approvarsi come di sopra, ma gratis, esercitare la senseria per anni cinque
[119r] et non più ancora in Firenze, salvo che da noi non fusse raffermato et || renovato con il pagamento di detti cento scudi, come sopra, tenendo questi ordini d'anni cinque in anni cinque.

36. Vogliamo che il detto vostro consolo, et sua famiglia, et ministri possino godere tutti li privilegy gratis esentioni contenuti nelle presenti lettere di patente come fusse uno di voi proprio et più li concediamo tutte le gratie privilegy honori et altri che hanno li consoli di Levante christiani, dichiarando che li emolumenti sopra la mercatura da dichiararsi dalli Deputati vostri della Sinagoga di Pisa.

37. Che tutte le spese et emolumenti toccanti a detto vostro giudice, et suo cancelliere et altri ministri necessary si faccino a spese vostre quali si doveranno cavare delli diretti sportelli tassi soliti trarsi dalli differenti et liti, che giornalmente nasceranno infra di voi, come fra voi et nostri christiani si nelle civili come nelle liti criminali, et in tutto et per tutto, secondo le tariffe che si osservano nelli altri tribunali di Pisa.

38. Vogliamo che il n.ro Bargello di Pisa, et altri esecutori esequiranno li mandati relassati come comandamento del detto vostro giudice, ne habbino per loro mercede se non quel tanto che si dispone nelle tasse solite.

39. Vogliamo che per qualsivoglia delli vostre liti tanto civili come criminali, non possiate esser convenuti né ne astretti avanti a qualsivoglia altro giudice foro, o tribunale che avanti al detto vostro giudice competente da deputarsi tanto … che verterà fra di voi altre nationi, quanto di qualsivoglia altra lite che verterà fra voi, et alcuno di nostri christiani tanto le civili come le criminali.

40. Vogliamo che tutti quelli che saranno nominati, et dichiarati da detto vostro consolo, et descritti nel libro del cancelliere di Dogana di Pisa,

et non altrimenti che così, è stata sempre la mente nostra per degni rispetti potranno godere le sopradetti privilegy con habitare nella diletta nostra città di Pisa, et Livorno residentemente come di sopra.

41. Volendo et dichiariamo che le dette gratie, et privilegy concessovi habbino a durar per il tempo d'anni venticinque, come di sopra quale siano a voi, et altri vostri come di sopra inviolabilmente osservati da noi et nostri successori, et non intimando avanti anni cinque, come di sopra, s'intenderanno seguitare sempre per altri 25 anni et eseguendo la detta disdetta impromettiamo che voi potrete liberamente vendere li vostri beni stabili, et riscuotere sommariamente tutti li vostri crediti, et levarvi di qui con le vostre mercantie arnesi di casa vostre gioie, ori, et argenti, spoglie, quali siano franchi d'ogni gabella come di sopra salvi le solite gabelle delle vostre mercantie. Comandando come di sopra a tutti li conduttori marinari, patroni di nave, o, altri vasselli, che vi conduchino alli vostri viaggi dove meglio a voi piacerà, non potendo loro per quanto li sarà caro la gratia nostra alterare li prezzi di noli condotte, et altro secondo il solito, et tutti le suprascritte cose non ostante. || [119v]

42. Vi concediamo che possiate comperare in Pisa, o Livorno un campo di terra, o più per poter in esso seppellire i vostri morti, et che in esso non possiate essere molestati per quanto haranno caro la gratia nostra.

43. Et che li mercanti levantini, o altri viandanti che verranno con le loro mercantie nel nostro porto di Livorno et Pisa, che possino navigare liberamente et havendo qualche differenza, o lite di sicurtà di nave, o d'altro non sia tenuto a malleviria di sua pretensione di qualsivoglia lite … per il consolo, et nelli modi con l'intimatione precedente come di sopra.

44. Assicurandovi dalle nostre galere come di sopra che tutta la mercantia vostra, et de vostri rispondenti o, d'altra persone della natione hebrea, o, altri che verranno da Levante, Ponente, Barberia, o altrove per scaricare nel detto nostro porto di Livorno, siano franchi et sicuri le persone et le mercantie di detto Vassello ancorchè non havessero salvacondotto niuno, purchè apparisse nel libro dello scrivano di nave tal fide, che voi veramente verrete, o sete per venire, con dette mercantie nel nostro porto di Livorno, o, Pisa, et questo per quanto terranno caro la gratia nostra, et molestandovi, et contrafacendo, a detto nostro ordine saranno da noi gastigati, et vi sarà interamente reso tutti li vostre mercantie, et passeranno gratiosamente senza impedimento reale, ne personale ne danno vostro.

Comandiamo adunque a tutti li Magistrati: Governatori: commissary capitani Vicary, Potestà, rettori, Generali, Ammiragli, Colonnelli, Capitani di galere, et altri offitiali di terra et di mare delli stati nostri che inviolabilmente osservino et osservar faccino le sopradette esentioni, concessioni, gratie et privilegy, non ostante qualsivoglia legge, statuto, bando, o, provisione in contrario, alli quali per proprio moto, et scientia, et con la nostra ampla, et assouta potestà in tutto deroghiamo. In fede delle quali cose habbiamo fatto fare le presenti lettere patenti dall'infrascritto secretario et Auditore nostro firmate di nostra mano con l'appensione del solito sigillo Dato in Fiorenza nel Palazzo nostro ducale alli 30 di luglio l'anno della Salutifera incarnatione del Signore 1591 et del nostro Gran Ducato di Toscana, et altri nostri Ducati 4°.

[La Livornina del 1593]

ASF, Pratica Segreta, 189, cc. 196v-200v

[1]Don Ferdinando Medici per la Dio gratia Gran Duca di Toscana III, di Fiorenza et di Siena IIII, Signore di Porto Ferraio nell'isola del Elba, di Castiglione della Pescaia et dell'isola del Giglio etc., Gran Maestro della Sacra Religione di Santo Stefano etc.

A tutti voi mercanti di qualsivoglia natione, Levantini, Ponentini, Spagnuoli, Portughesi, Greci, Todeschi et Italiani, Hebrei, Turchi, Mori, Armeni, Persiani et altri salute.[2]

Significhiamo per queste nostre patenti lettere qualmente, essendo noi mossi da degni rispetti et massime dal desiderio ch'è in noi per benefitio publico di accrescere nell'occasioni l'animo a' forestieri di venire a frequentare i loro traffichi et mercantie nella nostra diletta città di Pisa e porto et scala di Livorno con stare o habitare con le vostre famiglie o senza esse, sperando ne habbia a resultare utile a tutta Italia, nostri sudditi et massime a' poveri. Però per le sopradette et altre cause et ragioni ci siamo mossi a darvi e concedervi, sicome noi in virtù delle presenti vi diamo et concediamo, le gratie, privilegi, prerogative, immunità et esentioni infrascritte.

Prima concediamo a voi tutti mercanti, Hebrei, Turchi, Mori, et altri mercanti reali libero et amplissimo salvocondotto, facultà et licenza che possiate venire, stare, trafficare, passare et habitare con le vostre famiglie o senza esse, partire, tornare et negotiare nella nostra città di Pisa et terra di Livorno et anco stare per negotiare altrove per tutto il nostro ducal dominio senza impedimento o molestia alcuna reale o personale per tempo durante

1. 208, Ampliatione di Privilegio di Mercanti Levantini et Ponentini

2. Non se ne dia copia né vista (vedi filza 3ª dell'auditore Usimbardi a 573). Vedi libro 5 privilegi, 11.

d'anni venticinque prossimi, con la disdetta precedente d'anni cinque, intendendo però salvo il beneplacito della Sede Apostolica nello scortare et sminuire il tempo, che in evento che da qualche Sommo Pontefice o altri noi fussimo ricerchi di licentiarvi tutti o parte, ci contentiamo che in tal caso, da poi che da un ministro nostro vi sarà fatto intendere o per bando da publicarsi in Pisa o in altro miglior modo tal ordine, vi sia dato li detti anni cinque per dilatione et disdetta precedente, acciò che fra detto termine voi vi possiate spedire et risquotere tutti i vostri crediti sommariamente da' vostri debitori, et che comodamente possiate vendere, cedere o in altro modo tutti i vostri beni stabili a chi meglio a voi parerà. Volendo che nella
[197r] vostra partenza vi sia dato navi et altri vasselli come anco cavalli, carri || et altre cose necessarie, non potendo loro in modo alcuno alterare i prezzi di condotte e noli soliti et non altrimenti. Et perché possiate liberamente andare e partire delli nostri stati in tal caso della disdetta delli anni cinque, vi promettiamo il passo e transito franco et libero tanto delle vostre persone, mercantie, robbe et famiglie, quanto de' vostri libri hebraici o in altra lingua stampati o scritti a penna. Et così ancora per le terre et stato di Sua Santità et d'ogni altro principe christiano, così per mare come per terra, acciò possiate tornare nella vostra libertà dove vi piacerà senza impedimento alcuno. Et li detti anni cinque di disdetta vogliamo che comincino dato che vi sarà il passo libero come è detto di sopra et non altrimenti, concedendovi ancora che li vostri arnesi, gioie, argenti, ori et altre spoglie di casa vostra siano libere et franche da ogni pagamento di gabella, passi, guardie, che vi sono nello stato del ducal dominio nostro, salvo sempre il pagamento delle mercantie delle solite gabelle.

2. Assicurandovi che fra detto tempo contro di voi et vostre famiglie, servitori, ministri o alcuni di essi per quanto starete in detta città et luoghi come di sopra non sarete da qualsivoglia tribunale o prencipe molestati o inquietati per qualsivoglia denuntia, querela o accusa che si fusse formata o si formasse contra di voi o alcuni di voi, tanto per delitto o malefitio enorme grave enormissimo e gravissimo o altro che da voi e di vostra famiglia havessero commessi fuori delli stati nostri o per il passato si pretendessi commesso et fatto.

3. Vogliamo ancora che per detto tempo non si possa esercitare alcuna inquisitione, visita, denuncia o accusa contra di voi o vostre famiglie ancorché per il passato siano vissute fuori del dominio nostro in habito come christiano o hautone nome, potrete vivere, habitare et conservare in detta nostra città di Pisa et Livorno e trafficare nelli altri luoghi del dominio

nostro liberamente. Et usare in esse tutte le vostre cirimonie, precetti, riti, ordini et costumi di legge hebrea et altre secondo il costume et piacimento vostro, purché ciaschuno di voi ne faccia denuntia all'infrascritto giudice da noi da deputarsi, e mentre sarà tollerato dalla Sede Apostolica come a Venezia et Ferrara si osserva, e prohibendovi di esercitare le usure manifeste o palliate o in altro qualsivoglia modo.

[3]4. Vi rendiamo ancora liberi esenti e sicuri per le persone beni e mercantie vostre di qualsivoglia debito civile o criminale che da voi o da vostre famiglie fussero stati fatti fuori delli stati et dominio nostro, per i quali debiti et malefitii || da che sarete entrati nelli stati nostri et nominati dalli [197v] massari della vostra sinagoga et habiterete in Pisa o in Livorno, vi facciamo, come è detto, libero et amplissimo salvocondotto et sicurtà reale et personale, non volendo che in modo alcuno niun giudice, foro, tribunale o magistrato per detti debiti o malefitii vi possa far atto, sentenza, terminatione contra et in pregiuditio vostro, atto giudiciario, per quanto tengono cara la gratia nostra et temono la nostra indignatione; e non di meno facendone, siano ipso iure nulli, alcuna cosa in contrario non ostante.

5. Vi liberiamo da ogni gravio di matricole, catasti, balzelli, teste, impositioni et simili, reali et personali, tanto imposte quanto da imporsi per noi e nostri successori, durante però il detto tempo et che per tal conto et per tempo alcuno non possiate mai esser molestati o inquietati, salvo sempre i pagamenti delle mercantie vostre delle solite gabelle, non volendo che voi come di sopra siate sottoposti a pagamenti, suggezzioni, leggi, statuti, che sono sottoposti o che in l'avvenire fussero sottoposti gli hebrei habitanti in Firenze et Siena.

6. Vi concediamo che possiate trafficare et negotiare per tutte le città, terre, fiere, mercati, ville et altri luoghi delli stati nostri et navigare per Levante, Ponente, Barbaria, Alessandria et altrove sotto nome vostro o sotto nome di christiani o altri che a voi piacerà et che siate sicuri voi e le vostre mercantie de' vostri rispondenti et commettenti et altri per Livorno et sicurandovi con un nostro salvocondotto delle nostre galere; et preghiamo tutti li principi christiani et loro ministri et capitani di galera et d'altri vasselli che faccino il simile ancor loro, acciò possiate venir sicuri al nostro porto di Livorno et città di Pisa, che così faremo noi alle loro galere et altri vasselli assicurati da loro, nei quali vi potessi incontrare per mare venendo al nostro porto di Livorno, salvo sempre che paghiate le debite et ordinate

3. Vedi l'editto del dì 20 maggio 1783 in filza di leggi e bandi.

gabelle che soglion pagare li nostri mercanti fiorentini e pisani, intendendo però che debbiate principalmente tenere casa risidente in detta città di Pisa o terra di Livorno o in qualsivoglia di loro et nominatamente come di sopra, né altrimenti, né in altro modo.

7. Et più vi concediamo che le vostre mercantie siano privilegiate, che pagato che haverete il primo passo, possino stare liberamente nelle nostre dogane un anno più del solito senza incorrere a pagamenti di secondo passo o risichi alcuni.

8. Et acciò che più comodamente possiate cavare le vostre mercantie di nave o altrove per debito di noli, condotte, cambi o altre spese fatte come sopra esse mercantie che condurrete nel porto di Livorno o nella città di
[198r] Pisa o di Fiorenza, vi promettiamo di || farvi accomodare di scudi centomila da sborsarsi alli massari della vostra sinagoga, et ad effetto che i detti massari gli possino distribuire fra voi a chi loro conosceranno bisognare, acciò le vostre mercantie venghino da voi vendute con maggiore reputatione et utile, con conditione che alle vendite di esse rimborsarsi di quello havete hauto. Et questo con le conditioni et capitoli da farsi con detti vostri massari nel tempo dello sborso.

9. Et più vi concediamo, che tutti i vostri arnesi et mercantie di casa, gioie, perle, ori, argenti, spoglie et altro di casa vostra usate, acquistate fuori delli stati nostri, quanto di quelli acquisterete ne' predetti stati nostri in tutto o in parte, siano franchi et liberi da ogni pagamento di gabella tanto nell'entrata quanto nell'uscita, non ostante qualsivoglia legge, o ordinatione che fussi in contrario.

10. Deputaremovi un giudice non fiorentino né pisano, laico, dottore, il quale da noi havrà autorità di terminare et decidere sommariamente ogni vostra lite et differentia civile o criminale et mista, conosciuta la verità del fatto, ammettendovi per testimoni delli vostri hebrei con il giuramento et more hebraico, facendo giustizia a ciascuno et che dalle sue sentenze non possa appellarsi se non per gratia nostra speciale.

11. Caso che alcuno di voi o de' vostri si mescolassi con christiano o christiana, turco o turcha, moro o mora, vogliamo ne siate processati davanti al detto vostro giudice, da deputarsi come di sopra, et che da lui e non da altri ne sarete gastigati secondo il delitto, non passando però per la prima volta scudi cinquanta, la seconda scudi cento e la terza et altre volte a dette pene secondo l'arbitrio di detto giudice, il quale arbitrio possa estendersi ancora nella prima e seconda volta, quando oltre la qualità del christiano il delitto havrà altra circunstanza aggravato (d) come di adulte-

rio, stupro, incesto, sodomia, acciò che in questi casi si osservi la ragion comune et statuti de' luoghi.

12. Ci contentiamo che se alcuno di voi a torto fussi querelato o accusato et che il querelante non giustificasse la sua querela, che in tal caso detto querelante come calunnioso sia tenuto ad ogni spesa et interesse, che havessi fatto et patito il querelato innocente, acciò niuno ardisca ingiustamente entrare contro di voi né fra voi.

13. Se per qualche sinistro accadesse che alcuno di voi fallissi o andassi a male o in rovina, che Dio non voglia, et restassi debitore a particolari, in tal caso le robbe, mercantie, lettere di cambio o altro de' vostri commettenti et rispondenti non vogliamo venghino aggravati, impediti o sequestrati per detto conto, se non secondo che per gl'ordini è disposto. || [198v]

14. Vogliamo che le doti delle vostre donne siano anteriori a qualsivoglia altro creditore, eccetto però alle gabelle et pigioni di casa et che di esse doti non siate tenuti pagare gabella alcuna, tanto di quelle già contratte fuori delli stati nostri quanto di quelle che contratterete nell'avvenire in Pisa o in Livorno in qualunque modo mentre ci habitarete; et che le dette vostre donne per recuperare le doti loro sopradette non siano tenute né sottoposte pagare altro diritto di quello che pagano li nostri christiani.

15. Vogliamo che tutti quelli che faranno sequestri e staggine di voi o altri sopra i vostri beni o mercantie o altre robbe di casa debbano in termine d'un mese havere giustificato veramente il loro sequestro o staggina e verificato il loro credito; altrimente, passando detto tempo, tali sequestri o staggine restino ipso iure nulli, riservato nondimeno al giudice l'arbitrio di prorogare detta dilatione per giuste cause.

16. Se occorresse che alcuno di voi havesse assicurato le sue mercantie da mercanti fiorentini et pisani o altri, che per disgrazia il vassello si perdesse e la mercantia andassi male, che Dio non voglia, per il che fusse necessitato far lite con i detti vostri assicuratori, non vogliamo che in tal caso siate tenuti dare altra sicurtà delle domande e pretensioni vostre se non con la promessa dei detti vostri massari deputati soli, pagandone però prima voi il solito diritto; et similmente vogliamo che questo ordine si tenga e vaglia per tutte le altre liti e pretensioni che nasceranno mai per qualsivoglia tempo fra voi et i nostri christiani, con questo però che nel tempo di fare il contratto voi doviate intimare personalmente questo nuovo nostro ordine prima che si sborsi il denaro di detta assicuratione, et che doppo detta intimatione esso assicuratore si sia contentato nondimeno contrattar con voi et per manifestatione e notificatione senza

far altro atto et diligentia basti la produtione di questo privilegio che è publico e notorio.

17. Concediamovi licenza et facultà di poter tener libri d'ogni sorte, stampati et a penna, in hebraico et in altra lingua, purché siano rivisti dall'Inquisitore o altri sopra ciò deputati.

18. Vogliamo che li vostri medici hebrei, tanto fisici come cerusici, senza alcuno impedimento o pregiuditio, possino curare e medicare non solo voi ma anche qualsivoglia christiano et altra persona, non ostante.

19. Vogliamo che tutti li vostri come di sopra possino studiare et addottorarsi.

20. Vi concediamo che possiate tenere in detta città di Pisa e terra di Livorno una sinagoga per loco, nella quale possiate usare tutte le vostre
[199r] cirimonie, precetti || et ordini hebraici et servare in essa e fuori tutti li riti, nelle quali non vogliamo che alcuno sia ardito farvi alcuno insulto, oltraggio o violenza, sotto pena della disgratia nostra; sicome non ardirete alcuno di voi sotto qualsivoglia protesto o in qualsivoglia modo persuadere al medesimo rito alcuno christiano, vogliamo siate puniti e severamente conforme alla legge gastigati.

21. Caso che alcuno di voi venissi a morte senza successione herede (e), vi concediamo che voi possiate del vostro testare et lassare a chi vi piacerà; e così medesimamente morendo senza fare testamento, non lassando heredi, restino le facultà alla sinagoga et i massari habbino autorità di far complire tali testamenti et cosi ogn'altra sorte di testamento; et qualsivoglia de' vostri heredi che haveranno a conseguire le loro heredità tanto per testamento quanto senza, ab intestato, vogliamo che possino conseguirla liberamente senza pagar gabella di sorte alcuna.

22. Vogliamo che nelli vostri contratti di mercati, bazarri, vendite et compere che farete nelli stati nostri non habbino conclusione di mercato, se prima esso bazaro o compra o vendita non sarà sottoscritta in foglio o libro il venditore et il compratore.

23. Vogliamo, che a' libri vostri, segnati et tenuti però conforme all'ordine de' libri di altri mercanti, si dia piena et ampla fede come a' libri degli altri nostri mercanti et artieri del nostro dominio a dichiaratione del detto vostro giudice e come fino a hora si et usato et osservato, et non altrimenti.

24. Vogliamo ancora che i vostri giorni del sabato et altri festivi hebraici, oltre alli feriati della città di Firenze, siano inutili et feriati, né si possa in tali giorni agitare né piatire né in pro né contra di voi o di altri, ammettendovi ex nunc e dichiarandovi per feriati et inutili.

[4]25. Che i vostri massari hebrei nelle vostre sinagoghe habbino autorità di decidere, terminare e porre pene che parerà loro, secondo il rito e modo vostro hebraico, tutte le differentie che nasceranno tra un hebreo e l'altro, et che possino mettere le vostre solite terminationi et altre censure a modo loro, volendo in ciò che la giurisditione e l'autorità del detto vostro giudice sia diminuita, e quelli massari possino de facto mandar in esilio tutti quelli hebrei che a loro pareranno scandalosi.

26. Prohibendo a ciascuno de' nostri christiani che non ardischino torvi né raccettarvi alcuno di vostra famiglia, maschio o femina, per doversi fare battezzare christiani, se però non passano anni tredici di etade; quelli maggiori, mentre che saranno e staranno nelli soliti catecumeni o altrove le loro quarantine per || battezzarsi, possino essere sovvenuti e parlati da [199v] loro padre, madre o altri parenti che havessero. Volendo che qualsivoglia hebreo o hebrea che si facesse christiano o christiana essendo figliolo o figliola di famiglia non siano tenuti né obligati il padre o la madre dargli leggittima o portione alcuna in vita loro, e che tali battezzati non possino fare testimonianza in casi d'hebrei.

27. Vi concediamo che li vostri schiavi non possino haver libertà.

28. Vogliamo che tutti li beccari vi faccino la carne che haverete di bisogno di ogni sorte et secondo i tempi, non alterando in modo alcuno li prezzi che fanno e vendono alli nostri christiani, sotto pena di scudi dieci per ciaschuna volta che contrafaranno, oltre ad altre pene ad arbitrio di detto vostro giudice; e che possiate volendo pigliare un macellaro o più hebrei che vi faccino la carne che haverete bisogno, il quale possa liberamente andar fuori a comprare ogni sorte di bestiame con pagare la solita gabella alla porta.

29. Concediamovi tutti i privilegi, facultà et gratie che godono i nostri mercanti cittadini fiorentini e pisani christiani, cioè nel far tutte le sorte d'arti e mercantie d'ogni sorte, e che nessuno di voi e di vostre famiglie non siano tenuti portare alcun segno differente dalli detti nostri christiani e che possino anche comprare beni stabili.

30. E più vi concediamo che tutti i capi di casa possino portare et usare tutte le sorti d'arme non prohibite et difensive ordinarie per tutti gli stati nostri, eccetto però nella città di Firenze, Siena et Pistoia.

4. Per il controscritto cap. 25 veggasi la filza sesta del sig. Alessandro Vettori, auditore delle Riformagioni. Una copia della lettera scritta dal medesimo signor auditore al sig. cav. Pandolfini il dì 26 di agosto 1648.

31. Vogliamo che niuno possa godere alcuno delli detti privilegi, se non saranno nominati et confermati per li capi della sinagoga con intervento delli detti vostri massari deputati et descritti nel libro pubblico da tenersi per il cancelliere del detto vostro giudice o dal commissario di Pisa, il qual sia ballottato et habbia li due terzi delli voti et attenda a mercantia grossa nuova et a qualsivoglia altra mercantia, traffico, arte, et esercitio, eccettuata però l'arte della stracceria.

32. Che tutte le spese et emolumenti toccanti al detto vostro giudice et suo cancelliere et altri ministri necessari si faccino a spese vostre, quali si doveranno cavare dalli diritti, sportelli, tasse solite trarsi dalle differentie e liti che giornalmente nasceranno infra di voi, come fra di voi et nostri christiani, si' nelle civili come nelle liti criminali, et in tutto e per tutto secondo le tariffe che si osservano negl'altri tribunali di Pisa.

33. Vogliamo che il nostro bargello di Pisa et altri essequtori debbino esequire li mandati relassati come comandamenti del detto vostro giudice,
[200r] come anche tutti li comandamenti delli || massari, sendo tra hebreo et hebreo, né habbino per loro mercede se non quel tanto che si dispone nelle tasse solite.

34. Vogliamo che per qualsivoglia delle vostre liti tanto civili come criminali non possiate esser convenuti né astretti avanti qualsivoglia altro giudice, foro o tribunal che avanti al detto vostro giudice competente da deputarsi tanto delitto che vertirà fra di voi altre nationi, quanto di qualsivoglia altra lite che vertirà fra voi et alcuno de' nostri christiani, tanto le civili come le criminali.

35. Vogliamo che tutti quelli, che saranno nominati e dichiarati da detti vostri massari e descritti nel libro del cancelliere di Dogana di Pisa, e non altrimenti, che così è stata sempre la mente nostra per degni rispetti, potranno godere li sopradetti privilegi con habitare nella diletta nostra città di Pisa et Livorno residentialmente, come di sopra.

36. Volendo et dichiariamo che le dette gratie et privilegi concessovi habbino a durare per il tempo d'anni venticinque come di sopra, i quali siano a voi et altri vostri come di sopra inviolabilmente osservati da noi et nostri successori, et non intimando avanti anni cinque come di sopra, s'intenderanno seguitare sempre per altri anni venticinque et seguendo la detta disdetta vi promettiamo che voi potrete liberamente vendere li vostri beni stabili e risquotere sommariamente tutti li vostri crediti e levarvi di qui con le vostre mercantie, arnesi di casa vostra, gioie, ori, argenti, spoglie, quali siano franchi da ogni gabella, come di sopra, salvo le solite gabelle delle

vostre mercantie. Comandando come di sopra a tutti li conduttieri, marinari, padroni di navi o altri vasselli che vi conduchino ai vostri viaggi dove meglio a voi piacerà, non potendo loro, per quanto li sarà cara la gratia nostra, alterare i prezzi dei noli, condotte et altro secondo il solito; e tutte le infrascritte cose non obstantibus etc..

37. Vi concediamo che possiate comperare in Pisa o Livorno un campo di terra o più per potere in esso seppellire i vostri morti, e che in esso non possiate essere molestati per quanto haveranno caro la gratia nostra.

38. Et che li mercanti levantini o altri viandanti che verranno con le loro mercantie nel nostro porto di Livorno e Pisa che possino navicare liberamente, et havendo qualche differentia o lite di sicurtà di nave o d'altro, non sia tenuto mallevadoria di sua pretensione di qualsivoglia lite per li massari e nelli modi con l'intimatione precedente come di sopra.

39. Assicurandovi dalle nostre galere come di sopra che tutta la mercantia vostra e de' vostri rispondenti o altre persone della natione hebrea o altro che veniranno || da Levante, Ponente, Barberia o altrove per scaricare [200v]
nel detto nostro porto di Livorno siano franchi et sicuri le persone et le mercantie di detto vassello, ancora che non havessero salvocondotto niuno, purché apparisse nel libro dello scrivano di nave che voi veramente venirete o sete per venire con dette mercantie nel detto nostro porto di Livorno o Pisa; e questo per quanto terrano caro la gratia nostra, e molestandovi e contra facendo a detto nostro ordine, saranno da noi gastigati e vi saranno interamente rese tutte le vostre mercantie e passarne gratiosamente senza impedimento reale né personale né danno vostro.

40. Vogliamo non siate tenuti né gravati ad alloggiar soldati né a prestar loro né ad altri offitiali robbe di casa vostra sotto qualsivoglia colore et così le cavalcature, carrozze o altro.

41. Volendo che nessuna persona vi dia fastidio o molestia sotto quelle pene che a noi parerà, alle quali vogliamo sia tenuto il padre per il figlio et il padrone per il garzone.

42. Vi concediamo che possiate servirvi de' christiani e così di balie christiane nelle vostre occorrenze per nutrire i vostri figliuoli tenendole in casa vostra liberamente, nel medesimo modo che si osserva in Ancona, Roma e Bologna.

43. Li quali tutti e singoli capitoli contenuti in questo privilegio vogliamo che siano intesi a sano e puro intelletto senza cavillatione alcuna et che siano sempre interpretati da tutti i nostri offitiali e ministri favorabili et in benefitio di detti mercanti in ogni miglior modo.

Comandiamo adunque a tutti li magistrati, governatori, commessari, capitani, vicari, podestà, rettori, generali, ammiragli, colonnelli, capitani di galere et altri offitiali di terra et di mare degli stati nostri che inviolabilmente osservino et osservar faccino le sopradette concessioni, esentioni, gratie e privilegi, nonostante qualsivoglia legge, statuto o bando o provisione in contrario, alle quali per proprio moto e certa scientia e con la nostra ampla et assoluta potestà in tutto deroghiamo.

In fede delle quali cose habbiamo fatto fare le presenti lettere patenti dall'infrascritto secretario et auditore nostro firmate di nostra mano con l'appensione del solito sigillo.

Dato in Fiorenza nel palazzo nostro ducale alli X di giugno, l'anno della salutifera Incarnatione del Signore 1593 e del nostro Gran Ducato di Toscana et altri nostri ducati VI.

[La Livornina del 1595]

ASF, Pratica Segreta, 190, cc. 11v-15v

[1]Don Ferdinando Medici

Per la Dio grazia Gran Duca di Toscana: III. Di Fiorenza, et di Siena Duca IIII. Principe di Capestrano, Sig.re di Portoferraio nell'Isola dell'Elba, di Castiglione della Pescaia et dell'Isola del Giglio, Gran Maestro della sacra Religione di Santo Stefano.

A tutti voi hebrei tedeschi, et italiani, che habitate di presente et che per il passato habitavano nello stato di Milano, et altri come Francesi, Pollacchi, Ragusei, Levantini, Salonichili, greci, moreschi, barbareschi hebrei, che ahora, o per tempo alcuno si trovino, o troveranno sotto qualsivoglia Principe, Repubblica, o altri Potentati della Christianità, et ancora di Turchia, della Persia, o altri luoghi del mondo, significhiamovi per queste nostre patenti lettere qualmente sendo noi mossi a richieste, prieghi, et suppliche di Maggino Gabrielli hebreo, et dal desiderio che habbiamo di ripopolare la nostra città di Pisa, et la terra, et Porto di Livorno et di accrescere nell'occasioni l'animo a forestieri di venirvi a frequentare li loro traffichi et mercantie, et habitarvi, sperando ne habbia da resultar utile a tutta Italia, et havendo inteso l'animo vostro di tornarvi non solo ad habitare, ma a trattar mercantie per farvi in ciò maggior ardire, in virtu della presente vi concediamo le gratie, privilegi, prerogative, immunità et esentioni infrascritte.

1. In prima, che voi hebrei sopranominati habbiate libero, et amplissimo salvacondotto facultà et licentia, di venire, trafficare passare, et habitare con le famiglie vostre, o senza et che partire, tornare, et negotiare

1. 18. Privilegio, et esentione a diversi mercanti hebrei quale si è bollato col bollo di argento in dorato per ordine di S.A.
Vedi al Libro IV di [...] 115 e 196

nella nostra alma città di Pisa, et Porto, et scala di Livorno, et per mentre habiterete in detti luoghi possiate anco negotiare altrove per tutto il nostro ducal dominio, senza impedimento, o molestia alcuna reale, o personale per tempo durante d'anni venticinque, prossimi con la disdetta precedente di anni cinque accioche fra detto termine vi possiate spedire et riscuotere tutti i vostri crediti sommariamente dalli vostri debitori, et comodamente possiate cedere renuntiare tutti i vostri beni stabili a chi meglio a voi parerà, Volendo che nella vostra partenza vi sia dato navi, et altri vascelli come anco cavalli, et altre cose necessarie, non potendo alcuno alterare i prezzi ne condotti, o, noli soliti, et non altrimenti: Concedendovi ancora che i vostri arnesi, gioie, argenti, ori, et altre spoglie di casa vostra siano liberi et franchi da ogni pagamento di gabelle, passi, guardia che vi sono nello stato del Ducal dominio nostro tanto nell'entrata, quanto nell'uscita, salvo
[12r] sempre il pagamento delle solite || solite gabelle per le mercantie.

2. Item per il medesimo tempo vi assicuriamo, che contra di voi et vostre famiglie, servitori, ministri, o alcuni di essi, per quanto habiterete in detta città di Pisa, o, in Livorno, come sopra, non sarete da qualsivoglia Tribunali, o, Principe tanto laico, come ecclesiastico, molestati, o, inquietati sotto qualsivoglia colore, o protesto, reale, ne personale, per qualsivoglia denuntie querela, o, accusa, che si fusse formata o si formasse contro di voi o d'alcuno di voi, tanto per delitto, o malefitio enorme grave, o altro che da voi o d'alcuno di voi o di vostra famiglia havessero commesso fuora delli Stati nostri per il passato, o, che fussero ancora banditi per qualsivoglia delitto commesso come sopra o, se pretendesse commesso, et fatto, come per qualsivoglia debito civile, o, criminale fatto fuori delli stati n.ri, per li quali debiti, o, malefity da che sarete entrati, et nominati dal vostro Consolo, vi facciamo come, è detto libero, et amplissimo salvacondotto, et sicurtà reale, o, personale, non volendo che in modo alcuno nessuno giudici, Tribunali o Magistrato, o Ministri per detti debiti, o, malefity vi possa far atto sententia, o terminatione contra, et in premedity vostri, atto iudiciario, per quanto tengano cara la gratia nostra, et firmano la nostra indignatione, et non di meno facendone siano ipso iure nulle alcuna cosa in contrario non ostante.

3. Vi proibiamo di esercitare usure manifeste, o palliative, et questo sotto pena di perdere la sorte principale, et interessi, et altre pene ad arbitrio dell'infrascritto vostro giudice.

4. Vi liberiamo da ogni aggravio di matricole, catasti, balzelli, testi, impositioni, et simili reali et personali tanto imposti quanto da imporsi

per noi, et nostri successori, et di alloggiamenti di soldati, et gente d'arme d'alcuna sorte tanto in tempo di pace, quanto di guerra, che Dio non vogli, durante però detto tempo d'anni venticinque, con al disdetta precedente delli detti anni cinque, che per tali conti per tempo alcuno non possiate mai esser molestati, o, inquietati, salvo sempre il pagamento per le mercantie vostre delle solite gabelle non volendo, che voi, come sopra, siate sottoposti a pagamento, soggettioni, leggi, o, statuti, che sono sottoposti, o che in l'avvenire fossero sottoposti li hebrei abitanti in Firenze o, in Siena.

5. Vi concediamo che voi possiate trafficar, negotiare, conversare per detta causa per tutte le città, terre, luoghi , fiere, mercati, et altri luoghi delli stati n.ri senza impedimento alcuno, et navigare liberamente per Levante, et Ponente, Barberia, Alessandria, et altri luoghi sotto nome vostro, o, sotto nome di christiani come a voi meglio parerà che stati sicuri, et franchi voi, et le vostre mercantie, o, di vostri rispondenti, o commettenti, o, altri, assicurandovi con un nostro salvacondotto dalle nostre galere, et preghiamo tutti i Principi christiani, et loro ministri, et capitani di Galere, et di altri vasselli che faccino il simile ancor loro, accio possiate venir sicuri al nostro porto di Livorno, et città di Pisa, et cosi faremo noi alle loro Galere, o, altri Vasselli assicurati da loro || ne quali vi poteste incorrere per mare ve- [12v]
nendo al detto nostro porto salvo sempre, che paghiate li debiti, et ordinarie gabelle che sogliono pagare li nostri mercanti fiorentini et pisani.

6. Di più vi concediamo, che le vostre mercantie siano privilegiate, che pagato che harete il primo passo possino stare liberamente per le nostre Dogane un'anno più del solito senza incorrere a pagamento di secondo passo, o, risico alcuno.

7. Et più vi concediamo che tutti i vostri Arnesi, et masseritie di casa, perle, gioie, ori, argenti, et spoglie, o, altro di casa vostra usate, siano franchi, et liberi d'ogni pagamento di gabella tanto nell'entrata, quanto nell'uscita.

8. Deputeremovi un giudice laico Dottore separato però dal Giudice delli altri hebrei che habitano in Pisa al presente, et del numero di quelli che ci nominerete, ne fiorentino, ne Pisano.

9. Caso che alcuno d voi, o di vostre famiglie, si mescolasse con christiano o christiani, vogliamo ne siate processati d'avanti a detto vostro giudice, et che da lui, et non da altri siate gastigati secondo il delitto, non passando però la prima volta scudi Cinquanta, et la seconda scudi cento, et la 3° et altre volte a dette pene secondo la qualità del delitto come adulterio, stupro, incesto, sodomia, acciochè in questi casi si osservi la ragion comune.

10. Ci contentiamo che se alcuno di voi a torto fusse querelato, o, accusato, et che il querelante non giustificasse la sua querela, che in tal caso detto querelante, come calunnioso sia tenuto ad ogni danno, spesa, et interesse, che havesse fatto, o patito il querelato innocente, accio non ardisca a niuno ingiustamente querelarvi, ne entrate contro di voi, ne fra di voi.

11. Et conoscendo la qualità, et buon animo verso di voi di Maggino ~~hebreo~~ di Gabriello hebreo vi diamo facultà di eleggerlo per vostro console generale per quel tempo, et tempi et con quelle conditioni, et autorità, preheminentie, tasse sopra le vostre mercantie et emolumenti ordinary, et straordinary, che al vostro Rabbino parerà.

12. Et acciochè più commodamente possiate cavare le vostre mercantie di navi, o, d'aoltrove per debiti di noli, condotte, camby o, altre spero fatte sopra esse mercantie, che condurrete al detto nostro porto di Livorno, o Pisa, vi promettiamo di farvi accomodare di scudi centomila d'oro da sborsarsi a detto Maggino eletto vostro consolo, ad effetto che esso si possa distribuire fra voi a chi egli conoscerà bisognare, accio le vostre mercantie venghino da voi vendute con maggior reputatione, et utili con conditioni che doviate alle vendite di esse rimborsarvi di quello havete havuto, et questo con li conventioni, et capitoli da farsi infradetto vostro console, et nostri ministri nel tempo dello sborso.

13. Vi concediamo licentia, che possiate nelle case, et botteghe vostre
[13r] valervi del servitio di Christiani come se || come se fa in Ferrara, Venetia, et Firenze tanto di huomo, quanto di donna pero con licentia precedente del Vicario in scritto, et non altrimenti, et nel modo, et forma che in altra Città d'Italia si usa.

14. Se occorresse, che alcuno di voi havesse assicurato la sua mercantia mandata per mano, o, per terra da alcuno assicuratore mercante fiorentino, o, pisano, o altro, et che per disgratia il vassello si perdesse, et se la mercantia anasse male, che Dio non voglia, per il quale effetto fusse necessitato a far lite con detti assicuratori non vogliamo, et in tal caso voi siate tenuti a dar altra sicurtà delli domande, et previsioni vostre, se non con la promessa del detto vostro consolo solo, pagandosi per prima voi il solito diritto, et similmente vogliamo che questi ordini si tenga, et vagli per tutte le altre liti, et pretensioni, che nasceranno mai, per qualsivoglia tempo fra voi, et i nostri christiani.

15. Vogliamo che tutti quelli, che faranno sequestri, o staggine sopra li vostri beni stabili, o, mobili, o, sopra denari contanti, o mercantie, o sopra ogn'altra cosa vostra devono in termine di un mese haver giustificato ve-

ramente il loro sequestro, o staggine, et verificato il loro credito, altrimenti passato di tempo, tal sequestro o staggina restino ipso iure nulli, riservato niente di meno al detto Giudice l'arbitrio di prorogare detta dilatione per giusta causa.

16. Vogliamo che le doti delle vostre donne siano anteriori a qualsivoglia creditore etia della Gran Camera nostra Ducale, eccetto però a pagamento di pigioni di casa, et che le dette vostre donne per recuperatione di detta lor dote contratte, o, in altro modo da farsi in l'avvenire in detta nostra città di Pisa, o, in Livorno, o quelle già fatte, o contrattate, da voi fuora del Ducal Dominio nostro, et che recuperatione, o, pagamento dotale come sopra siano in ogni tempo exenti, et franche da ogni pagamento di gabella di contratti, et che mai possiate per tal conto esser molestati, ne inquietati, non ostante qualsivoglia statuto, legge, o ordine in contrario.

17. Concediamo licentia et facultà di poter tenere et studiare liberamente ogni sorte di libri hebraici stampati, o, a penna, eccetto il Talmud, purchè siano rivisti dall'Inquisitore, o altri sopra ciò deputati.

18. Vogliamo che i vostri Mediti hebrei tanto fisici, quanto cerusichi senza impedimento alcuno tanto ecclesiastico quanto temporale possino liberamente curare, et medicare non solo voi hebrei, ma ancora qualsivoglia christiano, o christiana, et di ogni altra natione, non ostante.

19. Vogliamo che tutti i vostri hebrei come sopra possino liberamente et senza alcuno impedimento, come sopra, studiare nel nostro studio di Pisa, et anco addottorarsi come fanno li nostri christiani

20. Vi concediamo, che possiate tener liberamente senza impedimento alcuno come sopra, || in detta città di Pisa, et anco in Livorno una sinagoga all'uso vostro tedesco, et una all'uso vostro italiano, intendendosi [13v]
però separata dalla sinagoga levantina già posta in Pisa, nelle quali vostre sinagoge possiate usare, et celebrare i vostri offity, cerimonie, precetti, et ordini hebraici, et servare in esse, et fuora di esse nelle vostre case tutti i vostri riti, et altri stili hebraici all'uso tedesco, et italiano, come meglio a voi parerà, nelle quali non vogliamo, che in modo alcuno ardisca niuna persona di che grado, o, conditione si sia molestarvi, o, inquietarvi in fatti, o in parole sotto qualsivoglia colore, o pretesto per turbarvi, o, altre insolentie fra voi sotto pena della disgratia nostra.

21. Caso che alcuno di voi venisse a morte senza successori, o heredi vi concediamo che possiate del vostro testare o lassare a chi vi parerà

22. Vogliamo che nelli vostri mercati di Bazzarri, contratti, compere, o vendite, che farete in qualsivoglia modo nelli stati nostri, essi mercati,

o bazzarri non habbino conclusioni de mercato, se prima essi bazzarri, o compere, o vendite non saranno sottoscritte in un foglio o libro il venditore et comperatore.

23. Vogliamo che a i libri vostri segnati, et tenuti però conforme alli ordini delli altri mercanti si dia piena et ampia fede come a i libri di mercanti o, artieri del nostro dominio a dichiaratione del vostro giudice.

24. Vogliamo ancora che il vostro giorno di Sabato, et altre festivi hebraici oltre alli feriati della città di Firenze, siano inutili et feriati, non si possa in tal giorno agitare, ne piatire ne pro, ne contro di voi, ammettendovi ex nunc, et dichiarandovi per feriati, et inutili.

25. Che i vostri Rabbini, et Governanti nelle vostre Sinagoghe habbino autorità di decidere et terminare con intervento però di detto Consolo, secondo il rito et modo vostro hebraico tutte le differentie, che nasceranno fra l'uno hebreo, et l'altro, et che si esso vostro Rabi Dottore nelle scritture hebraiche da nominarsi da detto vostro console possa lui solo mettere le vostre terminationi solite di scomuniche hebraiche, et altre censure al modo et rito hebraico, volendo in ciò che la iurisdittione, et autorità dal detto vostro giudice sia diminuita, et quel vostro Rabino possa de facto mandar in exilio tutti quelli hebrei che a lui paressino scandalosi. Et nel medesimo modo riservando a detto vostro consolo la detta eletione, quando per qualsivoglia occasione vacasse.

26. Vi prohibiamo che nelli vostri consigli, et raddotti che farete nelle vostre sinagoghe, o, altro, non possiate fare né metter parte in detto consiglio se non con l'intervento del detto vostro consolo, o, d'altra persona da lui in suo luogo deputata, et contrafacendo il tutto resti nullo, eccetto che se da noi fusse approvato.

27. Prohibendo a ciascuno de nostri christiani, o christiane sia di che grado, o, conditione si sia, non ardischino sotto qualsivoglia quesito, colore, ne raccettarvi alcuno di vostra famiglia maschi o femina, per dovere far battezzar christiano, se però non passi anni tredici di età de quali maggiori mentre che si faranno, o staranno nelle solite catechumene, o in casa di particulari
[14r] ticulari || particulari, o altrove li loro quarantini per battezzarsi possino liberamente esser sovvenuti, et parlati da lor padre et madre, sorelle, fratelli, et altri lor parenti, che havessero senza impedimento, né molestia alcuna.

28. Vi concediamo che i vostri schiavi mori, o turchi, o d'altra natione, che condurrete nella nostra città, et luogo suddetto, o che comperarete da noi o da altri tanto nello stato come fuora, non possino essi stiavi have libertà in modo alcuno da suoi padroni, se prima non pagheranno al padro-

ne il valore di essi conforme al loro accordo, quali stavi, o schiave, non ardisca alcuno sotto qualsivoglia quesito, colore disviarli né rubarli, ne in altro modo raccettarli in casa sotto grave pena che parerà a loro suddetto giudice.

29. Vogliamo che tutti li Beccai christiani vi faccino la carne che harete di bisogno di ogni sorte, et secondo i tempi non alterando in modo alcuno i prezzi, che fanno, et vendono alli nostri christiani, sotto pena di scudi dieci per ciascuna volta, che contrafaranno, oltre l'altre pene all'arbitrio del detto vostro Giudice

30. Concediamo tutti i privilegy facultà et gratie, che godono i nostri mercanti cittadini fiorentini et pisani christiani, et che nessuno di voi, et di vostra famiglia non siano tenuti portar segno differente dalli detti nostri christiani.

31. Et più vi concediamo che tutti i vostri Capi di casa possino portare, et usare liberamente ogni sorte di arme non prohibite, et difensive ordinarie per tutti li Stati nostri, eccetto però nella città di Firenze, et di Siena.

32. Vogliamo che niuno di voi possa godere alcuno delli detti privilegy se non sarà prima nominato, et confermato dal detto vostro Consolo con intervento ancora d'uno delli vostri Rabi dottore come sopra deputato et eletto del detto vostro consolo, o, altra persona in sua assenza in loco suo sopra ciò da lui deputato, et descritto il nome, et cognome d'esso hebreo di che grado et conditione si sia nel libro publico da tenersi uno in Pisa et in Livorno per quel cancelliere del detto vostro giudice, il quale possa poi con una patente da farsi dal detto vostro consolo ad ogni capo di casa per godere tutti i privilegy infrascritti lui con tutta la sua famiglia nominato et descritto come di sopra, et non altrimenti.

33. Che il detto vostro Consolo deva provvedere al detto cancelliere a sua spese uno, o più interpreti della lingua tedesca, et italiana, mora, et Turchesca, greca, schiavona, o, altra necessaria et oportuna per le mercature, le quali habbino le gratie, carichi, et emolumenti come nell'altre piazze di Venetia, et altri luoghi di Italia, con questo, però che ciascuno di loro habbino a pagare l'entratura secondo che è conveniente.

34. Concediamo al detto vostro consolo che con l'intervento delli governanti Rabi delle vostre sinagoghe possa nominare alli consoli di Mare di Pisa sei sensali tre hebrei et tre christiani, et cadauno di loro con aiuto loro, et non altri possino exercitare le senserie in Pisa, et in Livorno, et altrove, con dichiaratione che ciascuno di essi sensali prin || cipali devino [14v]
pagare per l'entratura di esse senserie scudi cento d'oro in oro al nostro

detto Provveditore et detto sensale possa con aiuto solo da nominarsi et approvarsi come sopra, ma gratis, esercitare le senserie per tutto il nostro ducal dominio per anni cinque et non più, salvo che dalli detti non fusse confermato, et renovato col pagamento d'altri scudi cinquanta, tenendo questi ordini d'anni cinque in anni cinque.

35. Vogliamo che il detto vostro giudice habbia autorità da noi di terminare, et decidere sommariamente ogni vostra lite, et differentie civile, et criminali, et mista conosciuta la verità del fatto, ammettendovi per testimony delli vostri hebrei tanto nel civile, come nel criminale, con giuramento però, et more hebraico facendo iustitia a ciascheduno, et ciò segua alla presentia d'esso consolo, o del suo Viceconsolo nell'atto del sententiare, et che dalle sua sententie non si possa appellare se non per gratia nostra speciale, intendendosi che tutte le liti civili, et criminali miste che vertiranno fra hebreo et hebreo, o fra hebreo et christiano, o, altra natione, et per tutte le spese, et emolumenti toccanti a detto vostro giudice, o suo cancelliere, o, altri ministri necessari si faccino a spese vostre, quali si doveranno causare dalli diritti sportule, tassi solite trarsi dalle differentie, et liti, che giornalmente nasceranno infra di voi, come infra voi, et li nostri christiani, si nelle civili, come nelle liti criminali, et in tutto, et per tutto secondo li tariffe che si osservano nelli altri tribunali di Pisa.

36. Vogliamo che il n.ro Bargello di Pisa, et altri esecutori tanto di Pisa, come di Livorno esequischino i mandati relassati come comandamenti dal giudice vostro ne habbino per lor mercede se non quel tanto che si dispone per le tasse solite.

37. Vogliamo che per qualsivoglia delli vostre liti tanto civili come criminali, et miste, non possiate in modo alcuno esser convenuto né citati, ne astretti a qualsivoglia altro giudice foro, o tribunale, che avanti a detto vostro giudice competenti da disputarsi da noi come sopra tanto di liti che vertiranno tra di voi, et altre nationi, quanto di qualsivoglia altra lite che vertirà fra voi, et alcuno, o alcuni di nostri christiani, o d'essi christiani con esso voi, tanto le civili quanto criminali.

38. Vogliamo che tutti quelli che saranno nominati, et dichiarati dal detto vostro consolo, et descritti nel libro del cancelliere del detto vostro giudice et non altrimenti possino godere gli infrascritti privilegy concedendovi che voi possiate liberamente tanto in Pisa come in Livorno et in ogni altro luogo del Ducal Dominio nostro fare, et esercitare ogni sorte di arte di seta, di lata, et d'ogni altra sorte misura, et d'ogni altra sorte d'arte, et tenere, et comperare et vendere nelle vostre botteghe, et case ogni sorte

di robe, et merci nuove, o, usate non comprese nelli privilegy delli altri hebrei particolari, che habbiamo concesso in Pisa, potendo far voi mercanti di biade, grani, olio, vino, bestiami, o soccite, come fanno li nostri contadini fiorentini christiani, et Pisani, senza impedimento alcuno, non ostante qualsivoglia legge, o, statuto, con habitare nella nostra diletta Città di Pisa, o in Livorno, et non in altro modo come sopra. || [15v]

39. Vogliamo che il vostro consolo, et sua famiglia, et ministro et agenti, che saranno descritti nel suo rolo possino godere tutti i privilegy gratie et esentioni contenuti nelle presenti lettere di patente come fussero uno di voi, et di più li concediamo autorità et balia che possi eliggere, occorrendo assentarsi, uno di voi per suo Viceconsolo, che in assentia sua habbia tutte quelle autorità, emolumenti honori, et gratie come sopra come fusse la sua prima persona, et questo in ogni miglior modo a suo beneplacito.

40. Concediamo al detto vostro consolo che lui solo, et non altri habbia autorità et balia di eleggere, et nominare uno, o due hebrei al più per capo di due banchi da farsi, et esercitarsi in Livorno, et non altrove per il tempo durante a suo beneplacito, et che cadauno di loro possi in compagnia d'altri hebrei esercitarsi essi banchi nel modo, et forma, capitale et tolleranza che sogliono fare al presente li banchieri hebrei habitanti in Roma, et nel Monferrato, et ciò s'intenda con li habitanti di Livorno et altri sudditi nostri habitanti in Pisa, et suo capitanato, ma a forestieri come capitani di Nave, Marinari, Conduttori o, altri forestieri, secondo i loro patti, et accordi d'interessi più, o meno, volendo medesimamente che il vostro giudice vi faccia la ragione sommaria secondo si fa a detti banchieri di Roma, et Monferrato, et similmente riservato la elettione a detto vostro Consolo nel medesimo modo come sopra ogni volta che per qualsivoglia causa vacassero tutti, o, parte di essi Banchieri o compagni.

41. Vogliamo che niuno offitiale ardisca entrare nelle case vostre, et botteghe, o, cercarvi alcuna cosa senza espresso ordine di detto vostro Giudice, acciò non riceviate disgusto da detti cercatori, sbirri, offitiali, o, altri famigli delli stati nostri.

42. Che nascendo casi di Peste, che Dio non vogli, possiate fare, o, far fare l'inventario di tutte le robe, o mercantie vostre nuove, o, usate, o, alto, et che in luogo sicuro si facesse purga a spese vostre, potendovi eleggere purgatovi hebrei, come christiani, acciò che habbino cura diligente di dette vostre robe per restituirvele per inventario in ogni miglior modo accio si usi in tali casi tutte le cure et diligentie soliti dalli deputati sopra ciò,

et provedere secondo che per la necessità, et occorrentie, de casi parerà espediente.

43. Che il venerdì della Settimana Santa, non possiate uscir fuora di casa, o bottega vostra salvo che per cose di necessità, sotto pena di scudi dieci alla camera nostra ducale, senza essere puniti, o, molestati in modo alcuno da niuno altro particolare, sotto pena della disgratia nostra.

44. Volendo et dichiarando noi, che li sopradette gratie, privilegy, concessioni, tanto a voi hebrei come sopra, come al detto vostro consolo habbino a durar per il tempo d'anni venti cinque prossimi con li detti anni cinque di disdetta precedenti come di sopra quali siano a voi et alli vostri come sopra inviolabilmente osservati da noi, et da nostri successori, et non intimando avanti anni cinque come sopra, s'intenderanno seguitar sempre
[15v] per || altri anni venticinque, et seguendo la disdetta passati pero li detti anni venticinque, vi promettiamo che voi potrete liberamente vendere li vostri beni stabili, et riscuotere liberamente et sommariamente tutti li vostri crediti et levarvi di qui con le vostre mercantie, arnesi di casa vostra, gioie, ori, argenti, et spoglie, quali siano franche di ogni gabella, come di sopra salvo le solite gabelle delle vostre mercantie et li detti emolumenti come sopra comandando a tutti i conduttori, marinari, et padroni di navi, o, altri vasselli, che vi conduchino alli viaggi dove meglio a voi parerà, non potendo loro per quanto li sarà cara la gratia nostra alterare i prezzi di noli, condotte, et alto secondo il solito e tutti l'infrascritte cose non ostante.

45. Vi concediamo che possiate liberamente comprar case, terreni, edifity, et ogn'altro bene stabile, si come vi concediamo che possiate in Pisa, et in Livorno, fare elettioni d'un campo di terra, o, più comprandolo per poter in essi seppellire li vostri morti, et che in essi non possiate esser molestati in modo alcuno, per quanto haranno cara la gratia nostra.

46. E che voi et li vostri, o, altri viandanti hebrei che verranno con le loro mercantie nel nostro Porto di Livorno, o, Pisa poissino navigare liberamente assicurandoli dalle nostre Galere come sopra che tutta la mercantia vostra, et di vostri rispondenti, o, d'altre persone della natione hebrea, o, altra natione, che verranno di Levante, Ponente, Barberia, o, altrove per scaricare nel detto nostro porto di Livorno franchi et sicuri le persone et le mercantie di detto Vassello ancorchè non havessero salvacondotto niuno, purchè apparisse nel libro dello scrivano di navi, o, altro Vassello tal fide, che voi veramente venivi, o sete per venire, con dette mercantie nel nostro porto di Livorno, o, Pisa, et questo per quanto haranno caro la gratia nostra, et molestandovi, et contrafacendo, a detto nostro ordine saranno da noi ca-

stigati, et vi saranno interamente rese le vostre mercantie tutte, et passeranno gratiosamente senza impedimento reale, o, personale, o danno vostro.

47. Comandiamo adunque a tutti li Magistrati: Governatori: commissary capitani Vicary, Potestà, rettori. Generali, Ammiragli, Colonnelli, Capitani di Navi, o altro offitiale di terra et di mare delli stati nostri che inviolabilmente osservino et osservar faccino le sopradette concessioni, esentioni gratie et privilegy, non ostante qualsivoglia legge, statuto, bando, o, provisioni in contrario, alli quali per proprio moto, et certa scientia, et con la nostra ampla, et assouta potestà in tutto deroghiamo. In fede delle quali cose habbiamo fatto fare le presenti lettere patenti dall'infrascritto secretario et Auditore nostro firmati di nostra mano con l'appensione del solito sigillo Dato in Fiorenza alli 23 di Ottobre l'anno della Salutifera incarnatione del Signore 1595 et del nostro Gran Ducato di Toscana, et altri nostri Ducati 9°.

Indice dei nomi

Finito di stampare
nel mese di ottobre 2024
da The Factory s.r.l.
Roma